C,

à ROSSINI

LA

PANHARMONIE MUSICALE,

ou

Cours complet de Composition théorique et pratique,

Harmonie, Mélodie, Contre-points,

Fugues, Musique ancienne a moderne,

Instrumentation, Orchestration,

avec un nouveau système de clefs réduites

à une seule clef de SOL, et une nouvelle

manière de chiffrer, plus simple, plus logique,

à l'usage des Artistes, des Amateurs, des

Écoles de chant, des Pensions,

et des Collèges,

PAR

R. HIPPOLYTE COLET.

Nought so stockish, hard and full of rage,
But music for the time doth change his nature
The man that hath no music in himself,
nor is not moved with concord of sweet sounds,
is fit for treasons, stratagems, and spoils.

The Merchant of Venice.
(Acte V, scene 1) Shakspeare.

Grav. par A. Violan.

Il n'est rien de si insensible, de si endurci,
de si cruel, dont la musique, du moins pour quelque
tems ne puisse changer la nature. L'homme qui n'a
en lui aucune musique, que n'a pas touché par
l'accord des sons harmonieux, est propre aux tra-
hisons, aux stratagèmes, aux brigandages.

Le Marchand de Venise
(Acte V scene 1) Shakspeare.

1ère ÉDITION.

L'Auteur a fait suivre cette Méthode au Conservatoire,

dans la classe d'harmonie et dans celle de contre-point et fugue de REICHA,

Propriété de l'Auteur.   qu'il a remplacé jusqu'à l'abolition de son École   Déposé à la Bibliothèque R.

Prix net, 25 f.

PARIS, 1837.

chez PACINI, Principal Éditeur, Boulevart des Italiens, 11.

au Bureau de surveillance du CONSERVATOIRE de Musique, Faub. Poissonnière, 11.

chez tous les Éditeurs de Musique.   chez l'Auteur, Rue des Petites Écuries, 6 bis.

Imprimé par SIMON, Rue des Poitevins 12, près le Lyceum.

à Rossini.

Maestro,

Malgré les chef-d'œuvres que votre génie créateur nous a donnés, malgré les innovations si belles, si grandes, que vous avez introduites dans l'art, vous le savez, les règles de nos écoles sont restées stationnaires, et le Conservatoire, s'en tenant toujours aux enseignements des anciens compositeurs, a, pour ainsi dire, proscrit les hardiesses des grands maîtres modernes, en les présentant à l'esprit de l'élève comme un égarement qu'il est sage d'éviter. Ainsi, habitué à marcher avec les lisières du pédantisme, l'élève sent s'engourdir son imagination, et perd bientôt toute verve et toute originalité, car il craint de s'égarer en se livrant à ces qualités qui sont le signe du talent. J'ai voulu combattre ce mode d'enseignement, sans toutefois révolutionner l'art, et j'ai tâché de faire sentir à l'élève que les véritables bases de la composition, loin d'être renversées par les inspirations du génie, étaient au contraire consacrées, et étendues par lui.

En brisant quelques entraves de la routine, je dois m'attendre, je le sais, à voir s'élever contre moi tous les défenseurs de la vieille école; mais je me souviens que je fus assez heureux pour obtenir votre approbation, lorsque je vous soumis le plan de l'ouvrage que je publie aujourd'hui; et l'espérance que votre appui ne me faillirait pas m'a soutenu dans un long et consciencieux travail. C'est encore cette espérance qui me fait affronter les clameurs des maîtres que je combats.

Permettez, Maestro, que je mette sous votre haute protection ce Traité d'Harmonie et de Composition, qui sera, j'espère, adopté par toutes les jeunes intelligences musicales, qui ont puisé dans vos ouvrages l'amour du grand, du beau, et du vrai. Inspiré moi-même par votre génie, j'ose espérer que je serai compris, et je me dis, Maestro, avec respect,

Votre Enthousiaste

Admirateur,

HTE RD COLET.

Paris, ce 25 Août, 1857.

Avant de publier cet ouvrage, nous avons voulu soumettre le plan que nous avons suivi à quelques uns de nos artistes les plus célèbres, afin d'obtenir leur approbation; voici la liste de ceux qui nous ont permis d'écrire leurs noms en tête de ce traité.

ADAM.

AUBER, Membre de l'institut.

BERR, Directeur du Gymnase Musical, et professeur au Conservatoire.

BAILLOT, Professeur de Violon au Conservatoire.

CARAFA, (le chevalier)

DONIZETTI, Directeur du Conservatoire de Naples.

HALÉVY, Professeur de composition au Conservatoire, membre de l'Institut.

MEYERBEFR.

PAGANINI.

ROSSINI.

SPONTINI, directeur de la musique du Roi de Prusse.

ZIMMERMAN, Professeur de piano au Conservatoire.

COURS COMPLET D'HARMONIE
et de Composition
PAR
HIPPOLYTE RAYMOND COLET

INTRODUCTION.

Depuis que REICHA a publié son traité d'harmonie, la musique a reçu de grands développements : REICHA les avait étudiés et approfondis; et si la mort ne l'avait enlevé aussi rapidement, il nous aurait sans doute livré le fruit de ses savantes analyses dans une nouvelle méthode, écrite avec ordre et précision. guidé par ce grand maître dans mes premières études, nommé ensuite son successeur au Conservatoire, pendant que son école y a été maintenue, j'ai voulu continuer son système et le développer; Je n'ai créé aucun terme nouveau, et j'ai simplifié autant que possible l'étude de l'harmonie, en la rendant plus claire et plus vraie aux yeux de tous.

Du temps de FUX, de MARPURG, et de tous nos vieux maîtres de Contrepoint, les chanteurs et les instrumentistes étaient si faibles, qu'on proscrivait une foule d'intervalles et d'accords, non que l'oreille les rejette, mais parcequ'ils étaient alors trop difficiles à exécuter. Aujourd'hui que la science des voix et des instruments est portée à son plus haut dégré de perfection, nous devons donner des règles plus larges, et plus en harmonie avec la musique de notre époque, en nous appuyant toujours sur les meilleurs auteurs anciens et modernes. Lorsque l'art est en progrès, les règles ne doivent pas rester stationnaires; est-ce au génie de s'arrêter pour ne pas outre-passer les règles, ou bien aux règles à suivre les innovations heureuses du génie?

En parcourant les anciens traités, je n'ai point trouvé de règles positives et générales; d'après les maîtres qui les ont écrits, on doit apprendre par cœur sans approfondir les causes de là, cette infinité d'exemples qui remplacent les règles, et qu'il faut tous classer dans sa mémoire, car AU-DELÀ IL N'EST PAS D'HARMONIE: comme si l'homme avait pu trouver et réunir dans un seul traité tout ce qui peut naître de la mélodie, des accords et de l'inspiration! il fallait, au contraire, en suivant les progrès de l'art, adopter un autre système, plus large, plus universel, où l'on apprît à l'élève les accords, leur théorie, leur origine, la cause de leur enchainement; au lieu de l'arrêter, il fallait lui ouvrir une route plus vaste, afin que lorsqu'il serait livré à lui même, il put s'abandonner sans crainte à ses inspirations, et devenir à son tour créateur. Tel est le plan que nous avons adopté dans cet ouvrage; chaque chapitre y est divisé en leçons, et sert d'introduction nécessaire à celui qui lei suit; une règle donnée n'est jamais contredite par une nouvelle règle, et nous avançons ainsi avec ordre et gradation. M'étant servi de ce mode d'enseignement au Conservatoire, dans la classe préparatoire de Reicha, je puis garantir la théorie par le succès de la pratique; et pour prouver ce que j'avance, je vais citer un certificat de Mr Chérubini, non que j'en tire vanité, mais parcequ'il est difficile à un jeune artiste de s'attirer la confiance, s'il ne s'appuie pas sur des preuves matérielles, qui sanctionnent la vérité de ce qu'il propose.

CONSERVATOIRE

Paris, le 8 Avril, 1836.

de

MUSIQUE

ET DE DÉCLAMATION.

Je certifie que le S⁺ Colet (HIPPOLYTE) est apte à professer une classe de Contrepoint et Fugue, et qu'il a rempli avec distinction celle qui lui avait été confiée par moi au Conservatoire de Musique, comme Professeur-Adjoint.

Le Directeur du Conservatoire de Musique et de
déclamation,

L. CHÉRUBINI.

À la mort de REICHA, je fus désigné pour continuer sa classe par Mr CHÉRUBINI: l'attestation que je publie ici me protégera contre les attaques de ceux qui viendraient m'accuser d'inexpérience, lorsque dans la quatrième partie de cet ouvrage, en parlant du Contrepoint et de la Fugue, j'ose blâmer quelques unes de ces règles fausses et obscures du 16.ᵐᵉ siècle, qui embarrassent l'enseignement, en enchaînant l'imagination de l'élève. Nos Contrepointistes et nos Fuguistes les plus zélés proclament Mr Chérubini le PRINCE de la Fugue; et je suis heureux de leur prouver la confiance que leur maître a bien voulu m'accorder :

Paris, le 4 Juin, 1836.

CONSERVATOIRE

de

MUSIQUE

ET DE DÉCLAMATION.

Je certifie que M.⁺ Hippolyte Colet a été désigné par moi pour tenir provisoirement au Conservatoire de Musique la Classe de Contrepoint et fugue de M.⁺ REICHA, lequel est décédé le 28 Mai dernier. M.⁺ Colet a déjà rendu, en qualité de professeur adjoint, des services au Conservatoire, et ceux qu'il est à même de rendre doivent intéresser en sa faveur.

Le Directeur du Conservatoire de Musique et de Déclamation,

L. CHÉRUBINI.

Mais ce qui doit me donner des droits réels à la bienveillance des Artistes, c'est la clarté qu'ils trouveront dans cette méthode, et son application facile.

Nous allons parler maintenant de la disposition de l'ouvrage, que nous avons divisé en quatre parties.

PLAN ET DIVISION DE L'OUVRAGE,

PREMIÈRE PARTIE.

Après avoir donné la définition des intervalles, des gammes, des mouvements, nous parlons de la formation des accords, que nous divisons en PRIMITIFS et DÉRIVÉS: les accords primitifs sont au nombre de SIX; ils servent de base à tout notre système musical; ce n'est même qu'avec les trois premiers que nous expliquons presque toutes les règles de l'harmonie. Nous apprenons ensuite à l'élève la manière de réaliser purement une basse fondamentale, et nous lui dévoilons l'enchaînement des accords d'une même gamme, et le rang qu'ils y occupent; il compose alors lui-même ses basses chiffrées, ou PARTIMENTI, les réalise, et les renverse dans tous les sens; puis, nous lui parlons rapidement des Cadences, du Rhythme, de la Mélodie, afin qu'il s'habitue de bonne heure à créer des chants

bien dessinés, à les accompagner convenablement, et nous le faisons avancer ainsi progressivement dans la science de l'har_
_monie.

DEUXIÈME PARTIE.

Nous discutons ici les modulations, les marches harmoniques, les accords dérivés des primitifs, l'origine des accords altérés, leur enchaînement, et l'élève, bien pénétré de toutes les règles de la première partie, sur lesquelles nous nous appuyons toujours, n'a presque rien à apprendre dans la seconde, qui traite pourtant des ac_ _cords les plus compliqués.

TROISIÈME PARTIE.

Dans la troisième partie, nous parlons des Notes de passage, des Broderies, des Suspensions, Retards, Péda_ _les, enfin de toutes les notes étrangères à l'accord: les règles tirées des ouvrages de nos plus grands maîtres y sont toujours basées sur l'application approuvée par l'expérience. En les traçant plus conformes à l'art, nous avons apla_ _ni les plus grandes difficultés; car l'étude de l'harmonie ne devient longue et pénible que parcequ'on défend aux é_ _lèves des choses que leur sentiment musical leur fait approuver, et que l'oreille ne désavoue point: il faut être plus hardi, et ne pas craindre de fouler aux pieds une vieille règle, si elle est absurde ou inutile; nous devons appren_ _dre à l'élève tout ce qui existe, en classant chaque chose selon sa qualité, et ne lui défendre que ce qui est réel_ _lement mauvais et impraticable: de cette manière, il marchera sans craindre de s'égarer; et, se laissant entraîner par ses inspirations, il saura créer des choses neuves et pures, parceque les règles, au lieu de l'arrêter, lui auront dé_ _voilé toutes les ressources de l'harmonie.

QUATRIÈME PARTIE.

Elle traite de l'Orchestre, de la Mélodie, des Canons, Imitations, Contrepoints, et Fugue: ne voulant pas reproduire RÈGLE PAR RÈGLE les traités D'AZOPARDI, FUX, FÉNAROLI, MARPURG, ALBRECHTSBERGER, parcequ'ils ne peuvent servir à l'analyse de la musique moderne, j'ai expliqué rapidement ce qu'il faut pour connaître la Fugue ancienne qu'on fait travailler si longtemps dans nos écoles, et qui n'est qu'une composi_ _tion froide, décolorée, écrite sans rhythme, sans mélodie, sans inspiration, et je me suis hâté d'arriver au style Fugué, en traçant des règles qui puissent convenir à tous les genres de musique, et non à un seul.

Je fais suivre ce traité de quelques notions sur les anciens tons d'Église, et de quelques règles pour la manière de les enchaîner.

Ainsi, j'ai réuni dans un seul volume tous les éléments de l'harmonie, depuis les premières leçons jusqu'à celles de la haute composition, de manière à ce que les amateurs qui ne veulent qu'analyser les productions des autres, ou écrire sur la musique, puissent lire sans travailler, apprendre sans maître, et que les jeunes compositeurs y trouvent toutes les règles de l'art expliquées et résolues. De plus, ce traité é_ _tant divisé par leçons, et chaque chapitre marchant par gradation, on peut, dans les collèges et dans les pensions, faire suivre un cours d'harmonie à plusieurs personnes ensemble, et compléter ainsi leur éduca_ _tion musicale.

PARIS Ce 3 Juin, 1856.

H.te COLET.

NOTIONS PRÉLIMINAIRES.

Un bruit que l'oreille peut apprécier, s'appelle **SON**. Deux ou plusieurs sons entendus ensemble, ou successivement, n'importe leur distance, forment des **INTERVALLES**. Ex: .... un intervalle est donc la différence d'un son à un autre; tandis que **L'ÉTENDUE** est l'espace même qui existe entre les deux notes d'un intervalle: les dégrés qu'on doit parcourir pour arriver d'un son à un autre, s'appellent **TONS** et **DEMI-TONS**, de **SOL** à **LA** il y a un ton, et de **SI** à **UT** , un demi-ton.

Deux notes qui se touchent etc. forment un **INTERVALLE** de seconde; elles marchent par **DÉGRÉS CONJOINTS**, quand elles sont à distance **D'UN TON**, ou **D'UN DEMI-TON**, Ex: et par **DÉGRÉS DISJOINTS**, toutes les fois qu'on fait un intervalle plus grand; Ex: . **LA SECONDE AUGMENTÉE**, composée d'un ton et d'un demi-ton, donne un **INTERVALLE DISJOINT**.

Une **TIERCE SUPÉRIEURE** se forme en ajoutant une note au-dessus d'une autre à distance de tierce, et la **3ᶜᵉ INFÉRIEURE** en allant de la note supérieure à celle qui lui est inférieure, par un intervalle de tierce. Ainsi, en montant **D'UT** au **MI** on fait une **TIERCE SUPÉRIEURE**, et en descendant **D'UT** au **LA** , une **3ᶜᵉ INFÉRIEURE**: il en est de même pour tous les intervalles.

Pour représenter les sons, on a formé une échelle sur laquelle on a écrit les sept notes de musique (**UT RÉ MI FA SOL LA SI**) en les faisant suivre de l'octave du premier son, **UT**; Exemple: c'est ce qu'on appelle **GAMME**.

La première note de la gamme se nomme **1ᵉʳ DÉGRÉ**, la **2ᵈᵉ**, **2ᵗ DÉGRÉ**, Ex:

Le passage d'un dégré à un autre s'appelle **SAUT**; on dit saut de **5ᵗᵉ**, d'octave, etc. La gamme est majeure ou mineure; c'est le **MODE** qui la détermine par la **3ᶜᵉ** du premier dégré. On confond souvent les mots **GAMME**, **MODE**, **TON**; chaque terme a pourtant une signification particulière; ainsi, la **GAMME** est l'étendue qu'occupent les sept notes de musique avec l'octave du **1ᵉʳ** son; le **MODE** la rend majeure, ou mineure; et le **TON** indique sa première note, qu'on nomme aussi **TONIQUE**.

Deux gammes différentes, qui ont un grand rapport entr'elles, s'appellent **TONS RELATIFS**.

On nomme la partie la plus grave d'un morceau d'harmonie, **BASSE**; et **FONDAMENTALE**, la note sur laquelle les accords sont formés: il ne faudra donc pas confondre la **BASSE D'UNE HARMONIE**, avec la **FONDAMENTALE DES ACCORDS**.

Dans la musique ancienne on se sert des notes suivantes: **CARRÉE**, équivalant à deux rondes **MAXIME**, équivalant à deux carrées, ou 4 rondes .

La mesure fixe la durée et la quantité des sons; elle se divise en temps égaux, et les temps en faibles et forts. Voici le tableau de toutes les mesures:

Pour indiquer les Mouvements, et le caractère d'un morceau de musique, on se sert des termes suivants:

LARGO.	MAESTOSO.	GRAZIOSO.	SCHERZO.
LENTO.	AFFETTUOSO.	TEMPO GIUSTO.	VIVACE.
SOSTENUTO.	ANDANTINO.	ALLEGRETTO.	PRESTO.
LARGHETTO.	ANDANTE.	ALLEGRO.	PRESTISSIMO.
ADAGIO.	MODERATO.	CON BRIO.	

Tous les mots contenus dans la même colonne ont aussi la même signification; seulement, les premiers écrits indiquent des mouvements moins vifs que ceux qui les suivent. On joint quelquefois à ces expressions les mots UN POCO, UN PEU, MOLTO OU ASSAI, BEAUCOUP; et NON TROPPO, PAS TROP.

On indique les différents degrés d'expression d'un morceau par les signes suivants:

ff FORTISSIMO,——Très fort.

f FORTE,———— fort.

mf MEZZO FORTE,——Demi-fort.

MEZ. VOCE. MEZZO VOCE / SOT. VOCE. SOTTO VOCE à demi voix.

p PIANO, Foible.

pp PIANISSIMO, Très Foible.

fp FORTE, PIANO, d'abord FORT, puis FOIBLE.

pf PIANO FORTE, Faible et fort.

DOL. DOLCE, doux.

CAL. CALANDO, Avec chaleur et en animant de plus en plus.

sfz SFORZANDO, En forçant.

rfz RINFORZANDO, En renforçant.

SMORZ. SMORZANDO. / MOREN. MORENDO. en mourant

PERD. PERDENDOSI. En perdant le son.

CRES. CRESCENDO. en augmentant.

MINUEN. MINUENDO, en diminuant.

Le signe $>$ diminue le son; celui-ci $<$ l'augmente; et le suivant $<>$ l'augmente d'abord, et le diminue ensuite. Les effets qui dérivent de ces signes s'appellent NUANCES.

Deux notes semblables, dont l'une est au temps fort, l'autre au temps faible, s'appellent SYNCOPES. Ex: [notation] comme les temps de la mesure se divisent eux mêmes en plusieurs parties, il peut y avoir aussi des syncopes de valeur différente; Ex: [notation] [notation] etc. Un accord est la réunion de plusieurs sons frappés ensemble, Ex: [notation] Lorsqu'on ajoute sur une basse toutes les notes qu'elle indique, on RÉALISE L'HARMONIE. Ex: [notation] la RÉALISATION D'UN ACCORD est donc la manière de distribuer ses notes dans les différentes parties d'une harmonie.

[notation: Accord brisé. / Accord plaqué.]

ON BRISE un accord, lorsqu'on prend successivement ses notes dans une même partie, Exemple ....

Un accord FAIT SA RÉSOLUTION sur l'accord suivant, lorsque les notes du 1er s'enchaînent d'après les règles avec celles du second; Ex: [notation]. On prépare une note en la syncopant; Exemple: [notation]; ici, le SECOND UT est préparé par le premier.

La plupart des définitions que nous venons de donner seront développées dans le courant de ce traité. Nous y consacrerons les trois premières parties à l'étude de L'HARMONIE, qui est la THÉORIE DE L'ART, celle qui nous enseigne la formation, la réalisation, et l'enchaînement des accords; et la 4me À LA COMPOSITION OU MUSIQUE PRATIQUE, qui traite du contrepoint, de la fugue, de l'orchestre, du chant, et qui nous apprend à exprimer tous nos sentiments, toutes nos passions par les accords unis à la mélodie.

PREMIÈRE PARTIE.

Introduction.

DES INTERVALLES.

Ire LEÇON.

(SS. 1.) Pour désigner les divers Intervalles d'un son à un autre, nous nous servirons dans ce traité des noms suivants :

TABLEAU DES INTERVALLES.

Les Intervalles de 9me, 10me, 12me, 13me, 14me, Etc. étant regardés dans l'Harmonie comme ceux de 2de, 3^{ce}, 4te, 6te, Etc. éloignés d'une ou plusieurs octaves, recevront les mêmes noms, et seront soumis aux mêmes modifications que ces derniers ; ainsi, au-lieu de 9me, 10me, Etc. nous dirons 2de, 3^{ce}, Etc. (Nous ne faisons exception que pour l'intervalle de 9me dans l'accord qui porte ce nom.)

(L'Elève doit reproduire ce tableau en partant de plusieurs autres notes que le **MI** : il indiquera par des chiffres les tons et les demi-tons contenus dans chaque intervalle, et il écrira leur qualité au-dessus. Il comptera les tons et les demi-tons en les faisant appartenir au ton de la note par laquelle il commence, excepté dans quelques accords augmentés et diminués.)

REMARQUE : *Les intervalles qu'on ne rencontre pas dans ce tableau ne sont produits que par l'emploi de l'enharmonique, ou des notes accidentelles ; ils représentent d'autres notes que nous devons leur substituer pour l'analyse de l'harmonie : ainsi les intervalles de la portée A devront être remplacés par ceux de la portée B.*

(1) Nous désignerons toujours l'unisson par un zéro. (0)
(2) Il est inutile d'écrire les accidents à la clef, puisqu'on prend tous les tons et les demi-tons contenus dans une même gamme.

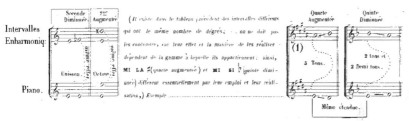

(‡) Demi-tons chromatiques.

A.

B.

Secondes Mineures. 9me Min. 7me Maj. 4te Juste. 5te Juste.

(‡) *Nous ne dirons pas* **UNISSONS MA-**
JEURS, MINEURS *etc. nous appellerons ces*
intervalles **DEMI-TONS CHROMATIQUES.**

On nomme la **SECONDE DIMINUÉE** *et la* **SEPTIÈME AUGMENTÉE INTERVALLES ENHARMONIQUES,** *parcequ'elles re-*
présentent le même son à l'unisson ou à l'octave, Exemple,

Intervalles
Enharmoniq:

Seconde
Diminuée. 7me Augmentée

Unisson. Octave.

(*Il existe dans le tableau précédent des intervalles différens*
qui ont le même nombre de degrés; on ne doit pas
les confondre, car leur effet et la manière de les réaliser
dépendent de la gamme à laquelle ils appartiennent; ainsi,
MI LA ♯(quarte augmentée) et MI SI ♭(quinte dimi-
nuée) diffèrent essentiellement par leur emploi et leur réali-
sation,) Exemple ....

Piano.

Quarte
Augmentée

Quinte
Diminuée

(1)

3 Tons.

2 tons et
2 Demi tons.

Même étendue.

DU RENVERSEMENT DES INTERVALLES.

2me leçon.

L'UNISSON, en se renversant, devient OCTAVE,

La Seconde.................................7me
La 3ce...................................6te
La 4te...................................5te
La 5te...................................4te
La 6te...................................3ce
La 7me...................................2de
L' 8ve.................................Unisson;

Ce que nous pouvons figurer en écrivant les chiffres suivants
sur deux rangs ....Ex:

1	2	3	4	5	6	7	8.
8	7	6	5	4	3	2	1.

Les chiffres du rang inférieur indiquent les intervalles qui résultent du renversement des chiffres du
rang supérieur.

REMARQUE = Ce que nous avons dit plus haut de la **DOUBLE TIERCE, LA DOUBLE QUINTE** *Etc. ne peut pas s'appliquer au*
renversement des intervalles; car la 9me *renversée devient* 2de, *la* 10me 3ce, *comme nous pouvons nous en convaincre par les chiffres*

1	2	3	4	5	6	7	8	9	10	11	12	13	14	15	16	17	18	19	Etc:
8	7	6	5	4	3	2	1	2	3	4	5	6	7	8	9	10	11	12	

suivants: Ainsi, la 3ce

en se renversant devient 6te , *Tandis que la* 10me *donne une* 3ce, *Exemple* .... *mais*

dans l'harmonie la 10me *est regardée comme la* 3ce *ainsi que nous l'avons dit à la page* 6.

(1) En écrivant les tons et les demi-tons dans le tableau précédent, nous n'avons pas procédé au hasard; on doit savoir qu'un intervalle quelconque a toujours un degré de moins que le nom qu'il porte: ainsi, une tierce est composée de deux degrés; une quarte, de trois. Voilà pourquoi dans
les intervalles que nous donnons ici, nous avons écrit trois tons à la quarte augmentée, c'est-à-dire un degré de moins que le nom qu'elle porte,
tandis que la quinte diminuée, qui se fait pourtant avec la même touche sur le piano, a deux tons et deux demi-tons, c'est-à-dire, deux fois le
nombre deux, (ce qui fait quatre degrés.) Si nous ouvrons la main, nous trouverons 4 intervalles entre les 5 doigts.

TABLEAU
Des intervalles Renversés

	Unisson.	SECONDES.				TIERCES.				QUARTES.		
		Diminuée.	Mineure.	Majeure.	Augmentée.	Diminuée.	Mineure.	Majeure.	Augmentée.	Dimin.	Juste ou Parfaite.	Augmen.
INTERVALLES PRIMITIFS	0		1 Demi-ton. Enharmonique.	1 Demi-ton.	1 Ton.	1 Ton ½	2 Demi-tons.	1 Ton et 2 Demi-tons.	2 Tons.	2 Tons ½	1 Ton et 2 Demi-tons.	2 Tons et 1 Demi-ton.	3 Tons.
Partie intermédiaire servant de point de départ et de comparaison.												
	5 Tons et 2 Demi-Tons.	6 Tons.	5 Tons et 3 Demi-Tons.	4 Tons et 2 Demi-Tons.	3 Tons et 3 Demi-Tons.	5 Tons.	4 Tons et 3 Demi-ton.	3 Tons et 2 Demi-Tons.	4 Tons.	3 Tons et 1 Demi-ton.	2 Tons et 2 Demi-Tons.
RENVERSEMENTS.	Octave.	Augmentée.	Majeure.	Mineure.	Diminuée.	Augmentée.	Majeure.	Mineure.	Diminuée.	Augmentée.	Juste ou Parfaite.	Dimin.
		SEPTIÈME.				SIXTES.				QUINTES.		

QUINTES.			SIXTES.				SEPTIÈMES.				Octav.
Dimin.	Juste.	Augm.	Dimin.	Mineure.	Majeure.	Augm.	Dimin.	Mineure.	Majeure.	Augm.	
2 Tons et 2 Demi-ton.	3 Tons et 1 demi-ton.	4 Tons.	2 Tons et 3 Demi-tons.	3 Tons et 2 Demi ton.	4 Tons et 3 Demi-ton.	5 Tons.	3 Tons et 4 Demi-tons.	4 Tons et 3 Demi-ton.	5 Tons et 1 Demi-ton.	6 Tons.	5 Tons et 2 Tons.
3 Tons.	2 Tons et 1 Demi-ton.	1 Ton et 2 Demi-tons.	2 Tons.	½ Tons.	1 Ton et ½ Demi-ton.	2 Demi-tons.	1 Ton ½	1 Ton.	Demi-Ton.	Demi-ton Enharmonique.	
Augm.	Juste.	Dimin.	Augm.	Majeure.	Mineure.	Dimin.	Augm.	Majeure.	Mineure.	Augm.	Unisson.
QUARTES.			TIERCES.				SECONDES.				

Ainsi que nous venons de le voir dans ce dernier tableau, les intervalles MAJEURS deviennent MINEURS en se renversant, les MINEURS, MAJEURS, les DIMINUÉS, AUGMENTÉS; les AUGMENTÉS, DIMINUÉS; ceux qui sont JUSTES restent JUSTES. (I)

En voici la preuve: Prenons un point invariable (RÉ), et plaçons autour de lui deux autres points (FA;) nous aurons dans la partie supérieure une TIERCE MINEURE, et dans la partie inférieure une SIXTE MAJEURE; Ex:

Si nous écrivons ensuite un dièse devant CHAQUE FA, nous les ferons monter d'un demi-ton: la Tierce alors deviendra Majeure, et la Sixte mineure, parcequ'en éloignant du RÉ le FA supérieur, nous en rapprocherons en même temps le FA inférieur; Ex: ....

De même en les faisant précéder d'un double dièse, nous obtiendrons les intervalles suivants; Ex: ....

Car en éloignant le FA qui est au-dessus du RÉ, nous en avons rapproché celui qui est au-dessous. On voit par ces exemples qu'à mesure qu'un intervalle devient plus grand, son renversement devient plus petit, et VICE VERSÂ; d'où nous pouvons conclure qu'un intervalle en se renversant devient tout l'opposé de ce qu'il était. Un seul fait exception à cette règle; c'est l'intervalle JUSTE ou PARFAIT, car s'il pouvait changer de nature en se renversant il ne serait pas PARFAIT: Ex:

REMARQUE: lorsqu'on veut renverser un intervalle quelconque, on transporte la note supérieure au grave, ou la note inférieure à l'aigu; ainsi, dans l'exemple suivant, pour convertir la tierce en sixte, il faudra renverser le MI, Ex: ... si on faisait ce changement par la note inférieure UT, on agrandirait l'intervalle sans le renverser, Ex:

UT Renversé.   MI Renversé.

(L'élève renversera maintenant tous les tableaux des intervalles qu'il aura écrits dans la première leçon.)

_____

(1) D'après ce que nous avons dit plus haut, pour trouver le nom d'un intervalle quelconque, on ajoute un degré à ceux qu'il contient. Ainsi, un intervalle d'un degré donne une seconde, un intervalle de trois degrés donne une quarte, ainsi de suite.

DES CONSONNANCES ET DES DISSONNANCES.

(SS. 2.) On nomme CONSONNANCES, L'UNISSON, la QUINTE JUSTE, L'OCTAVE, la 3.ᵐᵉ MAJEURE et MINEURE, la SIXTE MAJEURE ET MINEURE; et DISSONNANCES tous les autres intervalles, à l'exception de la QUARTE JUSTE, dont nous parlerons plus tard. (I)

Les consonnances se divisent en PARFAITES et IMPARFAITES: les consonnances parfaites sont, l'oc-TAVE, L'UNISSON, la QUINTE JUSTE, et les IMPARFAITES, la TIERCE et la SIXTE. On appelle la QUINTE JUSTE et L'OCTAVE CONSONNANCES PARFAITES, parcequ'elles ne peuvent s'altérer sans cesser d'être CONSONNANCES, tandis que la TIERCE et la SIXTE peuvent être majeures et mineures sans devenir DISSONNANCES. L'UNISSON donne un intervalle nul; ou le range au nombre des consonnances parfaites, parcequ'on ne peut l'altérer sans le rendre dissonant. C'est parceque la quinte et la quarte ne peuvent devenir majeures ou mineures sans cesser d'être consonnances qu'elles n'ont que trois qualités dans le tableau que nous avons donné, Ex:

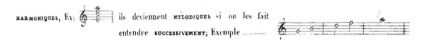

Les intervalles sont HARMONIQUES OU MÉLODIQUES; lorsqu'on les frappe SIMULTANÉMENT, ils sont HARMONIQUES, Ex: ils deviennent MÉLODIQUES si on les fait entendre SUCCESSIVEMENT; Exemple ....

DES GENRES.

(SS. 3.) Il existe trois genres en musique, le DIATONIQUE, le CHROMATIQUE, et L'ENHARMONIQUE. Le genre DIATONIQUE est celui qui marche par tons et demi-tons naturels; nous disons TONS et DEMI-TONS NATURELS, parcequ'ils sont formés avec les notes naturelles de la gamme, Exemple ....

Le GENRE CHROMATIQUE se fait en altérant une même note d'un demi-ton, soit en montant soit en descendant: Exemple ....

une gamme qui monte et qui descend par demi-tons participe du GENRE DIATONIQUE et du GENRE CHROMATIQUE; Exemple ....

Ainsi, le DEMI-TON CHROMATIQUE appartient à la même note altérée au moyen d'un accident, et le DIATONIQUE à deux notes différentes marchant par demi-ton.

REMARQUE: En général le Chromatique en montant s'écrit avec des dièses, et celui qui descend avec des bémols.

Le GENRE ENHARMONIQUE a lieu quand on passe d'une note à une autre, sans que l'intonation change d'une manière sensible à l'oreille: Exemple ......

(*) Ce demi ton pourrait appartenir au genre Chromatique, car s'il a lieu sur deux notes différentes, il se fait aussi au moyen d'un accident étranger à la gamme d'ut: on devrait l'appeler GENRE MIXTE.

(I) Un son entendu seul ne peut être ni consonnant ni dissonant.

Le **GENRE DIATONIQUE** est le seul dont nous nous servirons dans la 1ᵉ partie; nous ne commencerons à employer les deux autres genres que dans la seconde, parcequ'ils servent surtout à moduler. *L'élève devra chercher sur une ou plusieurs gammes différentes les* **DEMI-TONS DIATONIQUES** *ou* **CHROMATIQUES**.

DE LA FORMATION DES ACCORDS EN GÉNÉRAL.

(SS. 4.) **UN ACCORD** est la réunion de plusieurs sons différents frappés ensemble. (Nous verrons dans la troisième partie, où l'on traite des notes accidentelles, qu'il peut y avoir réunion de sons différents sans qu'il y ait accord.) On ne fait pas d'accord à moins de **TROIS SONS**, ni à plus de **CINQ**. Les plus importants sont ceux de **TROIS SONS**, puisque les **ACCORDS DE QUATRE ET CINQ SONS** ne sont que les mêmes avec l'addition d'une ou plusieurs notes; il est vrai que deux voix ou deux instruments chantant ensemble font **ACCORD**; mais il y a toujours une ou deux notes sous-entendues: Ex: représente et représente .

RÈGLE. **UN ACCORD SE FORME EN PLAÇANT SUR UNE NOTE QUELCONQUE D'AUTRES NOTES DE TIERCES EN TIERCES: Ex:** Lorsqu'il est ainsi disposé, la note la plus basse s'appelle **FONDAMENTALE**, celle au-dessus **TIERCE**, l'autre **QUINTE**, etc. d'après leur distance de la fondamentale dont le nom donne aussi la **DÉNOMINATION** à l'accord.

D'après la formation d'un accord, ceux de **TROIS SONS** *se composent donc de* **FONDAMENTALE**, 3^{ce} *et* 5te; *ceux de* **QUATRE SONS** *de* **FONDAMENTALE**, 3^{ce} 5te *et* 7me; *et ceux de* **CINQ** *de* **FONDAMENTALE**, 3^{ce}, 5te, 7me, *et* 9me.

Excepté les accords altérés, tous les autres se forment avec les notes naturelles de la gamme à laquelle on veut les faire appartenir, sans qu'on soit obligé d'en hausser ou d'en baisser une par un accident qui lui soit étranger.

ACCORDS PRIMITIFS.

Tout notre système musical sera composé de six accords, que nous appellerons **ACCORDS PRIMITIFS**, parcequ'ils peuvent se passer de préparation, et qu'ils se forment sans le secours d'aucun accident étranger à leur gamme:

EN VOICI LE TABLEAU.

1	2	3	4	5	6
Accord Parfait Majeur.	Accord Parfait Mineur.	Accord diminué.	Accord de 7ᵉ dominante.	Accord de 9ᵉ Majeure.	Accord de 9ᵉ Mineure.

Nous formerons tous les autres accords d'après ceux-là, et nous les nommerons **ACCORDS DÉRIVÉS**.

DES MODES.

(SS. 5.) Il existe deux gammes dans la Musique Moderne, l'une dans le mode majeur, l'autre dans le mode mineur. (On en admet davantage dans la musique ancienne.) La gamme majeure se compose ainsi:

Dans la gamme mineure les demi-tons changent de place: Ex.....

DANS L'HARMONIE on doit toujours envisager la gamme mineure comme nous venons de l'écrire, parceque chaque note sert tour-à-tour de fondamentale et de complément à un accord, et qu'on doit les écrire telles qu'elles sont données dans leur gamme respective. C'est donc parceque les accords doivent se former avec les notes naturelles de leur gamme que nous écrirons ainsi la gamme mineure. D'ailleurs, si on faisait **FA #** ou **SOL ♮** dans cette gamme, on modulerait.

La première note de la gamme se nomme **TONIQUE**; la quatrième, **SOUS-DOMINANTE**; la cinquième, **DOMINANTE**, et la septième, **NOTE SENSIBLE**. On appelle aussi la première note, **PREMIER DEGRÉ**; la seconde, 2.ᵉ **DEGRÉ**; la 3.ᵉ **TROISIÈME DEGRÉ**; Etc. Exemple....

| Tonique. | | | Sous-domin. | Dominante. | | Note sensible. |

1.ᵉʳ Degré.   2.ᵐᵉ D.   3.ᵐᵉ D.   4.ᵐᵉ D.   5.ᵐᵉ D.   6.ᵐᵉ D.   7.ᵐᵉ D.

RÉSUMÉ.

1.ᵒ Nous avons parlé de la formation des intervalles, de leur nom, et de leur renversement; 2.ᵈᵉ des consonnances parfaites et imparfaites, et des dissonnances: 3.ᵒ nous avons vu qu'il y avait trois genres: LE DIATONIQUE, le CHROMATIQUE et l'ENHARMONIQUE; et deux modes, dont l'un détermine la gamme majeure, et l'autre la gamme mineure. 4.ᵒ nous avons dit que les accords se formaient de tierces en tierces en montant: nous les avons divisés en ACCORDS PRIMITIFS, et ACCORDS DÉRIVÉS; les PRIMITIFS sont au nombre de six; ils occuperont la première partie.

Chapitre Premier

DES ACCORDS DE TROIS SONS.

3ᵐᵉ LEÇON.

(SS. 6.) Nous avons dans le tableau précédent trois espèces d'accords de trois sons; Exemple.......

1.ʳᵉ ESPÈCE.   2.ᵉ ESPÈCE.   3.ᵉ ESPÈCE.

Accord Parfait Majeur. | Accord Parfait Mineur. | Accord diminué.

On les forme en plaçant sur chaque note de l'une des deux gammes d'autres notes en tierces supérieures: Exemple,

Mais pour savoir sur quels degrés ils se trouvent, il importe de connaître la qualité des intervalles qui les composent, et par laquelle ils diffèrent.

Iᵉ ESPÈCE.

ACCORD PARFAIT MAJEUR.

Il se compose de **FONDAMENTALE, TIERCE MAJEURE, ET QUINTE JUSTE** (C'est la 3.ᶜᵉ Majeure qui lui donne le nom de Majeur, et la quinte juste celui de Parfait.)

Prenons maintenant la gamme majeure, et plaçons un accord de trois sons sur chaque degré; Exemple.......

1.ᵉʳ Degré.   2.ᵐᵉ   3.ᵐᵉ   4.ᵐᵉ   5.ᵐᵉ   6.ᵐᵉ   7.ᵐᵉ

Nous trouverons sur le premier degré (**UT**) une tierce majeure et une quinte juste; c'est donc un accord **PARFAIT-MAJEUR**; sur le second (**RE**,) et le troisième (**MI**,) il n'y a pas d'accord majeur, parceque la tierce est mineure: sur le **FA** (4.ᵉ degré,) et le **SOL** (5.ᵐᵉ degré,) nous avons une tierce majeure et une quinte juste, et parconséquent deux accords majeurs: les deux degrés qui suivent ont des tierces mineures, et ne peuvent fournir d'accords majeurs: Ex.

EN UT MAJEUR.
1.ᵉˢᵖèᶜᵉ.   1.ʳᵉ Espèce. 1.ʳᵉ Espèce.

En faisant les mêmes recherches sur la gamme mineure, nous trouverons deux accords parfaits majeurs: Exemple..........................

1.ᵉʳ Rég.   1.ʳᵉ Esp.

L'acc.d **PARFAIT MAJEUR** se place donc sur les 1er, 4me et 5me dégrés de la gamme majeure, et sur les 3me et 6me de la gamme mineure; nous avons mis un ♯ devant la tierce du cinquième dégré de la gamme de **LA MINEUR** (Sol ♯), parceque toute note sensible d'un ton mineur se trouve haussée d'un demi-ton vers la tonique.

2.me ESPÈCE.

ACCORD PARFAIT MINEUR.

Il se compose de **FONDAMENTALE**, **TIERCE MINEURE** et **QUINTE JUSTE**; (il ne diffère du précédent que par la tierce mineure qui lui donne le nom de mineur. On l'appelle parfait à cause de sa quinte parfaite.) en le cherchant comme nous avons fait pour le précédent, nous le trouverons sur les 2me. 3me et 6me dégrés de la gamme majeure, et sur les 1er et 4me de la gamme mineure.

Exemple.... En Ut Maj.   En La Min.

3.me ESPÈCE.

ACCORD DIMINUÉ.

Il se compose de **FONDAMENTALE**, tierce **MINEURE**, et **QUINTE DIMINUÉE**. (Il diffère des deux autres par la quinte qui lui donne le nom de **DIMINUÉ**.) on le trouve sur le 7me dégré de la gamme majeure, et sur les 2me et 7me de la gamme mineure:

Exemple... En Ut Majeur   En La Mineur

En réunissant dans une même gamme majeure et mineure les trois espèces d'accords tels que nous les avons trouvés, nous verrons qu'un seul dégré n'en a pas;

'c'est le 3me en mineur (Ut): on est obligé de mettre un ♯ devant sa quinte **SOL**, parceque cette note (Sol ♯) est donnée par la gamme qui ne contient pas de Sol naturel; ce qui nous fait un accord de **QUINTE AUGMENTÉE**, que nous ne connaissons pas encore, et dont nous ne parlerons que dans la seconde partie. (Deux intervalles de même nature ne peuvent pas faire un accord parfait.)

RÉSUMÉ

Tous les dégrés des deux gammes ont des accords de trois sons, sauf le 3.me de la gamme mineure, à cause de sa quinte augmentée, et le 7.me des deux gammes qui ne peut pas exister comme **ACCORD FONDAMENTAL**. (*Nous verrons plus tard qu'il dérive de la 7.me Dominante prise sans fondamentale.*)

L'élève cherchera ces accords sur chaque dégré des deux gammes, écrites dans plusieurs tons différents, en les désignant par leur espèce, ou leur qualité; Exemple............

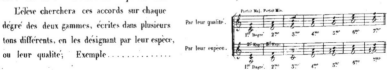

Il remplira ensuite les basses suivantes à 3 et 4 parties, en plaçant arbitrairement la 3.e et 5.te et la note doublée (l'octave) dans une des parties supérieures, sans craindre les fautes qu'il peut commettre contre la pureté de l'harmonie, et en indiquant par des chiffres écrits au-dessus de la basse l'espèce d'accord, et au-dessous le dégré de la gamme sur lequel il est placé: lorsqu'il écrira à 4 parties, il doublera indifféremment une des trois notes de l'accord; Exemple.......

Il continuera ce travail jusqu'à ce qu'il connaisse bien ces trois accords, et la place qu'ils occupent sur chaque dégré des deux gammes.

BASSES A REMPLIR A 3 ET 4 PARTIES. N.° 1.

N.° 2.

N.° 3.

N.° 4.

N.° 5.

N.° 6.

N.° 7.

Chapitre Second.

DE LA MANIERE DE RÉALISER PUREMENT L'HARMONIE.

4me LEÇON.

(SS. 7.) ON RÉALISE PUREMENT. quand on écrit sans faute toutes les parties d'une harmonie exécutée par des voix seules, des instruments seuls, ou par des voix et des instruments réunis; mais quel que soit le cas, il faut avoir égard: 1.° AUX MOUVEMENTS DES PARTIES; 2.° AUX NOTES A DOUBLER ET A SUPPRIMER; 3.° A LA DISPOSITION DES NOTES DES ACCORDS; 4.° A LA MARCHE PARTICULIÈRE DE CHAQUE PARTIE.

§ Quand il y a sur une note un accident (♯ ♭ ♮) placé devant un 3, il faut, en réalisant l'harmonie, l'écrire devant la 3.^ce de cet accord. Ici il y a un ♯ au-dessus du MI, on prendra donc SOL ♯ dans la partie qui fera cette note.

♯ Une barre qui se prolonge sur deux ou plusieurs notes, indique que l'accord reste le même.

♢ L'octave exprime le même accord.

1º. Du Mouvement des parties, et des intervalles harmoniques à éviter.

Les parties qui exécutent les accords peuvent se mouvoir entr'elles de plusieurs manières, 1º. PAR LE MOUVEMENT CONTRAIRE, lorsque les parties marchent toujours en sens inverse, Ex:.

2º. PAR LE MOUVEMENT OBLIQUE, ou l'une des parties va dans tous les sens, tandis que l'autre reste en place; Exemple:

3º. Par le MOUVEMENT SEMBLABLE, (DROIT ou DIRECT) qui a lieu lorsque deux ou plusieurs parties marchent dans le même sens: Exemple....................

4º. Par LE MOUVEMᵗ PARALLELE qu'on obtient en répétant à la même place les mêmes notes: Exemple.......

Comme l'accord ne change pas, et qu'en le brisant ainsi on ne peut s'exposer à aucune faute, nous ne parlerons presque jamais de ce 4ᵐᵉ mouvement dont on ne se sert que pour les instruments, et rarement pour les voix.

REMARQUE. Nous avons classé ces quatre mouvements d'après leur degré d'importance; ainsi, le mouvement CONTRAIRE est le plus riche et le plus élégant; on l'emploie très souvent: le mouvement OBLIQUE vient après: le mouvement SEMBLABLE est moins heureux; on ne doit s'en servir que rarement et avec précaution, parcequ'il ne donne pas assez de variété ni de contraste, tandisqu'une harmonie marchant par les mouvements CONTRAIRE ET OBLIQUE est presque toujours écrite avec pureté.

Chaque partie forme donc envers chaque autre l'un de ces mouvements; ce qui donne souvent, lorsqu'on écrit à plusieurs parties, les quatre mouvements réunis: Exemple,

Il existe ici trois mouvements: la partie I ... 2. I ... 3. 2 ... 3.

(1) Plus tard, pour chercher les fautes de 5ᵉˢ, ou d'8ᵉˢ, on comparera de la même manière les parties entr'elles.

Dans un exemple à 4 parties on trouve six mouvements réunis : la partie I contre la partie 2

.................I 3

.................I 4

.................2 3

.................2 4

.................3 4

Les chiffres, dans ces exemples, indiquent les parties, et les lettres c, o, s, p, sont les initia-les des mouvements que ces parties font entr'elles. (L'élève continuera cette indication jusqu'à la fin, en se rappelant bien que chaque fois qu'une note change de place, elle fait avec une autre un de ces mouvements.)

Il existe des intervalles harmoniques sur lesquels on ne peut arriver indifférem-ment par tous ces mouvements:

RÈGLE. (5ᵐᵉ LEÇON.)

(SS. 8.) IL NE FAUT PAS ALLER PAR LE MOUVEMENT SEMBLABLE D'UNE CONSONNANCE IMPARFAITE SUR UNE CONSONNANCE PARFAITE. (l'unisson, l'octave et la quinte juste:) Exemple:

La même faute existe lors-que L'INTERVALLE QUE L'ON QUITTE EST UNE DISSONNANCE ET L'AUTRE UNE CONSONNANCE PARFAITE; Exemple..........

Cette faute devient encore plus grave QUAND ON FRAPPE DE SUITE PAR MOUVEMENT SEMBLABLE, ET DÉGRÉS DISJOINTS OU CONJOINTS DEUX CONSONNANCES PARFAITES, MÊME DE NATURE DIFFÉRENTE; Exemple:

REMARQUE. On peut arriver par tous les mouvements sur les consonnances imparfaites, LA TIER-CE ET LA SIXTE: ainsi les fautes dont nous parlons n'existent qu'entre deux parties qui font des INTERVAL-LES HARMONIQUES DÉFENDUS (les quintes, les unissons, et les octaves.)

_____

(1) Lorsqu'un morceau de musique commence par une partie supérieure, il n'est pas nécessaire que la basse entre par le 1ᵉʳ ou 5ᵐᵉ dégré, pourvu que la partie supérieure débute par la tonique ou la dominante.

Prenons maintenant pour exemple les deux parties qui suivent, en indiquant tous les mouvements, et en marquant d'une + les fautes que nous trouverons contre la règle; Exemple..........

À la seconde mesure

1°. On frappe par mouvement semblable une quinte juste ; il y a faute: de même à la 5.me mesure marquée B +, Exemple

Il y a une faute de quinte, parcequ'on arrive sur une consonnance parfaite par le mouvement semblable.

Les autres mesures marquées C +. D +. E +. sont aussi contre la règle.

Dans l'exemple suivant à trois parties, l'élève cherchera et indiquera, comme nous venons de le faire, toutes les fautes de 5.me et d' 8.ve qu'il y rencontrera.

Puis il reprendra les basses qu'il a réalisées au chapitre 1.er (Page 13, Section 6.), et il indiquera de la même manière les fautes qu'il aura faites. Il passera ensuite à la règle suivante, qui lui apprendra à corriger ces fautes.

RÈGLE.   (6.me LEÇON)

(SS. 9.) ON DOIT ARRIVER SUR UNE CONSONNANCE PARFAITE PAR LE MOUVEMENT CONTRAIRE OU OBLIQUE. EX.

REMARQUE DEUX QUINTES OU DEUX OCTAVES JUSTES DE SUITE DOIVENT S'ÉVITER, LORS MÊME QU'ELLES MARCHENT PAR MOUVEMENT CONTRAIRE: Exemple:

Maintenant l'élève corrigera toutes les basses qu'il aura réalisées à trois et quatre parties, en doublant ou supprimant arbitrairement une des notes de l'accord.

VOICI L'EXEMPLE A CORRIGÉ.

(1) Ces quintes et ces octaves sont tolérées dans ces deux exemples, parceque les consonnances parfaites ne sont pas de même nature.

EXCEPTION. (SS. 10.) Quand la partie supérieure marche PAR DÉGRÉ CONJOINT. (Seconde majeure, ou mineure,) et la partie inférieure par DÉGRÉ DISJOINT, (tierce, quarte, quinte etc.) ON PEUT ARRIVER SUR UNE CONSONNANCE PARFAITE PAR LE MOUVEMENT SEMBLABLE.(1)bien entendu qu'il n'est question ici que des deux parties qui marchent contre la règle, n'importe où elles se trouvent: Exemp.

L'élève indiquera les exceptions dans l'exemple suivant comme nous venons de le faire dans celui qui précède; Exemple,

DES QUINTES ET OCTAVES RÉELLES ET CACHÉES.

EXPLICATION. (SS. 11.) Deux quintes et deux octaves sont RÉELLES, quand elles se suivent par dégrés conjoints ou disjoints, et par mouvement semblable ou contraire:

Exemple :

On fait DES QUINTES ET DES OCTAVES CACHÉES lorsqu'on va D'UNE CONSONNANCE IMPARFAITE À UNE CONSONNANCE PARFAITE PAR MOUVEMENT SEMBLABLE. Exemple...............

elles deviendraient RÉELLES si on remplissait l'intervalle qui existe entre les notes qui marchent par dégrés disjoints: Ex:

Le cas suivant [musical example] est mauvais, parcequ'il donne deux octaves réelles, dont l'une est retardée, mais les octaves et quintes suivantes sont permises: Exemple...............

l'élève cherchera dans l'exemple qui suit les quintes et les octaves réelles et cachées: Exemple:.....

(1) On peut alors arriver sur cette consonnance parfaite en partant d'un intervalle quelconque, Exemple, [musical example] Bon

Puis il réalisera les basses suivantes à trois et quatre parties, en se conformant à tout ce que nous venons de dire.

(BASSES À REMPLIR.)

Pour qu'il ne s'égare point, nous l'engageons à travailler longtemps d'après la règle et l'exception que nous venons de donner; c'est le meilleur moyen d'apprendre à écrire avec pureté.

7ᵐᵉ Leçon.

(SS. 12.) Comme dans la pratique on ne peut pas toujours se conformer à cette règle, et qu'on ne doit pas s'exposer à faire des successions d'accords dures et sans liaison, pour éviter une faute qui n'est souvent plus apparente dans les parties intermédiaires, surtout lorsqu'on écrit à grand orchestre, et dans un mouvement vif, nous allons analyser la véritable cause des quintes et octaves défendues, et poser un principe que nous baserons, non sur des preuves algébriques, mais simplement sur le jugement de l'oreille, un prin_cipe clair et précis qui puisse nous guider le plus surement possible.

REMARQUE. Il faut se rappeler que les accords se forment de tierce en tierce en montant; Exemple: et que, d'après cet arrangement, la tierce est l'intervalle le plus près de la fondamentale, la seconde n'étant que le renversement de la septième; puis la quinte, la septième, et enfin la neuvième. Ex.

RÈGLE. Plus un intervalle est éloigné de la fondamentale, et moins il est mélodieux: d'après ce principe, la 3ᶜᵉ est l'intervalle le plus consonnant de l'accord, parcequ'il est le plus près de la fondamentale; Exemple: la quinte en est trop éloignée pour être mélodieuse, et pas assez pour être dissonnante; Ex: c'est donc un intervalle neutre et de pur remplissage: la 7ᵐᵉ au contraire heurte franchement a_vec la fondamentale, Ex: et cette dureté, amenée et résolue avec art, produit un contraste heureux avec les consonnantes, qui nous paraissent plus suaves encore après des dissonnances: ainsi la 9me. Ex: [notation] sera plus dure que la 7me Ex [notation] parcequ'elle se trouve plus éloignée de la fonda_ mentale; nous l'emploîrons plus rarement . RÉSUMONS : La fondamentale est forte et majestueuse, la 3^{ce} est mélodieuse et douce; la quinte fade et de remplissage; l'8^{ve} est la répétition au grave ou à l'aigu d'un autre intervalle dont elle prend toutes les qualités . (I)

Il est évident alors que deux parties marchant par 3^{ces} produiront un effet plein de charme et de mélodie; Ex :

Tandis qu'elles blesseront l'oreille si elles procèdent par 5tes justes; Exemple :

Et si nous doublons à l'octave chaque partie du 1er Exemple;

l'effet en sera aussi agréable, parceque les 3^{ces} renversées deviennent des sixtes, et que ces deux in_ tervalles peuvent se succéder par mouvement semblable sans que leur mélodie soit altérée: Exemple,

 &

Tandis que si nous doublons à l'octave le second exemple, nous ne faisons qu'aug_ menter le mauvais effet produit par les quin_ tes consécutives; Exemple..........

C'est ce qui prouve que l'octave n'est que le reflet de la note qu'elle double, et qui lui communique tou_ tes ses propriétés; ainsi, deux octaves de suite ne produisent pas mauvais effet par elles-mêmes, lorsqu'elles sont isolées: Ex:

Bon.

elles ne doivent être

rejetées, que lorsqu'elles font avec un intervalle de nature différente des suc_ cessions défendues: Exemple (2)..........

mais elles appauvrissent l'harmonie en la pri_ vant d'autant de par_

ties qu'elles doublent; et comme en écrivant à 3 et 4 parties nous voulons que notre harmonie soit réellement à 3 et 4 parties, nous agirions dans un sens con_ traire en faisant une succession d'octaves: Exemple ....

Ces deux parties n'en forment qu'une en harmonie.

(I) Bien entendu qu'il n'est question ici que de deux ou plusieurs parties qui marchent à l'unisson ou à l'octave; car dans cet exemple [notation] la faute de deux quintes réelles par mouvement semblable n'existe qu'entre les deux parties extrêmes, quoique la basse double le *RÉ* à l'octave.

(2) Ainsi dans cet exemple [notation] Il n'existe une faute de quinte qu'entre les deux parties inférieures, mais on pourrait permettre les 8^{ves} de cette manière; Exemple.......... [notation] C'est ce que nous verrons dans la quatrième partie.

cet exemple n'est qu'à deux parties réelles; c'est ce qu'on appelle **DOUBLER À L'UNISSON**: nous parlerons de cette licence à la fin de la seconde partie.

On ne peut pourtant pas proscrire la quinte, qui fait
partie de l'accord, mais on doit l'employer alternativement avec
la 3.ce ou la fondamentale, en la frappant autant que possible
par mouvement contraire ou oblique, puisqu'elle ne produit
mauvais effet qu'en marchant par mouvement semblable; nous
obtiendrons ainsi plus de variété, d'élégance et de mélodie, et
nous éviterons les quintes consécutives: Exemple :

REMARQUE. On a dit depuis longtemps que deux quintes justes réelles
étaient défendues, parcequ'elles formaient une **DOUBLE MODULATION**. D'après cette
définition, l'exemple suivant, écrit dans le ton d'ut majeur, serait mauvais, parceque la partie supérieure marcherait dans un ton en même temps que la
partie inférieure marcherait dans un autre: Exemple......(1)

Une partie est en **UT**, tandis que l'autre est en **SOL**.

Or, n'est-il pas extraordinaire qu'on
module deux fois en même temps, sans
sortir du ton, Exemple....................
et qu'on ne module plus en conservant
les mêmes notes, et en les frappant par
un autre mouvement: Exemple..................

C'est un de ces phénomènes que nos classiques devraient bien nous expliquer, s'ils le compren-
nent eux-mêmes; à moins qu'ils ne veuillent emporter ce secret avec eux dans la tombe. Pour moi, j'ai
trop d'orgueil pour approuver ou blâmer une chose que je n'ai pas le bonheur de comprendre, et que
mes maîtres, même ceux qui ont donné cette définition dans leurs traités, n'ont jamais voulu m'expliquer:
Il me semble au contraire que la véritable cause de cette du-
reté est plutôt dans les deux tierces qui composent l'accord
parfait, et dont l'une est majeure et l'autre mineure; en effet, comment faire marcher ensemble deux tierces de nature différente? Exemple :

Cette succession irrégulière, et qui semble se contredire, contrarie l'oreille : pour
qu'elle puisse être tolérée, il faut que les
deux tierces dont l'accord est formé soient
mineures, Exemple...................

ou bien que l'accord soit dans son
premier renversement; parcequ'alors
les intervalles qui le composent changent de nature:
Exemple..................
nous

avons ici une tierce, **MI SOL**; et une quarte, **SOL UT**:

(**SS.13**) D'après ce que nous venons de dire, nous ne pourrons pas défendre les exemples suivants, Ex.

parceque les intervalles qui précèdent ceux des quintes justes   sont des tierces   ,et que
les quintes ne produisent réellement mauvais effet que lorsqu'elles se suivent, et marchent par mouvement semblable: Ex.   Voici dans quel ordre nous classerons ces cas exceptionnels:

I.° **TRÈS USITÉ**: lorsque la partie supérieure marche par degré conjoint,
et la partie inférieure par degré disjoint, et qu'on arrive par mouvement
semblable sur une consonnance parfaite; Exemple........................

---

(1) J. J. Rousseau donne aussi cette définition dans son dictionnaire des accords; on la retrouve dans Catel, Berton et Cherubini.

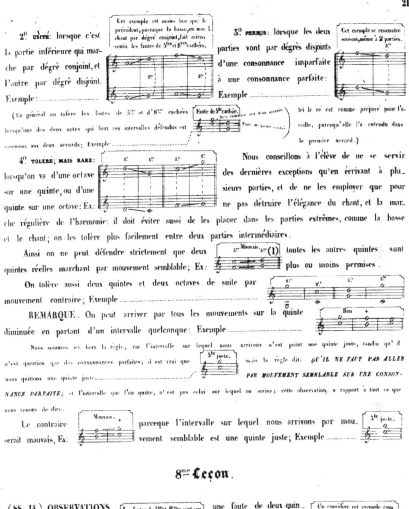

2°. UNITÉ: lorsque c'est la partie inférieure qui marche par dégré conjoint, et l'autre par dégré disjoint. Exemple :

Cet exemple est moins bon que le précédent, parceque la basse, en marchant par dégré conjoint, fait mieux sentir les fautes de 5tes et 8ves cachées.

(En général on tolère les fautes de 5tes et d'8ves cachées lorsqu'une des deux notes qui font ces intervalles défendus est commune aux deux accords; Exemple..................

Faute de 5te cachée.

Faute de quinte cachée.

3°. PERMIS: lorsque les deux parties vont par dégrés disjoints d'une consonnance imparfaite à une consonnance parfaite : Exemple.............

Cet exemple se rencontre souvent, même à 2 parties.

Ici le ré est comme préparé pour l'oreille, parcequ'elle l'a entendu dans le premier accord.)

4°. TOLÉRÉ; MAIS RARE: lorsqu'on va d'une octave sur une quinte, ou d'une quinte sur une octave : Ex :

Nous conseillons à l'élève de ne se servir des dernières exceptions qu'en écrivant à plusieurs parties, et de ne les employer que pour ne pas détruire l'élégance du chant, et la marche régulière de l'harmonie : il doit éviter aussi de les placer dans les parties extrêmes, comme la basse et le chant; on les tolère plus facilement entre deux parties intermédiaires.

Ainsi on ne peut défendre strictement que deux quintes réelles marchant par mouvement semblable; Ex :

Mauvais. (I)

toutes les autres quintes sont plus ou moins permises.

On tolère aussi deux quintes et deux octaves de suite par mouvement contraire; Exemple.........

REMARQUE. On peut arriver par tous les mouvements sur la quinte diminuée en partant d'un intervalle quelconque: Exemple............

Bon +

Nous sommes ici hors la règle, car l'intervalle sur lequel nous arrivons n'est point une quinte juste, tandis qu'il n'est question que des consonnances parfaites; il est vrai que

5te juste.

mais la règle dit: QU'IL NE FAUT PAS ALLER PAR MOUVEMENT SEMBLABLE SUR UNE CONSON-

NANCE PARFAITE; et l'intervalle que l'on quitte, n'est pas celui sur lequel on arrive; cette observation a rapport à tout ce que nous venons de dire.

Le contraire serait mauvais, Ex :

Mauvais. +

parceque l'intervalle sur lequel nous arrivons par mouvement semblable est une quinte juste; Exemple.........

5te juste.

8ᵐᵉ Leçon.

(SS. 14.) OBSERVATIONS. Quand l'accord change de position sans changer de nature, on peut frapper des quintes et des octaves par mouvement semblable: Exemple :

Les fautes de 5tes et 8ves ne sont sensibles, que lorsqu'elles se font entre deux accords différents.

une faute de deux quintes ou deux octaves réelles marchant par dégré conjoint ne peut pas être sauvée par une pause, si l'accord reste le même, Ex :

On considère cet exemple comme si le SOL et L'UT occupaient toute la mesure.

(I) Les quintes ou octaves qui marchent par dégrés disjoints sont moins dures que celles qui se suivent par dégrés conjoints. Deux quintes réelles ne doivent être absolument rejetées, que lorsqu'elles se font sur une nouvelle tonique, ex :

Mauvais.

d'UT en SOL.

22

ni par une note intermédiaire, si l'accord ne change pas de nature; Exemple ....

et lorsqu'il change de nature, il faut qu'il soit plus grand qu'une noire, qu'il occupe au moins la moitié de la mesure, et qu'il ait autant de valeur que l'accord qui le précède, s'il n'en a pas une plus grande; Ex:

les octaves sont permises lorsqu'il n'y a pas d'harmonie différente entre les parties qui les font: Ex: Pourtant dans les bons auteurs on les trouve très souvent entre deux parties coupées par une autre qui diffère; mais elles sont rares entre la basse et le chant, car il faut que les deux parties extrêmes fassent toujours une harmonie riche et correcte. (1)

Le cas suivant est permis, Exemple: parceque la partie supérieure fait l'octave, qui est la répétition du même son.

Ainsi, il faut bien se rappeler que la quinte juste est un intervalle neutre et sans couleur; qu'il ne saurait rendre l'accent de la passion, et qu'on ne doit s'en servir que pour compléter l'accord. On a donc eu tort d'établir pour règle que DEUX QUINTES JUSTES SONT PERMISES PAR MOUVEMENT SEMBLABLE, POURVU QUE TOUTES LES PARTIES MARCHENT PAR DEMI_TONS. Ex: il existe tant de moyens de les éviter qu'on aurait tort de les employer; Exemple: cette succession de quintes par demi tons est permise, mais c'est dans une partie intermédiaire, et avec un accord altéré, dont nous parlerons dans la seconde partie.

Il existe aussi une autre succession de quintes qu'on doit éviter, quoiqu'elles se fassent entre deux parties différentes contre une troisième: Exemple: Comme le LA de la seconde partie est au même diapason que celui qui viendrait après le SOL de la première, Exemple.....

l'oreille s'y trompe, et n'entend que le mauvais effet de deux quintes de suite: Exemple,

Il faut éviter l'unisson, parceque'il prive l'harmonie d'une partie chaque fois qu'il est frappé; lorsqu'on l'emploie, on observe les mêmes règles que pour l'octave et la quinte juste, Exemple................

---

(1) Nous parlerons de ce cas dans la seconde partie.

Nous nous sommes beaucoup étendu sur ce chapitre, parceque la quinte est un intervalle difficile à traiter, et que dans un ouvrage didactique on doit parler non seulement de ce qui exis_ te, mais encore prévoir tout ce que le génie pourra enfanter. Ce serait méconnaître le véritable in_ térêt de l'art, et tromper ceux mêmes qu'on est appelé à instruire que de leur donner des **RÈ_ GLES ABSOLUES**. (I)

Dans l'harmonie, il y a le secret de la création; il n'appartient pas à l'homme: on ne doit pas, pour arriver à une vérité qu'on ne saura jamais atteindre, soumettre les accords à des combinai_ sons arithmétiques: c'est dans le jugement de l'oreille, et dans les sensations de l'âme qu'il faut pui_ ser les **PRÉCEPTES DE L'HARMONIE**.

DES NOTES A DOUBLER ET A SUPPRIMER DANS LES ACCORDS.

9ᵐᵉ Leçon.

(SS. I5.) Dans un cas difficile à résoudre, on est obligé quelque fois de doubler ou de supprimer une ou plusieurs notes de l'accord, pour ne pas altérer la pureté du chant, en rendant la marche des parties incertaine ou sautillante: alors on double de **PRÉFÉRENCE LA FONDAMENTALE, PUIS LA QUINTE** et la **TIERCE TRÈS RAREMENT**, surtout lorsqu'elle est note sensible, parcequ'alors elle n'a qu'une seule manière de se résoudre: Exemple,

L'élève continuera cette indication.

Si, au lieu de doubler les notes à distance d'une ou plusieurs octaves, on les répétait à la même place, on ferait des **UNISSONS**: Exemple:

cette manière de doubler les notes d'un accord est vicieuse, en ce qu'elle prive souvent l'harmonie d'une partie, tandis que l'octave la rend plus complète.

Lorsqu'on est obligé de retrancher u_ ne note de l'accord, on supprime d'abord la **QUINTE**, puis la **FONDAMENTALE**, et la 3ᶜᵉ seule_ ment dans un cas difficile: ainsi la 3ᶜᵉ est

(1) Nous espérons que nos classiques ne nous blâmeront pas d'avoir parlé si longuement de la quinte, et de permettre tout ce qu'on rencontre dans les meilleurs auteurs, en nous conformant toujours au bon goût, et au jugement de l'oreille. Dans tous les cas, nous pourrions citer un maître moderne, M⁻ CHERUBINI, qui dit dans SON TRAITÉ DE CONTREPOINT ET FUGUE (PAGE 5) QUE L'ÉLÈVE POURRA RENCONTRER DANS LES OUVRAGES DE COMPOSITION LIBRE, C'EST-À-DIRE, DANS LES OPÉRA, LES SIMPHONIES, ETC. DES QUINTES DE SUITE, MAIS QUE CES LICENCES NE SONT TOLÉRÉES QUE DANS CE GENRE DE COMPOSITION. Or, comme les simphonies sont le seul genre de musique adopté par le public, et que le contre_ point n'est qu'une ennuyeuse bontade d'école, nous serions tenté de conseiller au jeunes Artistes, qui briguent l'honneur de la célébrité, de faire le contraire de ce que disent ces maîtres, à moins qu'ils ne composent que pour leur complaire, ou qu'ils se contentent de leur approbation.

24

un intervalle qu'on évite de doubler et surtout de supprimer, parcequ'elle donne la mélodie à l'accord. (I) Exemple,

L'élève cherchera les notes supprimées et celles qu'on a doublées à leur place; il les trouvera facilement, s'il se rap-
pelle que les accords se forment de tierce en tierce en montant, et que la fondamentale est ici à la basse.

NOTA. *Ce que nous venons de dire sur les notes à doubler et à supprimer
est applicable à tous les accords.*

3.° DU DIAPASON ET DE L'ÉTENDUE DES VOIX.

10.ᵐᵉ Leçon.

(§§. 16.) Comme le meilleur moyen d'apprendre à écrire l'harmonie d'une manière franche et naturelle est de travailler pour des voix en CHOEUR, nous allons faire connaître leur DIAPASON et leur ÉTEN-
DUE: ce n'est que dans la quatrième partie de ce traité que nous unirons les voix aux instruments.

TABLEAU.

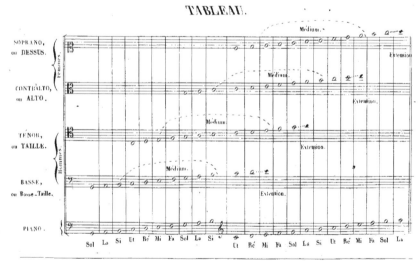

(1) On ne double pas la tierce, parceque l'expérience a prouvé qu'il était difficile à deux parties différentes d'attaquer juste un intervalle qui peut être majeur ou mineur sans cesser d'être consonnant, tandis que la quinte juste et l'octave, que la moindre variation
rend dissonnantes, sont plus faciles à attaquer, à cause de leur perfection; on peut pourtant la doubler, surtout lorsqu'elle n'est pas note
sensible.

Toutes les notes enfermées entre deux li_
gnes perpendiculaires │ sont à L'UNISSON et rendent
le même son plus ou moins fort, selon le tim_
bre de la voix qui les fait entendre: Exemple:

ces quatre UT correspondent à celui
du piano écrit en clef de SOL: Ex...... c'est ce qu'on appelle DIAPASON. Ainsi, plusieurs voix
différentes ou semblables, chantant à L'UNISSON, sont au même DIAPASON, tandis que leur ÉTENDUE est
la distance même de leur note la plus basse à la plus
haute, comme en allant D'UT à SOL pour le soprano: Ex...... on voit encore par ce tableau
que le TÉNOR correspond au SOPRANO,
à une octave de différence, et la BAS_
SE au CONTR'ALTO, également à distan_
ce d'une octave, Exemple..............

Nous ne donnons ici que l'étendue la plus commune, et celle qui convient aux CHŒURS; lorsqu'on
écrit pour des voix SOLO, on se règle sur leur étendue qui est quelquefois extraordinaire.

Une voix qui tient le milieu entre l'alto et le ténor, s'appelle HAUTE-CONTRE: on l'écrivait autre_
fois sur la clef D'UT 3me LIGNE. c'était la voix des CASTRATS.

Celle qui participe de la basse, et du ténor, s'appelle BARITON: on l'écrit tantôt sur la clef d'ut
4me ligne, et tantôt sur la clef de FA 4me ligne. cette voix s'appelle aussi CONCORDANT.

Celle enfin qui chante au-dessous de la basse, se nomme BASSE-CONTRE, et s'écrit également sur
la clef de FA 4me LIGNE. Voici son étendue: Exemple,

REMARQUE. Pour ne pas s'exposer à produire des effets sourds ou criards on doit faire chanter
les voix dans leur médium, et n'en sortir que dans un cas difficile, et par dégrés conjoints.

(SS.17.) Une des plus grandes difficultés qu'éprouvent presque tous les élèves en commençant, c'est de
lire en même temps les clefs D'UT et de FA, et d'en connaître le véritable Diapason: cette première é_
tude, étrangère à l'harmonie, deviendrait inutile, si on les remplaçait par la clef de Sol. En nous ser_
vant, par exemple, pour le SOPRANO et le CONTRALTO, de cette clef de Sol ordinaire, (𝄞) * et pour le
ténor et la basse d'une nouvelle clef de Sol(𝄞.)* qui représentera les notes une octave plus bas,
nous éviterons cette complication de clefs inutiles, de notes à transposer dans tous les sens, et nous
n'arrêterons plus les progrès des élèves.

Voici un nouveau tableau représentant L'ÉTENDUE ET LE DIAPASON des voix écrites en clef de Sol:

* Cette clef doit avoir la forme d'un 8: plus tard lorsque nous nous servirons de chaque clef isolément, pour les distinguer
les unes des autres, nous placerons à leur sommet l'initiale de la voix qu'elles représentent; ainsi, pour le Soprano, nous écrirons u_
ne S audessus de la clef; Ex: 𝄞^{s} pour le Contralto, un C. 𝄞^{c} pour le Ténor un T; 𝄞^{t} et un B pour la Basse. 𝄞^{b}

tout ce que nous avons dit pour le premier tableau du diapason et de l'étendue des voix s'applique à ce dernier: ainsi les quatre UT suivants sont au même DIAPASON et correspondent à celui du piano. Ex:

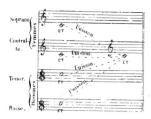

REMARQUE. Nous ne nous servirons dans les trois premières parties de ce traité que de la clef de sol, laissant les élèves libres de travailler avec les autres, s'ils les connaissent à fond. Il est inutile de faire observer que nous n'écrivons pas de paroles sous les parties, et que nous pouvons alors les faire descendre sans inconvénient au-dessous des portées.

L'élève réalisera à trois et quatre parties les basses suivantes, en se conformant à tout ce que nous venons de dire sur le Diapason des voix; mais avant, il corrigera celles qu'il a déjà remplies, si elles dépassent l'étendue prescrite.

(BASSES A REMPLIR)

De la manière de distribuer convenablement entre plusieurs parties les notes d'un accord.

11me Leçon.

(SS.18.) Un accord peut être disposé de plusieurs manières, sans dépasser l'étendue des voix; exemple:

c'est ce qu'on appelle POSITION ou DISTRIBUTION des notes d'un accord.

Ce n'est point assez de se renfermer dans les limites des voix, et d'éviter les successions de quintes et d'octaves, il faut encore, pour que les accords produisent de l'effet, les distribuer convenablement dans chaque partie, et conserver entr'elles des distances à peu près égales.

Ainsi, la position des notes est serrée dans le Nº 1, et large dans le Nº 2. Nous devons les préférer à celles des Nº 3 et 4, parceque leurs parties ont entr'elles des DISTANCES À PEU PRÈS ÉGALES. On choisira donc autant que possible le milieu entre les Nº 1 et 2, car si on PRENAIT UNE POSITION TROP LARGE, les parties supérieures écrites dans les cordes les plus hautes, et presque toujours aux extrêmes de leur étendue, ne seraient pas soutenues par les basses qu'on n'entendrait presque plus dans les sons graves, et l'harmonie ainsi disposée ferait plus de bruit que d'effet. Si au contraire on choisissait une position trop serrée, on serait forcé de faire à chaque instant des UNISSONS, ou de croiser les parties entr'elles, c'est-à-dire, faire chanter une partie supérieure plus bas qu'une autre qui lui est inférieure, ou bien le contraire: ce qui produirait de la confusion.

Ainsi la basse de l'exemple suivant croise avec le TÉNOR, parceque l'ut qu'elle donne monte plus haut que le MI de la partie supérieure; Exemple

L'élève cherchera les parties qui croisent dans l'exemple suivant.

SOPRANO.

CONTR'ALTO.

TENOR.

BASSE.

(SS. 19) REMARQUE. On ne peut pas toujours éviter de CROISER LES PARTIES, seulement il faut après deux ou trois mesures les remettre dans leur ordre naturel. On observera aussi de ne pas FAIRE CROISER ENCORE UNE PARTIE HAUTE AVEC LA BASSE, il faudrait prendre des précautions qui ne seront expliquées qu'au chapitre du second renversement des accords: dans une musique d'imagination, il est sans doute permis de faire chanter un instrument grave au-dessus des autres; mais alors, en mettant le chant dans cette partie, et en la faisant dominer sur toutes les autres, on a voulu rendre un effet par le caractère et le timbre de cet instrument: mais dans une musique d'étude, on doit d'abord apprendre à écrire le plus correctement possible, et ne chercher le bon effet de l'harmonie que dans sa pureté. Nous conseillons donc à l'élève de ne pas dépasser sans raison le médium ni l'étendue des voix, de ne pas les croiser entr'elles, d'éviter les unissons, et d'écrire les différentes parties d'une harmonie dans une position ni trop large, ni trop serrée.

(BASSES À RÉALISER À 3 OU 4 PARTIES.)

N.° 1.

N.° 2.

N.° 5.

OBSERVATION IMPORTANTE. *Plus tard, lorsque nous renverserons les accords, il nous sera permis quelquefois de retrancher leur fondamentale; alors, malgré cette suppression, la 3ᶜᵉ conservera son nom et ses propriétés de 3ᶜᵉ; il en sera de même de la 5ᵗᵉ de la 7ᵐᵉ et de la 9ᵐᵉ*

Nous allons analyser maintenant la marche particulière de chaque partie, sans avoir égard au rapport qu'elles peuvent avoir entr'elles, et chercher comment les notes doivent se succéder mélodiquement pour donner un chant agréable et facile.

DE LA MARCHE PARTICULIÈRE DE CHAQUE PARTIE,
OU DES INTERVALLES MÉLODIQUES À ÉVITER.

12me Leçon.

(SS. 20.) RÈGLE. TOUT INTERVALLE PORTANT LE NOM D'AUGMENTÉ OU DIMINUÉ, ET TOUS CEUX PLUS GRANDS QUE LA SIXTE MINEURE, SAUF L'OCTAVE, SONT DÉFENDUS DANS LA MARCHE PARTICULIÈRE DE CHAQUE PARTIE.

TABLEAU DES INTERVALLES MÉLODIQUES DÉFENDUS.

On en excepte la 2de DIMINUÉE et la 7me AUGMENTÉE, intervalles enharmoniques; exemple .... et le saut de 7me 16me, 11me, & lorsqu'il est coupé

par l'octave, soit en montant soit en descendant: exemple ....

car alors les intervalles se comptent en partant du dernier FA: ainsi l'exemple suivant

est bon, parcequ'en retranchant L'UT grave, il reste une tierce majeure, intervalle permis: celui-ci .... est mauvais, à cause de la quarte augmentée qu'il donne en partant de L'UT supérieur. Exemple .... si au contraire on coupait le saut de ces intervalles par une seule note qui ne serait pas l'octave, on créerait des successions difficiles à chanter: Ex.... on ne pourrait les tolérer que si elles étaient séparées par deux ou trois mesures, ou par quelques notes intermédiaires: Exemple..............

(*L'Élève indiquera par des + les successions mélodiques que nous venons de défendre, et qu'il rencontrera dans l'exemple suivant.*)

EXEMPLE

Il reprendra ensuite toutes les leçons précédentes qu'il corrigera d'après cette nouvelle règle, puis il réalisera à trois et à *quatre parties les basses suivantes.*

13ᵐᵉ Leçon.

(SS. 21.) **REMARQUE IMPORTANTE.** Plusieurs des intervalles que nous venons de défendre produisent quelquefois un très grand effet, suivant qu'on écrit pour des **voix solo**, ou qu'on les place dans l'orchestre, et même dans les chœurs: nous les avons prohibés ici, parcequ'il est difficile à l'élève de se servir avec discernement et précision d'intervalles qu'il comprend à peine, surtout lorsqu'il a tant d'autres difficultés à vaincre. Aussi, nous l'engageons à ne transgresser **CETTE RÈGLE DES INTERVALLES MÉLODIQUES** que lorsqu'il aura terminé l'harmonie, parcequ'il comprendra mieux alors la force et l'expression de chaque accord, et qu'il vaut mieux d'ailleurs apprendre à écrire correctement, que de s'abandonner à des bizarreries de style si difficiles à éviter par les élèves, qui préfèrent souvent une musique torturée, inintelligible, à une harmonie simple et élégante: néanmoins, on pourra se servir quelquefois des intervalles suivants:

Exemple,

nous avons marqué d'une + les intervalles les plus faciles à attaquer, et par conséquent les plus usités.

En général les intervalles trop grands ou trop petits, et ceux qui ne deviennent augmentés ou diminués que par des accidents étrangers à leurs gammes sont difficiles à attaquer.

OBSERVATIONS. (SS. 22.) Il faut autant que possible réaliser l'harmonie par degrés conjoints, et n'employer que des notes qui donnent des mouvements francs et naturels: on doit par conséquent éviter toute complication dans la division de la mesure; Exemple............ [Divisions de notes défendues dans la bonne harmonie vocale.] etc.

On évite aussi les liaisons ou valeurs boiteuses; exemple............ [Exemple rejeté dans l'harmonie sévère] parceque dans l'harmonie toutes les notes communes doivent être unies par une liaison, (⌢) et qu'il n'est pas naturel qu'une valeur plus petite attire à elle une valeur plus grande: il faut donc que dans la première mesure les notes aient au moins autant de valeur que dans la seconde: exemple............ [Bon.] etc.

(Cette règle est violée très souvent dans la musique instrumentale.)

DE LA NOTE SENSIBLE.

(SS. 23.) La note sensible en mineur doit se résoudre en montant d'un demi-ton vers la tonique: cette règle n'est de rigueur en majeur qu'à la fin d'un morceau:(I) elle peut, dans le courant d'un

---

(I) Nous avons déjà dit qu'on ne doublait pas la note sensible, parcequ'elle n'avait qu'une seule manière de se résoudre; nous devons faire remarquer ici qu'on doit observer cette règle surtout en mineur. La note sensible avec sa quinte diminuée déterminent le ton.

morceau rester en place, ou marcher par dégrés disjoints: Ex:

Nous verrons au chapitre des modulations qu'elle peut changer chromatiquement et enharmoniquement, et qu'il existe un autre genre de mauvaises successions que nous appellerons **FAUSSES RELATIONS**. Maintenant, toutes les basses que l'élève réalisera doivent être écrites avec élégance et pureté. (1)

BASSES À REMPLIR.

Nº 1.

Nº 2.

RÉSUMÉ
De tout le second Chapitre.

1º. *On évite d'arriver par mouvement semblable sur une consonnance parfaite; il est plus élégant de se servir des mouvements contraire et oblique.*

2º. *Il ne faut pas surpasser l'étendue des voix, ni les faire sortir trop souvent de leur médium.*

3º. *On doit, dans la distribution des notes d'un accord, conserver entre chaque partie une position convenable, et soumise à des proportions égales.*

4º. *Il faut donner à chaque partie une marche naturelle, et des intonations faciles à chanter.*

---

(1) On rencontre quelquefois les cas suivants, où la note sensible en mineur se résout tant en montant qu'en descendant par un intervalle plus grand que celui de seconde mineure: Exemples......

On peut dans ce cas doubler la note sensible, et la faire résoudre convenablement dans la partie inférieure.

Nous avons doublé la note sensible, parceque l'une descend, tandis que l'autre monte. Ce cas est très rare surtout en mineur; on l'emploie quelquefois en majeur.

Dans ces deux exemples on abandonne la note sensible avant que l'accord ne change, et les règles de la réalisation ne doivent s'appliquer qu'à la dernière note de l'accord.

Il serait impossible ici de faire résoudre le sol 2 sur le LA, puisque cette note ne se trouve pas dans l'accord de SI.

On peut aussi supprimer la note sensible.

En majeur on rencontre aussi l'exemple suivant à la fin d'un morceau; Exemple:

Andante.

Ici, la note sensible descend de terce.

CHAPITRE TROISIEME.

De l'enchaînement des accords de trois sons dans une même gamme. (1)

14.ᵐᵉ Leçon.

(SS. 24.) Nous avons dit dans le chapitre premier combien il y a d'espèces d'accords de trois sons, et sur quels dégrés ils se placent dans les deux gammes; il importe de savoir maintenant comment on peut les unir sans sortir du ton.

TOUS LES DEGRÉS DE LA GAMME PEUVENT S'ENCHAINER PAR TOUS LES INTERVALLES; Exemple,

(2)

pourtant, la meilleure manière d'unir les accords, est d'en préparer la 5.ᵗᵉ ou de leur conserver une ou deux notes communes:

Parmi ces successions, il en est de plus heureuses les unes que les autres; nous allons les analyser:

REGLE. (SS. 25.) UN ACCORD DE TROIS SONS, N'IMPORTE LA GAMME ET LE DEGRÉ OÙ IL SE TROUVE, PEUT ÊTRE SUIVI D'UN AUTRE,

1°. Par tierce inférieure; 2°. Par quarte inférieure; 3°. Par quinte inférieure;
Ou ce qui revient au même, Ou ce qui revient au même,
1°. Par sixte supérieure; 2°. Par quinte supérieure; 3°. Par quarte supérieure;

d'après ce que nous venons de dire, les successions par tierce, quarte, quinte inférieures étant les mêmes que celles par sixte, quinte, quarte supérieures, nous les prendrons indifféremment les unes pour les autres. Elles sont toutes bonnes parcequ'elles permettent, en enchaînant les accords, d'en préparer la quinte.

(1) Nous conseillons à l'élève, lorsqu'il composera des basses, de se représenter toute l'harmonie, comme si elle était réalisée; ce travail est sans doute bien difficile, mais il est de la plus grande utilité.

(2) Il n'existe que deux accords consonants, l'accord parfait majeur, et l'accord parfait mineur, tous les autres sont plus ou moins dissonants. L'accord diminué, qu'on trouve sur le 2ᵈ dégré d'une gamme mineure est le plus doux de tous, nous verrons plus tard que sa résolution la plus naturelle se fait par 4ᵗᵉ sup. sur l'accord du 5ᵐᵉ dégré, on peut pourtant l'enchaîner comme les 2 accords consonants, et c'est ainsi que nous le traiterons dans la 1.ʳᵉ partie.

ou de leur conserver une ou deux notes communes: Exemple ....

C'est avec le mélange arbitraire de ces trois versions qu'on peut construire une basse harmonique: (1) Exemple: ....

En effet, si nous partons de l'accord d'ut, nous pourrons d'après la règle, le faire sui-vre à volonté des trois ac-cords suivants: Exemple ...... (N° 1, N° 2, N° 3) et si nous choisissons la suc-cession du N° 1, nous pourrons encore donner à ce dernier ac-cord trois suites harmoniques: Ex: (N° 1, N° 2, N° 3)

puis, en partant toujours du dernier accord qu'on aura choisi, on l'enchaînera selon son caprice à un autre accord pris dans la même gamme, pourvu que leurs fondamentales marchent par 3ce 4te ou 5te inférieures; Ex:

l'octave est permise, parcequ'on ne change pas d'accord.

REMARQUE IMPORTANTE. (SS. 26.) ON NE COMMENCE ORDINAIREMENT QUE PAR UN ACCORD PRIS SUR LE 1er OU 5me DEGRÉ, ET L'ON FINIT TOUJOURS PAR L'ACCORD DE LA TONI-QUE PRÉCÉDÉ DE CELUI DE LA DOMINANTE: Exemple .. (2) ....

il faut encore, en enchaînant les accords, avoir égard aux intervalles mélodiques: ainsi, l'exemple suivant, sou-mis à la RÈGLE DE L'ENCHAÎNEMENT DES ACCORDS DE TROIS SONS, offre néanmoins des fautes contre celle des intervalles mélodiques; Exemple ....

Maintenant l'élève composera des basses de 8 à 10 mesures dans tous les tons; lorsqu'elles seront corrigées, il les réalisera à 3 et 4 parties, comme il l'a fait pour toutes celles que nous lui avons données jusqu'à présent:

EXEMPLE.

Basses à réaliser à 3 et 4 parties.

(1) La BASSE HARMONIQUE est celle dont toutes les notes don-nent un accord; Exemple ....

Basse harmonique.

tandis que la BASSE MÉLODIQUE est un chant placé à la basse: Exemple .... N° 2.

Basse mélodique.

Dans la basse N° 1. on s'occu-pe des accords, dans celle N° 2. on n'a égard qu'à la mélodie.

(2) On peut commencer pourtant par toute espèce d'accord qui n'a besoin de préparation, qu'il soit renversé, ou non.

N.º 2.

N.º 3.

15.ᵐᵉ Leçon.

(SS. 27.) Les fondamentales des accords de trois sons peuvent encore se succéder par 3.ᶜᵉˢ supérieures; celles qui vont d'un accord mineur sur un accord majeur sont les meilleures: Exemple...............

Nous avons préféré les successions du N.º 1. à celles du N.º 2. parcequ'il est mieux, lorsqu'on fait
une exception, d'aller d'un accord mineur, sur un accord majeur, qui est plus mélodieux; d'ailleurs les
accords principaux d'une gamme, **ut, par exemple**, sont **ut, fa, sol**, et leurs relatifs mineur **la, ré, mi**;

Exemple: $\begin{matrix} \text{UT} & \text{FA} & \text{SOL} \\ \text{LA} & \text{RE} & \text{MI} \end{matrix}$ (1) et rien n'est plus naturel que d'aller d'un ton majeur dans son relatif

mineur, et de celui-ci dans le ton majeur placé une 3.ᶜᵉ plus haut, parceque leurs gammes ont un
grand rapport entr'elles. On peut pourtant employer toutes ces successions, puisque les accords qui s'enchaînent par tierces supérieures conservent deux notes communes; Exemple...............................

nota bene. L'enchaînement des accords se fait toujours par les fondamentales: ainsi deux accords s'enchaînent par quarte supérieure, lorsque leurs fondamentales font un intervalle de quarte en montant; Exemple........................

Il ne faut pas oublier que nous ne parlons ici que de
l'enchaînement des accords pris dans une même gamme, car
dans la succession suivante, Exemple........................
nous modulons d'ut en mi, et nous allons du 1.ᵉʳ degré d'ut, au 1.ᵉʳ degré de mi. C'est ce que nous
discuterons au chapitre des modulations.

---

(1) Tous les élèves ont appris dans le solfège que le **relatif mineur** d'un ton majeur est placé une tierce mineure plus bas: ce n'est qu'à
l'article des modulations que nous parlerons des autres relatifs.

✠ L'accord diminué qu'on trouve sur le 2.ᵈ degré d'une gamme mineure peut aussi s'enchaîner par tierce supérieure.

L'élève composera des basses en faisant un mélange arbitraire de toutes ces successions; il se ser_
vira le plus souvent de celles qui marchent par quartes, quintes, sixtes supérieures, et par tierce su_
périeure, en allant d'un accord mineur sur un accord majeur, et des autres plus rarement. Il ne doit
pas oublier aussi que le 3.me. dégré en mineur n'a pas d'accord, et que nous ne pouvons nous ser_
vir encore de ceux qu'on trouve sur le 7.me. dégré des deux gammes.

EXCEPTIONS.
16.me. Leçon.

(SS. 28.) Les accords peuvent encore s'enchaîner par SECONDES dans les deux gammes,

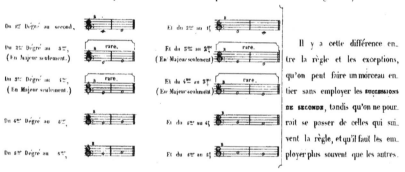

Il y a cette différence en_
tre la règle et les exceptions,
qu'on peut faire un morceau en_
tier sans employer les SUCCESSIONS
DE SECONDE, tandis qu'on ne pour_
rait se passer de celles qui sui_
vent la règle, et qu'il faut les em_
ployer plus souvent que les autres.

On range au nombre des exceptions les accords qui s'enchaînent par secondes, parcequ'il est impossible de leur conserver une note com_
mune pour les unir.

Maintenant l'élève composera des basses en se servant selon son caprice et son goût de la règle ou des exceptions; il évitera de répéter le
même accord dans deux mesures, parceque dans l'harmonie on ne s'occupe que des accords, et que répéter le même accord dans deux mesures différentes est
une chose nulle dans ce genre d'étude. (1)

_____

(1) Je demandais un jour à Reicha s'il pensait réellement que tous les dégrés de la gamme ne devaient pas s'enchaîner entr'eux, et si les fon_
damentales des accords ne pouvaient procéder par tous les intervalles; je lui soumis alors la basse suivante réalisée à trois et quatre parties:

Exemple:

il l'approuvait; mais, ajouta-t-il, il est des successions d'accords plus ou moins heureuses, et j'ai dû ne parler que des meilleures dans mon traité. Pour
nous, nous pensons qu'il ne FAUT DÉFENDRE À L'ÉLÈVE QUE CE QUI EST RÉELLEMENT IMPRATICABLE, et QUE NOUS DEVONS
LUI PARLER DE TOUT CE QU'ON PEUT FAIRE, EN CLASSANT CHAQUE CHOSE SELON SON ORDRE ET SA QUALITÉ. De cette
manière, nous lui rendrons compte de tout ce qui existe; et plus tard, lorsqu'il analysera n'importe quel genre de musique au-lieu de s'é_
garer en adoptant tout ce qu'il y rencontrera, même dans les meilleurs auteurs, il saura faire un choix éclairé de ce qui est bon, et re_
jeter ce qui est réellement mauvais.

Les accords ont encore les uns sur les autres un dégré de supériorité qu'il est bon de faire con_naître; les voici réunis dans l'ordre qu'ils occupent: Exemple....

Dans une suite d'accords il faudra se servir des premiers plus souvent que des autres:

EXEMPLE.

On voit par cette basse que l'accord du premier dégré est employé plus souvent que les autres, comme aussi dans l'enchaînement harmo_nique il n'y a que deux ou trois exceptions contre plusieurs successions qui marchent d'après la règle; c'est d'après ce système que l'élève com_posera ses basses.

Nous devons lui dévoiler maintenant les causes qui nous engagent à assigner aux accords la place qu'ils occupent; nous ne consulterons que l'effet qu'ils produisent sur nous, et nous les classerons d'a_près leur dégré de mélodie. Les deux accords les plus importants d'une gamme, sont ceux des 1er et 5me dégrés ⬚⬚⬚ le premier parcequ'il repose sur la tonique, et l'autre sur la domi_nante, qui est la note la plus essentielle de la gamme après celle de la tonique: leur enchaînement est si naturel, que presque tous nos grands maîtres ont créé leur mélodie la plus suave, la plus exaltée avec ces deux accords. Aux théâtres, aux concerts, dans les salons, partout enfin les chants les plus énergiques, les plus passionnés sont toujours formés avec les accords du 1er ou 5me dégrés, auxquel on ajoute souvent celui du 4me dégré. Il n'est pas de sentiments calmes ou pathétiques qu'on ne puis_se rendre avec ces trois accords; et dans le midi, où le ciel est toujours si beau, on passe souvent les nuits à improviser des duos, des chœurs: c'est ravissant de mélodie, et pourtant on n'entend pres_que jamais que les trois accords dont nous venons de parler, surtout ceux de tonique et dominan_te. D'ailleurs, en modulant, on les retrouve dans d'autres gammes, ce qui semble leur donner chaque fois un caractère différent sans altérer leur mélodie; et c'est même sur ces trois accords que repo_se tout le système harmonique de nos anciens. En les coupant de temps en temps par les accords mineurs du 6me, 2me, et 3me dégrés, on augmente encore leur effet.(Nous plaçons l'accord du 6me dé_gré le premier, parceque c'est celui qui a le plus de rapport avec le ton primitif.(**UT**))

RÉSUMÉ.

Iº. *Les accords peuvent s'enchaîner de toutes les manières tant par dégrés conjoints que par intervalles plus grands que ceux de seconde: les successions par tierces, 4tes, 5tes, 6tes SUPÉRIEURES sont les premières; celles par secondes ne sont que les exceptions.*

2º *Le 3me dégré en majeur est celui qui donne l'harmonie la moins satisfaisante, quel_que précaution qu'on prenne pour l'enchaîner; il faut l'employer rarement;(1) les accords*

(1) L'accord du 3me dégré en majeur, est employé plus rarement que les autres à cause de sa quinte qui perd sa qualité de note sensible, et contrarie la tonalité; d'ailleurs, les deux dégrés qui l'entourent (**RÉ** et **FA**, en **UT**) semblent demander **SI** ♭. Ce qui nous ferait un accord de quinte diminuée sur le 3me dégré en majeur, et par conséquent une modulation.

du premier, 4me et 5me dégrés sont les plus harmonieux, et ceux par conséquent sur lesquels on doit revenir le plus souvent; les accords du 6me et 2me dégrés, quoique d'un bon effet s'emploient plus rarement: nous verrons au chapitre de la SEPTIÈME DOMINANTE comment on enchaîne les accords pris sur le 7me dégré des deux gammes.

Voilà à peu près toutes les règles qu'on peut donner pour l'enchaînement des accords tant qu'ils sont pris dans une même gamme; ce n'est qu'au chapitre des modulations que nous apprendrons à les traiter dans différents tons.

DES PARTIMENTI, OU BASSES CHIFFRÉES. (1)

17e Leçon.

(SS. 29.) La manière d'indiquer les accords par des chiffres s'appelle en italien PARTIMENTO. (basse chiffrée.) cette méthode est aussi ancienne qu'imparfaite; et ce n'est même que par elle que plusieurs points sont devenus difficiles dans l'étude de l'harmonie; En voici le principe: ON INDIQUE SEULEMENT LA NOTE OU LES NOTES QUI DOIVENT FAIRE RECONNAÎTRE L'ACCORD, ET L'ON EXPRIME PAR DES CHIFFRES CORRESPONDANTS L'INTERVALLE, OU LES INTERVALLES QUE CES NOTES FONT AVEC LA BASSE.

Mais comme les chiffres qui n'ont qu'un rapport de convention avec les sons ne peuvent pas influer sur l'effet des accords, et qu'ils ne servent au contraire qu'à embarrasser la mémoire, nous allons simplifier autant que possible la manière de les employer. NOUS N'INDIQUERONS QUE LES DEUX NOTES EXTRÊMES DE L'ACCORD; LES CHIFFRES PLACÉS AU DESSOUS DE LA BASSE REPRÉSENTERONT LA FONDAMENTALE; ET CEUX ÉCRITS AU DESSUS, LA NOTE LA PLUS ÉLEVÉE DE L'ACCORD, TOUJOURS D'APRÈS LEUR DISTANCE DE LA BASSE.

Ainsi, un 5 au-dessus de la basse indiquera la quinte supérieure de cette note; Exemple................ signifie........ placé au dessous, il exprime sa cette manière de chiffrer est quinte inférieure Exemple........ ce qui veut dire la plus simple, puisqu'elle part d'un principe clair, général, et invariable, et qu'elle apprend à l'élève à reconnaître facilement les accords, sans qu'on soit obligé de lui dire que tels chiffres sont de convention et doivent s'employer dans tel sens, quoiqu'ils ne soient pas exacts. Ainsi, au lieu de représenter par des chiffres toutes les notes de l'accord, nous n'indiquerons que les deux extrêmes qui lui servent d'enveloppe, avec celles qui le déterminent dans un changement d'accord, ou qui varient par les modulations. Ce n'est qu'à la fin de chaque partie que nous donnerons le tableau de tous les chiffres usités.

RÈGLE. Lorsque la fondamentale est à la basse, on dit que L'ACCORD N'EST PAS RENVERSÉ, QU'IL EST DANS SON ÉTAT DIRECT: il se chiffre alors ce qui veut dire par un 5 placé au dessus de la basse: Exemple......... il nous sera facile de reconnaître l'accord en remplissant l'intervalle qui existe entre la fondamentale (UT) et la quinte (SOL) par une note que nous placerons sur la tierce de la tonique, PUIS Accord parf. maj. QUE LES ACCORDS SE FORMENT DE TIERCE EN TIERCE EN MONTANT: Exemple..............

EXCEPTION. (SS. 50) Lorsqu'en modulant, une note de l'accord reçoit un UT maj. en SOL maj. accident étranger, on le place devant le chiffre qui la représente: Exemple........

(1) Le mot PARTIMENTO, en Italien, veut dire DISTRIBUTION des chiffres sur une basse.

Nous avons ajouté un 5 précédé d'un ♯, parceque ce chiffre représente le **FA** (tierce de Ré) que nous avons voulu affecter d'un ♯.

C'EST AINSI qu'il faut toujours chiffrer le cinquième degré en mineur, dont la 3.ᵉ est majeure accidentellement; Exemple ....

RÉSUMÉ. 1º. *Les chiffres expriment la distance qui existe entre la note de là basse, et celle qu'ils représentent.* 2º. *Lorsque les accords sont dans leur état direct, on les chiffre par un 5 placé au dessus de la basse.* 3º. *Tant qu'on ne module pas, il n'est besoin de représenter par des chiffres que les deux notes extrèmes des accords.* 4º. *En mineur, on est obligé de chiffrer la tierce du cinquième degré, (la note sensible), et de placer l'accident qu'elle reçoit devant le chiffre qui la représente.* 5º. *Le chiffre placé au-dessous de la basse exprime toujours la fondamentale de l'accord, celui qui est écrit au-dessus indique la note la plus élevée.*

REMARQUE. Lorsqu'un accord de trois sons n'est pas renversé, on peut aussi ne pas le chiffrer.

DE LA MANIÈRE DE CRÉER UNE BASSE

SOUS UN CHANT.

18.ᵐᵉ Leçon.

(SS. 31.) Ce n'est point assez de disposer convenablement sur une basse les différentes parties d'une harmonie, il faut encore savoir l'écrire sous un chant; car dans toute musique, la mélodie est la partie la plus noble, celle qui exprime le mieux toutes les passions d'une âme exaltée; tandis que l'harmonie lui sert d'auxiliaire, la détermine lorsqu'elle est trop vague, on lui donne plus d'énergie en lui prêtant la puissance magique de ses accords; mais elle doit concourir au même effet, et ne former qu'un seul chant avec elle. Que dirions-nous d'une musique composée seulement d'accords?ils sont beaux, imposants, dans un temple, lorsque l'orgue les entonne; mais ils fatiguent bientôt, parceque l'harmonie est une jouissance des sens, et que les sens ne peuvent jouir longtemps sans s'épuiser; tandis que la mélodie qui s'adresse à l'âme emprunte son expression aux sentiments qu'elle imite, et fait naître ainsi des émotions toujours nouvelles. Nous sommes émus moins par l'effet physique des sons, que parcequ'ils expriment moralement: la musique imitative est donc la plus dramatique; c'est aussi la première, parcequ'en musique on ne peut imiter que par le chant. Néanmoins, dans les trois premières parties de cet ouvrage, nous conseillons à l'élève de chercher des chants écrits avec goût, élégance et simplicité, et de ne s'abandonner à l'inspiration que dans la quatrième partie, où nous parlons de la composition, en n'empruntant à la fugue et aux contrepoints que ce qui peut nous apprendre à développer un chant avec art, et à l'accompagner d'une manière riche et brillante par l'orchestre.

En effet, à quoi servent les études qu'on fait suivre dans l'ancienne école, si on ne sait en faire l'application au genre moderne, et qu'on apprenne seulement de la musique comme on la pratiquait au 16ᵐᵉ siècle, sans savoir de quelle ressource elle peut être pour celle du 19ᵐᵉ Aussi rien n'est plus absurde que ces traités, où l'on veut bon-gré, malgré, soumettre l'inspiration à une foule d'hypothèses créées par

38

le pédantisme, et adoptées par l'ignorance; car la musique n'est point le langage de l'esprit, mais celui de l'âme; et les règles, quelque respectables qu'elles paraissent par leur antiquité, doivent être bannies, si el_ les contrarient le jugement de l'oreille, au lieu d'en rendre raison. Pour nous, nous avons adopté les mo_ yens les plus clairs, les plus simples pour arriver à la vérité, et nous avons toujours initié l'élève à nos analyses, afin de le laisser libre d'enfreindre la règle que nous lui donnons, s'il peut en tirer une con_ séquence plus heureuse et plus vraie; nous sommes loin de croire à notre infaillibilité, et nous pensons que la meilleure manière de l'instruire est de lui apprendre à discuter tout ce qu'on lui enseigne. Nous lui conseillons donc de s'habituer peu-à-peu à accompagner le chant par l'harmonie, car les basses ré_ alisées apprennent à écrire convenablement les accords, et non à les créer. Voici à peu-près la mar_ che qu'il suivra:

On invente d'abord un chant qui ne mo_ dule pas; Exemple......

On crée ensuite une basse sous cette première partie, en observant que le chant et la basse apparti_ ennent au même accord, et ne fassent jamais des quintes ou des octaves défendues; Exemple............

Il faut que la note du chant soit partie intégrante de l'accord exprimé par la basse fondamentale, c'est-à-dire, la tierce, la quinte ou la fondamentale; on retranche ensuite le chant, et l'on examine ainsi la bas_ se isolée sous le rapport de l'enchaînement harmonique; elle doit être alors aussi pure, aussi correcte que toutes celles que nous avons faites jusqu'à présent.

Lorsque la basse est trouvée, on dispose les voix de la manière suivante,

et l'on complé_ te les accords en remplissant les deux parties restées vides, exemple ......

Lorsque toutes les parties auront été remplies, on examinera la leçon comme si elle avait été créée sur une basse donnée. (1)

<hr>

(1) En examinant cette harmonie à quatre parties, nous y trouvons une quinte cachée et un unisson: ainsi, la marche la plus naturelle à sui_ vre quand on compose, c'est de faire le chant, de régler l'harmonie par la basse, et de créer ensuite les parties intermédiaires. Le Ier accord ne peut être fautif, puisqu'il n'a pas d'antécédent; il faut avoir égard aussi plutôt à ce qui suit qu'à ce qui précède.

REMARQUES. On peut placer un ou plusieurs accords sous une même note, comme nous l'avons fait à la seconde et quatrième mesure de l'exemple précédent, Exemple....................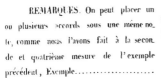

Comme aussi un seul accord sous une ou plusieurs notes: Exemple:

Il faut autant que possible que le chant et la basse marchent par mouvement contraire ou oblique; cette manière d'écrire est plus élégante et plus correcte que celle qui est rendue par le mouvement semblable.

Le chant donné peut se trouver au Soprano, au Ténor, ou au Contralto, les règles sont toujours les mêmes. En général, on fait précéder ce chant d'une pause, pour mieux le reconnaître.

Voici un chant écrit sur une seule portée, tantôt pour le soprano, le ténor, le contralto, ou la basse:

Exemple....

pour le réaliser à quatre parties, on le disposera sur quatre portées différentes, en donnant à chacune le chant qui lui convient; Exemple:.................

puis on créera une basse partout où il y aura du chant, et où par conséquent la basse manquera; Exemple,

on remplira ensuite, d'après les accords exprimés par la basse, les parties restées vides, en se conformant à tout ce que nous avons dit pour la pureté de la réalisation: Exemple....

RÉSUMÉ 1°. *L'élève créera des chants de 8 à 16 mesures, en évitant de les faire moduler; puis, après avoir trouvé une basse régulière, il les accompagnera à 4 parties.*

2°. *Il écrira le plus souvent la basse et le chant par mouvement contraire ou oblique.* 3°. *Il veillera à ce que les notes du chant et celles de la basse appartiennent au même accord; il faut aussi, lorsqu'il y a une mélodie prédominante, éloigner des accompagnements la partie qui la fait entendre.*

CHAPITRE QUATRIÈME.

RENVERSEMENT DES ACCORDS DE TROIS SONS.

19.ᵐᵉ Leçon.

(SS. 32.) Quand, au lieu de la fondamentale, on met à la partie la plus grave (la basse) la tierce ou la quinte de l'accord, ON LE RENVERSE, Exemple:........

Dans l'exemple A, l'accord d'Ut est dans son ÉTAT DIRECT; dans l'exemple B, la 3.ᵉᶜ (MI) est à la basse; et dans l'exemple C, c'est la quinte (SOL), l'accord étant toujours celui d'UT.

On appelle 1.ᵉᴿ RENVERSEMENT, lorsque la 3.ᶜᵉ de l'accord est à la basse, Exemple...... SECOND RENVERSEMENT, lorsque c'est la quinte, Exemple......

TROISIÈME et QUATRIÈME RENVERSEMENT, quand on y place la 7.ᵐᵉ ou la 9.ᵐᵉ, ce qui n'a lieu que dans les accords de QUATRE ET CINQ SONS.

REMARQUE. Lorsque l'accord est renversé, les autres notes peuvent se placer arbitrairement dans les parties supérieures, pourvu qu'on évite les successions harmoniques et mélodiques défendues, et que l'harmonie soit toujours élégante, pure et facile.

1° DU PREMIER RENVERSEMENT DES ACCORDS DE TROIS SONS.

ACCORD DE SIXTE. (1)

(SS. 33) Il se forme en mettant la tierce de l'accord à la basse; Exemple. nous le chiffrerons de la manière suivante:..........

le 3 supérieur désignera, d'après notre système, la quinte de l'accord, et le 3 inférieur sa fondamentale: Exemple....................

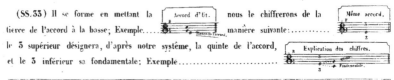

_____

(1) On le nomme ainsi à cause de l'intervalle de SIXTE que la basse fait avec la fondamentale: Exemple .....

(Il faudra donc, pour trouver la fondamentale d'un accord dans son premier renversement, descendre d'une tierce, ainsi que nous l'avons indiqué par le 3 placé au-dessous de la basse.)

Chaque accord de trois sons admet ce renversement sur chaque dégré des deux gammes, sauf le 3me en mineur, parcequ'il n'existe pas, et le 7me dans les deux gammes, dont on ne se sert pas encore; Exemp:

Le nom de l'accord que nous avons placé au-dessous de chaque note est ce qu'on appelle **BASSE FON-DAMENTALE**: or, le nom d'un accord et **BASSE FONDAMENTALE** sont sinonymes. (1)

Il faut, pour enchaîner les accords, quand il y a renversement, consulter cette dernière, car ce n'est que sur elle que s'appliquent les règles du chapitre précédent, n'importe la place qu'elle occupe dans la réalisation: ainsi, pour trouver la véritable succession de l'exemple précédent, nous écrirons toutes les fondamentales sur une portée inférieure, et nous les comparerons entr'elles pour l'enchaînement harmonique.

Exemple.

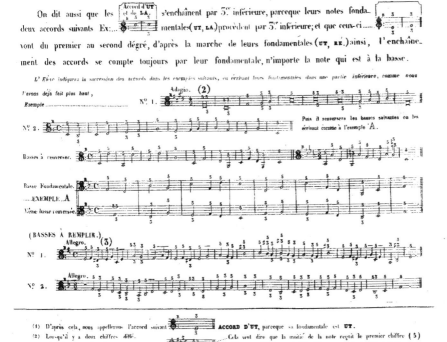

On dit aussi que les [Accord d'UT et de LA.] s'enchaînent par 5te. inférieure, parceque leurs notes fonda-deux accords suivants Ex:... mentales (UT, LA.) procèdent par 5te. inférieure; et que ceux-ci ...... vont du premier au second dégré, d'après la marche de leurs fondamentales (UT, RE.) ainsi, l'enchaîne-ment des accords se compte toujours par leur fondamentale, n'importe la note qui est à la basse.

L' Elève indiquera la succession des accords dans les exemples suivants, en écrivant leurs fondamentales dans une partie inférieure, comme nous l'avons déjà fait plus haut,

Exemple ....

N° 3.

L'élève renversera toutes les basses qu'il a composées, et celles que nous lui avons données jusqu'ici; puis il en créera d'autres avec des renversements, qu'il vérifiera en plaçant la basse fondamentale
au-dessous, jusqu'à ce qu'il soit assez exercé pour se la représenter sans l'écrire. Nous devons lui dire
aussi qu'on ne renverse une partie des accords que pour rendre la basse plus chantante, et qu'il faut
toujours conserver le premier et les deux derniers dans leur état direct.

(SS. 34.) Le premier renversement est en général d'un effet très satisfaisant, à cause de la mélodie
de la tierce qui est à la basse: il permet de faire des successions harmoniques qui seraient mauvaises
sans son emploi; tel est l'exemple suivant qui procède toujours par secondes: Exemple...............

Ces suites d'accords, qu'on appelle **MARCHE DE SIXTES**, ne se réalisent ordinairement qu'à trois parties qui marchent par mouvement semblable, et dont la plus haute doit toujours avoir la fondamentale, et celle du milieu la quinte, Exemple.....

(1)

Cette marche de six-
tes ne peut avoir
lieu en mineur qu'en
modulant. . . . .

*NOTA BENE. Tout ce que nous avons dit au chapitre précédent sur l'enchaînement des accords est applicable ici; et quoique ce renversement
permette toutes les successions, celles que nous avons signalées comme les meilleures doivent toujours être préférées.*

(BASSES À REMPLIR)

N° 1.

N° 2.

CHANT DONNÉ

L'élève composera des basses sous ces deux gammes, puis il chiffrera de plusieurs manières les suivantes.

(1) Quoique nous nous soyons servi dans cette marche de sixtes du 7me degré, nous recommandons à l'élève de ne pas l'employer encore.

DU SECOND RENVERSEMENT,

(ACCORD DE SIXTE-QUARTE. $\frac{6}{4}$)

20ᵐᵉ Leçon.

(SS. 35.) Il se forme en mettant la 5ᵗᵉ de l'accord dans la partie la plus grave; Exemple.............. nous le chiffrerons de la manière suivante: Exemple.

ce 5 placé au dessus de la basse in_ diquera la quinte; Exemple.......... et par conséquent l'accord parfait ma_ jeur, Exemple.......................

puisque les accords se forment de tierce en tierce en montant, et que nous avons ici les deux limites **ut, sol**.

Ce renversement se fait le plus souvent avec les accords du 1ᵉʳ. 4ᵐᵉ. et 5ᵐᵉ. dégrés de la gamme, et rarement avec les autres: il suit, pour l'enchaînement harmonique, les mêmes règles que l'accord non renversé. Il ne donne pas un effet aussi satisfaisant que le premier renversement, parceque la quinte n'est point assez mélodieuse, ni assez puissante, pour soutenir sans préparation tout l'édifice de l'har_ monie; mais c'est à tort qu'on l'a classée au nombre des dissonnances, car rien n'est plus suàve que les accords suivants bien réalisés; Exemple.................................

seulement, il exige dans son emploi des précautions particulières à cause de la quarte (1) juste que la basse fait avec la fondamentale; les quartes entre les autres parties ne sont d'aucune conséquence; mais celles qu'on fait avec la basse pourraient produire un mauvais effet, si elles n'étaient employées d'après les conditions suivantes:

RÈGLE.

(SS. 36) UNE QUARTE JUSTE ENTRE LA BASSE ET UNE PARTIE HAUTE, PROVENANT DU 2ᵐᵉ RENVERSEMENT, DOIT ÊTRE PRÉPARÉE ET RÉSOLUE: c'est-à-dire, l'une des deux notes qui font cette quarte (la fonda_ mentale ou la quinte) doit avoir été entendue à la même place, et à la même partie, dans l'accord pré_ cédent, soit à la basse ou dans une partie supérieu_ re; ce qui est la PRÉPARATION; Exemple...............

Dans le N.º 1. L'UT reste en place et fait la préparation, dans le N.º 2, c'est le SOL de la partie supérieure.

De même, l'une des deux notes doit rester en place dans l'accord suivant, ce qui est la RÉSOLUTION; Exemple:

(Si on double une de ces deux notes, il n'est pas absolument nécessaire de faire DOUBLE PRÉPARATION, ni DOUBLE RÉSOLUTION.)

(8) On l'appelle ainsi à cause des intervalles de 4ᵗᵉ et 6ᵗᵉ que la fondamentale et la tierce font a_ vec la 5ᵗᵉ de l'accord placée à la basse; Exemple..................

(1) L'emploi de la quinte diminuée qu'on trouve sur le 2ᵈ dégré de la gamme mineure est tout-à-fait arbitraire, quelle soit à la basse, ou non. Il ne faut pas oublier que dans la réalisation les notes d'un accord doivent faire leur résolution sur celle de l'accord suivant dont elles sont le plus près.

Cette règle donne les quatre versions suivantes; Exemple...

(I)

La 4ᵗᵉ est préparée et sauvée par la basse.

4ᵗᵉ préparée et sauvée dans une partie supérieure.

La 4ᵗᵉ est préparée dans une partie supérieure, et sauvée par la basse.

4ᵗᵉ préparée par la basse, et sautée dans une partie supérieure.

(Ces quatre renversements sont les meilleurs, et ceux dont on doit se servir le plus souvent.)

(SS. 37.) REMARQUE. La basse doit marcher par dégrès conjoints, lorsqu'elle ne fait pas la préparation ou la résolution; Exemple............ il serait mal de la faire sauter, en attaquant la quarte, ou en la quittant; Exemple.............

Mauvais.

la partie supérieure au contraire peut marcher par tous les mouvements: Exemple........

Bon.

Bon.

Bon.

il vaut mieux néanmoins la frapper par dégrès conjoints: Exemple.....

Meilleur.

(2) Meilleur.

Il existe un cas à deux parties, où la 4ᵗᵉ se passe de préparation; Exemple........

Bon à deux parties.

cette quarte

Quarte juste.

est bonne, parcequ'elle est préparée par le sol qui appartient aux trois accords, Ex:..

Bon.

et que l'oreille entend, quoiqu'il soit supprimé.

Maintenant l'élève remplira à 3 et 4 parties les basses suivantes, en ayant soin de préparer la quarte soit par la basse, soit par la partie supérieure;

EXEMPLE

Basses à Réaliser............

Andante.

(1) On peut aussi écrire cet exemple de la manière suivante, Ex: car l'octave représente l'unisson;

(2) Une note suivie d'une pause peut servir de préparation ou de résolution à la quarte juste; Exemple

Puis il prendra les basses suivantes qu'il renversera dans tous les sens. En voici un exemple :

BASSES À RENVERSER.

Basses à faire chiffrer de plusieurs manières.

(SS. 38) REMARQUE. Ce n'est qu'en réduisant une basse renversée à sa plus simple expression, que nous pouvons l'examiner sous le rapport de l'enchaînement harmonique : Exemple,

BASSE RENVERSÉE.

Même Basse sous renversement.

Ainsi, pour composer des basses avec les deux renversements, il faut bien se rappeler qu'on ne renverse pas le premier et les deux derniers accords,(1) et que leur enchaînement se compte toujours par leurs fondamentales : on veillera surtout à ce que les quartes justes à la basse puissent, en se ré_ alisant, se préparer et se résoudre [Mauvais.] d'après la règle. Cette succession...... serait mauvaise, parceque la quarte juste

qui n'est pas préparée à la basse, ne peut l'être dans une partie supérieure, puis_ que l'accord qui précède n'a pas de SOL. Exemple.................

---

(1) Ainsi, en UT, l'avant dernier accord serait SOL, SI, RE, il pourrait occuper une, deux et plu_ sieurs mesures; mais alors, pour se conformer à la règle, il faut que la première et dernière fois qu'il est frappé, c'est-à-dire, au moment où l'accord change, il ne soit pas renversé, Exemple.................

Comme on le voit par cet exemple, le 1er SOL et le dernier ne sont pas renversés; mais entre ces deux notes extrêmes on peut renverser l'ac_ cord à volonté, sans craindre de s'exposer à faire des fautes.

EXCEPTIONS DE PRÉPARATION, ET DE RÉSOLUTION.

21me Leçon.

(SS. 39) La quarte provenant du second renversement du 1er dégré des deux gammes peut se passer de préparation, et marcher par tous les intervalles, si elle n'est pas frappée au temps faible de la mesure: Exemple..............

REMARQUE. 1.° Deux quartes justes de suite à la basse sont défendues, par ce qu'il est impossible d'en préparer la seconde, si la basse marche d'après la règle, c'est-à-dire, par dégrés conjoints: Exemple (1)..............

2.° Elles sont permises lorsque la premi-ère est une quarte augmentée, et que l'autre provient du second renversement de l'accord de tonique: Exemple......

3.° La règle de la RÉSOLUTION n'est pas toujours de rigueur: ainsi, l'une des deux notes qui font la quarte, au lieu de rester en place, peut des-cendre, ou monter d'un demi-ton à la bas-se, et l'autre marcher à volonté par tous les intervalles dans une partie supérieure: Exemple...............

_____

(1) Cette remarque ne s'applique point aux quartes augmentées qu'on peut faire suivre sans préparation et d'une manière arbitraire.

4º. Les deux notes qui font la quarte peuvent aussi se sauver en mar_ chant par ton: Exemple..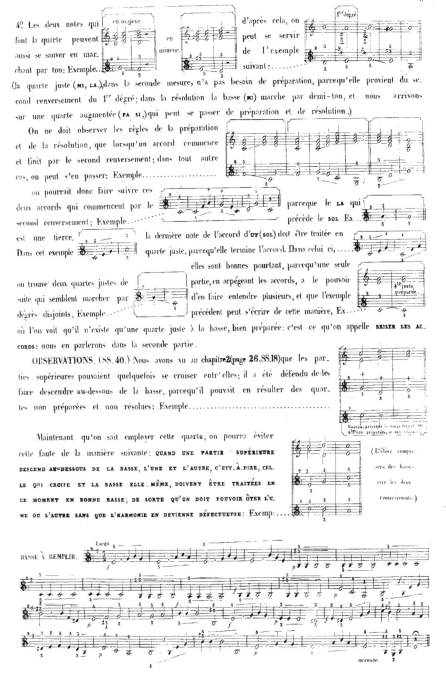

d'après cela, on peut se servir de l'exemple suivant: ....

(la quarte juste (MI, LA,) dans la seconde mesure, n'a pas besoin de préparation, parcequ'elle provient du se_ cond renversement du 1ᵉʳ dégré; dans la résolution la basse (MI) marche par demi-ton, et nous arrivons sur une quarte augmentée (FA SI,) qui peut se passer de préparation et de résolution.)

On ne doit observer les règles de la préparation et de la résolution, que lorsqu'un accord commence et finit par le second renversement; dans tout autre cas, on peut s'en passer: Exemple....................

on pourrait donc faire suivre ces deux accords qui commencent par le second renversement; Exemple. ····· parceque le LA qui précède le SOL Ex....

est une tierce, la dernière note de l'accord d'UT (SOL) doit être traitée en Dans cet exemple quarte juste, parcequ'elle termine l'accord. Dans celui ci, ...

on trouve deux quartes justes de suite qui semblent marcher par degrés disjoints, Exemple.···· elles sont bonnes pourtant, parcequ'une seule partie, en arpégeant les accords, a le pouvoir d'en faire entendre plusieurs, et que l'exemple précédent peut s'écrire de cette manière, Ex.···

où l'on voit qu'il n'existe qu'une quarte juste à la basse, bien préparée: c'est ce qu'on appelle BRISER LES AC_ CORDS: nous en parlerons dans la seconde partie.

OBSERVATIONS. (SS. 40.) Nous avons vu au chapitre 2 (page 26, SS.18) que les par_ ties supérieures pouvaient quelquefois se croiser entr'elles; il a été défendu de les faire descendre au-dessous de la basse, parcequ'il pouvait en résulter des quar_ tes non préparées et non résolues: Exemple...................................

(L'élève compo_ sera des basses avec les deux renversements.)

Maintenant qu'on sait employer cette quarte, on pourra éviter cette faute de la manière suivante: QUAND UNE PARTIE SUPÉRIEURE DESCEND AU-DESSOUS DE LA BASSE, L'UNE ET L'AUTRE, C'EST-À-DIRE, CEL_ LE QUI CROISE ET LA BASSE ELLE-MÊME, DOIVENT ÊTRE TRAITÉES EN CE MOMENT EN BONNE BASSE; DE SORTE QU'ON DOIT POUVOIR ÔTER L'U_ NE OU L'AUTRE SANS QUE L'HARMONIE EN DEVIENNE DÉFECTUEUSE: Exemp:....

BASSE À REMPLIR.

48

RÉSUMÉ.

1º. Le second renversement a lieu lorsqu'on met la quinte de l'accord à la basse; on le chiffre par un 5 placé au-dessous. Il faut le préparer et le résoudre. Les quartes diminuées ou augmentées ne sont pas soumises à cette règle.

2º. Deux quartes justes de suite à la basse sont défendues parcequ'on ne peut pas préparer la seconde.

3º. La règle de RÉSOLUTION n'est pas toujours de rigueur.

4º. Le second renversement du premier dégré des deux gammes peut se passer de préparation quand il est frappé à un temps fort de la mesure: partout ailleurs il doit être préparé.

5º. On ne doit préparer et résoudre une quarte juste à la basse que lorsqu'elle commence ou termine l'accord.

6º. Quand une partie supérieure croise avec la basse, il faut que l'une et l'autre soient traitées en même temps en bonne basse.

CHAPITRE CINQUIÈME.

DES CADENCES.

22.me Leçon.

(SS. 41.) La terminaison d'une phrase harmonique par un repos s'appelle CADENCE; (du mot latin, CADERE, tomber.) ce repos peut être de plusieurs qualités, ce qui donne plusieurs espèces de cadences.

1º. DE LA CADENCE PARFAITE.

On appelle CADENCE PARFAITE le repos qui se fait à la fin d'une phrase sur l'accord de la tonique précédé de celui de la dominante, les deux non renversés, et le dernier tombant sur le 1er temps de la mesure; Exemple.....

Dans les ANDANTE il peut tomber au 3me temps: Exemple.........

ou au second pour les mesures à 3 temps: Exemple,

Mais cette version cesse d'être CADENCE PARFAITE si elle se trouve au commencement, et même dans le courant d'une phrase: Exemple..................

La CADENCE PARFAITE se fait ordinairement comme nous venons de l'indiquer; il n'y a de différ..

rence que dans le choix des accords qui précèdent celui de la dominante, et dans leurs renversements: Ex:

EN MAJEUR.

EN MINEUR.

C'est surtout avec la formule de la cadence parfaite qu'on emploie sans préparation l'accord de la tonique dans son second renversement. Cette dernière est tolérée parcequ'il en résulte une espèce d'imperfection qui fait pressentir et désirer plus vivement la fin d'un morceau.

(SS.42.) Une basse doit toujours finir par la CADENCE PARFAITE: lorsqu'elle est d'une certaine longueur, elle peut en avoir plusieurs pour terminer les différentes phrases qu'elle renferme.

REMARQUE. On renverse quelquefois le premier accord d'une cadence parfaite, mais ce n'est qu'à la fin d'une phra- se intermédiaire, surtout au moment où elle module; on l'appelle alors CADENCE IMPARFAITE: Exemple.........................

Dans le courant d'un morceau cette manière de clore les modulations est très élégante; en l'em- ployant quelquefois, on ménage l'effet de la cadence parfaite, qui détermine la fin d'un morceau de musique d'une manière absolue.

2ᵒ DE LA DEMI-CADENCE.

(SS.43.) Un repos plus faible que la cadence parfaite s'appelle DEMI-CADENCE; il ne se fait que sur l'accord de la dominante non renversé, sans être obligé d'être au 1ᵉʳ temps de la mesure: le choix des accords qui le précèdent et de leurs renversements est tout-à-fait arbitraire: Exemple.........

On se sert ordinairement de cette cadence pour couper ou terminer les différents membres d'une phrase intermédiaire.

3ᵒ DES CADENCES INTERROMPUES. (1)

Une cadence parfaite est INTERROMPUE lorsqu'on renverse son dernier accord, ou qu'on en prend un autre à sa place; Exem:. Lorsqu'on rompt une cadence parfaite, on évite le repos, et l'on est obligé de continuer l'harmonie jus- qu'à une autre cadence.

4ᵒ QUART DE CADENCE.

Quelquefois on s'arrête sur les accords du 1ᵉʳ 4ᵐᵉ et 5ᵐᵉ dégrés, même renversés; ces repos reçoivent le nom de QUART DE CADENCE, et peuvent servir à phraser: Exemple..............

(1.) Quelques auteurs ont donné chacune des trois cadences rompues, interrompues, évitées, une propriété et une origine différente: pour nous, nous les prendrons indifféremment les unes pour les autres, parcequ'elles dérivent toujours de la cadence parfaite évitée.

50

L'élève cherchera toutes les cadences dans les basses suivantes, qu'il réalisera ensuite à 3 et 4 parties.

5.º DE LA CADENCE PLAGALE. (1)

(SS. 44.) La **CADENCE PLAGALE** est un repos sur l'accord de la tonique non renversé, précédé de celui de la sous-dominante renversé, ou non renversé; on ne le fait ordinairement qu'après une cadence parfaite, et à la fin d'un morceau: Ex:

ORIGINE DE LA CADENCE PLAGALE

Les Doriens ont donné naissance à la cadence plagale; chez eux, comme chez nos anciens, on croyait qu'on ne pouvait pas finir un morceau mineur par l'accord parfait mineur; on s'est trouvé alors dans la nécessité de créer la **CADENCE PLAGALE**. D'abord voici comment ils entendaient la gamme mineure, Exemple

ils faisaient l'**UT** et le **SI** naturels, et les deux derniers accords d'un morceau (cadence parfaite) devaient finir ainsi: Exemple...... de l'accord parfait majeur de ton Dorien, ou la tonique, 1.er ton d'église: Exemple

Mais comme ils croyaient que le dernier accord devait être majeur, ils ont imaginé de placer après la cadence parfaite l'accord mineur de la sous-dominante du ton, ou 4.me dégré, en le faisant suivre plus tard, on l'a fait ainsi: Exemple

L'élève cherchera dans les basses suivantes toutes les espèces de cadences dont nous venons de parler; il les indiquera par leurs initiales, puis il les réalisera à 3 et 4 parties.

(1.) Le mot **PLAGALE** signifie **INFÉRIEURE**: la cadence plagale est ainsi appelée, parcequ'elle se fait avec la sous-dominante qui est au-dessous de la dominante; la cadence parfaite s'appelle aussi **AUTHENTIQUE**, du mot **AUTHENTÈS**, qui signifie supérieur.

On tiendra maintenant à ce que l'harmonie soit toujours bien phrasée par les cadences.

RÉSUMÉ.

Il y a cinq espèces de cadences. 1º La cadence parfaite, et imparfaite; 2º la demi-cadence, 3º les cadences interrompues, 4º Les quarts de cadences, 5º La cadence plagale.

1º *La* **CADENCE PARFAITE** *est un repos absolu; elle correspond au point* (.). *L'IMPARFAITE sert à clore les modulations qui terminent les phrases intermediaires, sans que le sens soit tout à-fait achevé: elle correspond aux deux points:* (:)

2º *La* **DEMI-CADENCE** *n'est qu'une suspension de la cadence parfaite, et correspond au point et virgule;* (;)

3º *Les* **CADENCES INTERROMPUES** *suspendent brusquement le sens de la phrase elles correspondent aux points d'interrogation, ou d'exclamation:* (? !)

4º *Le* **QUART DE CADENCE** *est un repos bien foible qui remplace la virgule.* (,)

5º *La* **CADENCE PLAGALE** *exprime ordinairement des sentiments calmes et religieux.*

DU RHYTHME ET DE LA MÉLODIE.

23ᵐᵉ Leçon.

(SS.45) Le mot **RHYTHME** dérive d'un nom Grec qui signifie **NOMBRE, CADENCE, MESURE**: en musique, c'est la durée relative des sons. Il est dans le mouvement de deux notes qui se succèdent, n'importe par quel intervalle; sans lui, il ne saurait y avoir de mélodie, puisqu'elle est formée par la succession des sons, et que le mouvement par lequel cette succession se fait est le **RHYTHME** même. Mais il peut exister par lui seul, et sans le secours d'aucune mélodie, comme on le sent par le battement d'un tambour: Exemple, [musique] le moindre changement dans la valeur des notes peut le défigurer: Exemp: [musique] ces deux exemples ont le même nombre de notes; seulement les unes sont pointées et les autres naturelles; cette différence, si petite qu'elle soit, donne un rhythme nouveau.

La mélodie est soumise à deux principes: l'un qui dérive de l'harmonie; c'est lorsqu'elle se borne à flatter par une suite d'accords qui s'enchaînent convenablement; l'autre, du rhythme; alors qu'elle cherche à nous émouvoir en imitant toutes les passions de l'âme. Ainsi, il ne suffit pas d'inventer une mélodie heureuse; pour en tirer parti et l'écrire avec art, il faut être harmoniste profond car les accords soutiennent et animent le chant, en lui donnant plus d'expression et d'énergie. C'est donc l'harmonie qu'il faut apprendre d'abord. Néanmoins, comme nous ne voulons pas que l'élève compose des chants au hasard, nous allons lui donner quelques notions générales sur la mélodie et le rhythme.

(SS.46.) La mesure est nécessaire à la mélodie qui, sans elle, serait trop vague, et n'exprimerait rien; plusieurs mesures terminées par une cadence forment une **PHRASE**; la réunion de plusieurs phrases, une **PÉRIODE**.

Les phrases se composent de 2, 3, 4, 5, 6 et plusieurs mesures; les meilleures et les plus régulières sont celles qui marchent en nombre pair. Elles doivent se correspondre exactement par le rhythme et les cadences.

Nous conseillons à l'élève de former sa phrase musicale de 4 mesures, jusqu'à ce qu'il ait fini l'étude de l'harmonie car alors il suivra son inspiration. Voici comment il pourra soumettre sa

52

mélodie et son harmonie au rhythme: il créera par le rhythme seul une phrase de **4** mesures; Exemple............................

il la fera suivre d'une autre phrase èxactement semblable, Exemple..........

puis ,il cherchera à chacune d'elles une mélodie dont le *RYTHME* mouvement soit le même: Exemple..................... *MÉLODIE*

REMARQUE. La première phrase finit ordinairement par une demi_cadence, et la seconde par une cadence parfaite, ou imparfaite, selon ce qui suit.

En écrivant à plusieurs parties, on peut réunir des rhythmes différents; mais il ne faut pas qu'ils se contrarient: on les cherche d'abord d'après son caprice. Exemple de rhythmes différents:

puis, on les convertit en mélodie; Exemple.....

On crée ensuite une seconde période qui ressemble à cette première par le caractère, les caden_ces, et le rhythme, et l'on poursuit ainsi jusqu'à la fin du morceau.

(SS. 47.) Quelquefois on fait correspondre les phrases de la 1re période avec celles de la 2e Exemple,

Pour rendre la mélodie plus agréable et plus variée, on peut aussi, dans les reproductions d'un rhythme, le broder sans trop en altérer le caractère principal: Exemple.................

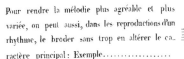

Les phrases de la seconde période imitent celles de la première, et l'on sent qu'on n'a fait que broder le rhythme sans en changer le caractère; cette manière de reproduire une phrase est toujours plus riche et plus intéressante que la première: on peut ajouter une ou deux mesures de complément après une phrase ou une période.(1) Il faut que les cadences placées à distances égales soient autant que possible de même nature; ainsi, la cadence parfaite doit correspondre à la cadence parfaite, la demi-cadence à la demi-cadence etc.

Les accords doivent aussi changer aux mêmes places: Exemple....

On voit que les deux mesures appartenant à deux phrases différentes ont le même nombre d'accords. Cette dernière règle n'est pas toujours observée, à cause de sa difficulté.

REMARQUE. En général, on n'imite régulièrement le rhythme qu'au commencement des phrases; souvent on en change la fin, comme on pourra s'en convaincre en analysant les ouvrages des grands maîtres: il ne faut donc pas se conformer trop scrupuleusement à tout ce que nous venons de dire pour la régularité du rhythme; il varie à l'infini suivant les passions qu'il imite, les sentiments qu'il exprime; mais nous devions faire comprendre à l'élève comment, en créant des phrases, des périodes, on peut leur donner de l'unité par le rhythme, qui est l'âme de la mélodie. Nous l'engageons pourtant à s'y soumettre jusqu'à la fin de L'HARMONIE.

Maintenant il analysera par le rhythme les chants qui suivent; Exemple....

Puis il les accompagnera d'une basse chiffrée, et il les réalisera à trois et quatre parties. On tiendra à ce que le rhythme soit observé, la musique bien phrasée, et les cadences distribuées avec symétrie.

(1.) Lorsque ces mesures de complément arrivent à la fin d'un morceau, on les appelle CODA.

Il ne faut pas oublier que nous traitons principalement ici de l'harmonie; ce n'est que dans la 4ᵐᵉ partie que nous parlerons réellement de la composition, et que nous accompagnerons souvent une phrase entière par un seul accord; tandis qu'à présent chaque mesure doit avoir au moins un accord différent.

CHAPITRE SIXIÈME.

DES ACCORDS DE QUATRE SONS.

24ᵐᵉ Leçon.

(SS. 48.) Un accord de quatre sons se forme en ajoutant une tierce à un de trois sons; (voyez page 10, SS. 4.) on lui donne le nom d'ACCORD DE SEPTIÈME, parceque la dernière note ajoutée est à distance de 7ᵐᵉ de la fondamentale.

DE LA SEPTIÈME DOMINANTE.

(OU SEPTIÈME DE 1ʳᵉ ESPÈCE.)

L'accord de septième de 1ʳᵉ espèce se place sur le cinquième degré des deux gammes, d'où lui est venu le nom de 7ᵐᵉ dominante; il se compose dans les deux modes d'un accord majeur et d'une 7ᵐᵉ mineure; Ex. Sans renversement, nous le chiffrerons par un 7, placé au-dessus de la fondamentale, Exemple.............. ce qui signifie...... et par con... En mineur, nous ajouterons sous le parceque la tierce du 5ᵐᵉ degré en séquent, Ex... 7 un accident suivi d'un 3; Exem: mineur est toujours majeure, et que nous devons l'indiquer par un accident placé devant le chiffre qui la représente (voyez page 36, ch. 5ᵐᵉ SS. 30)

(SS. 49.) Sa résolution naturelle (par quarte supérieure, ou quinte inférieure) se fait sur l'accord de la tonique; Exemple.................................

La septième se résout en descendant conjointement; on est libre de la préparer, ou de la frap-

per sans prépa_
ration: (1) Ex:

Lorsqu'elle n'est pas préparée, il faut autant
que possible la faire marcher par dégré con_
joint, et par mouvement contraire avec la
fondamentale, et la tierce de l'accord; Exemp:

Il n'y a rien de nouveau à dire pour la réalisation des trois premières notes de l'accord de trois
sons sur lequel on a placé la 7ᵐᵉ sa QUINTE à une marche libre: sa TIERCE se conforme à tout ce que
nous avons dit sur la note sensible (page **29** ch. **2ᵐᵉ SS. 23**.) La règle des notes à supprimer et à dou_
bler reste la même;(voyez page **23**. ch. **2ᵐᵉ SS. 15**.) quant à la 7ᵐᵉ, on ne doit pas la doubler, puisqu'elle
n'a qu'une seule manière de se résoudre; et l'on ne la supprime jamais, parcequ'elle est note carac_
téristique de l'accord, celle qui lui donne la qualité d'**ACCORD DE SEPTIÈME**. On peut frapper cet ac_
cord à tous les temps de la mesure.

REMARQUE. L'enchaînement des accords, quels qu'ils soient, se fait toujours par leur fondamentale,
n'importe où elle se trouve; (voyez page **33**. chapitre **3ᵐᵉ SS. 27**.) ainsi, les accords de 4 sons, qu'ils soi_
ent renversés ou non, suivront les mêmes règles que ceux de 3 sons, sur lesquels ils sont formés:
cette observation ne peut pas encore s'appliquer à l'accord qui succède à celui de la septième do_
minante, puisque sa résolution naturelle se fait sur la tonique.

(L'élève composera des basses, puis il réalisera les suivantes à 3 et quatre parties.)

(faire composer des chants.)

RENVERSEMENTS DE LA 7ᵐᵉ DOMINANTE.

25ᵐᵉ Leçon.

(**SS 50**.) La septième dominante a 3 renversements: le 1ᵉʳ a lieu lorsque la tierce de l'accord est
à la basse; nous le chiffrerons   le 5 représente la note la plus
ainsi qu'il suit: Exemple......   haute, et le 3, la fondamentale.
ce qui nous donne   Ce renversement est très usité, parceque la tierce de l'accord est
l'accord complet.....   à la basse. (voyez page **42**. chapitre 4ᵐᵉ **SS. 34**.)

(1) La 7ᵐᵉ dominante peut se passer de préparation, parcequ'elle existe dans l'accord, et que l'oreille la reconnaît.
On entend, lors même qu'on ne la frappe pas, aussi rien n'est plus mélodieux que les accords suivants; Exemple.....

Pour obtenir le second renversement, nous placerons la quinte de l'accord à la basse, et nous la chiffre_ rons de cette manière: Exemple......................

Le 3 représentera la note la plus haute, et le 5, la fondamentale; Ex:.... et par conséquent l'ac_ cord entier; Exemple......

Nous devons nous rappeler que chaque fois que la quinte juste d'un accord est à la basse, il faut la préparer et la résoudre, (voyez page 43. chapitre 4.me SS. 36.) et que de plus ce renverse_ ment donnant un effet moins satisfaisant que le premier, on doit l'employer plus rarement. (Voyez page 43. chapitre 4.me SS. 35.)

Le 3.me renversement se fait en mettant la 7.me à la basse; voici comment nous le chiffrerons: Ex:....

le 7 représente la fondamentale: Ex: ce qui nous donne l'accord................ Ce renversement est très usité, sur_ tout en préparant la 7.me

Tout ce que nous avons dit pour la résolution de cet accord est applicable à chacune de ses no_ tes, n'importe la partie où on les place: ainsi la fondamentale peut rester en place, ou se résou_ dre sur la tonique; la tierce monter conjointement, rester en place, ou marcher par dégrés disjoints. (très rarement en mineur 3) la quinte changer à volonté, et la septième descendre conjointement.

REMARQUE. (SS. 51.) Dans la résolution de la 7.te dominante la fondamentale ne peut pas descendre de tierce, n'importe la partie où elle se trouve: Exemple..................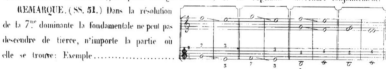

Cette marché par 3.ce inférieure est défendue, parcequ'elle pro_ duit l'effet de deux octaves de suite par mouvement semblable pour_ tant. on permet souvent le cas suivant entre une voix SOLO et une partie d'orchestre; Exemple......................

mais jamais avec la basse. Ces exemples se rencontrent même dans Mozart et Haydn. On les tolère parceque la partie d'orchestre double le chant à l'unisson ou à l'octave.

(1) En mineur, nous devons marquer l'accident devant le chiffre qui représente la 3.e de l'accord du 5.e dégré, qui est toujours majeure.

(2) Nous engageons l'élève à se servir le plus souvent des accords des 1.er, 4.me, et 5.me Dégrés.

EXCEPTIONS DE RÉSOLUTION.

26me Leçon.

(SS. 52.) Lorsque la fondamentale d'une 7me se résout par tierce inférieure, on peut faire monter conjointement la septième; Exemple........................ parcequ'alors la basse fait la résolution de la dissonnance. (1) Mais il faut que la 7me soit toujours au dessus de la fondamentale. La 7me, au lieu de descendre conjointement, peut aussi rester en place, et s'enchaîner à tout autre accord que celui de la tonique, pourvu qu'elle puisse se resoudre d'après la règle, ou les exceptions: Exemple:

(L'élève créera des basses et des chants, en employant les résolutions par exception.)

BASSE A REMPLIR.

SEPTIÈME DOMINANTE SANS FONDAMENTALE.

27me Leçon.

(SS. 53.) On peut employer l'accord de septième dominante sans fondamentale, et c'est toujours comme tel que nous regarderons l'accord diminué pris sur le septième dégré des deux gammes; nous le chiffrerons alors comme un accord de trois sons, excepté en mineur, ou nous serons obligés d'ajouter un accident devant le chiffre inférieur qui représente la note sensible: Exemp.

En UT Maj:

En LA Min:

Il restera soumis aux mêmes règles que la septième dominante dont il dérive, tant pour son enchaînement harmonique, que pour sa réalisation: Exemple. . . . .

En Ut Majeur.

En La Mineur.

il faudra donc, pour l'analyser, se représenter la fondamentale comme si elle était écrite. (2)

(SS. 54.) L'absence de la fondamentale permet de doubler la septième et de la faire monter conjointement dans une partie intermédiaire: Ex:....

lorsqu'on la double entre la basse et une partie haute, on la fait descendre dans la plus grave; Ex:....

(1) On rencontre souvent ce qui suit; Exemp:

Alors on fait résoudre la fondamentale sur la 3me bien, l'on double la 7e dominante, en donnant à chaque partie qui la reçoit une résolution différente.

(2) Aussi dans l'exemple suivant:..........

Nous allons du 7me dégré au 1er parceque la fondamentale du 1er accord est SOL, et que l'enchaînement des accords se compte toujours par les fondamentales, qu'elles soient sous-entendues, ou non.

58

(SS. 55.) Toutes les notes de cet accord peuvent monter conjoin_tement lorsque la basse va sur la tierce de la tonique, Exemple.....

(SS.56.) Il ne faut pas confondre l'accord diminué pris sur le 2.ᵐᵉ degré d'une gamme mineure, avec celui qui dérive de la 7.ᵐᵉ dominante: leur résolution est bien différente. Ex:

L'élève créera des basses avec la 7.ᵐᵉ dominante sans fondamentale, puis il composera des chants.

Basse à chiffrer et à réaliser.

Chant à accompagner d'une basse.

RÉSUMÉ. (SS. 57.) L'accord de septième dominante est le plus doux de tous les accords dis_sonnants, parcequ'il est le plus naturel. L'accord diminué, provenant de la septième dominante sans fondamentale, conserve un caractère de mélancolie rêveuse; l'accord mineur est plus triste, ou plus som_bre; le majeur, plus brillant.

La fondamentale de la septième dominante se résout naturellement sur la tonique. La septième no_te de cet accord peut se passer de préparation: elle doit se résoudre en descendant conjointement, ou bien en montant de seconde, lorsque la basse fondamentale descend de tierce; elle peut aussi rester en place: tout accord peut lui succéder, pourvu que la septième fasse une résolution convenable. La sep_tième dominante se place sur le 5.ᵐᵉ degré des deux gammes: elle se compose d'un accord majeur et d'une septième mineure; on la chiffre ainsi:

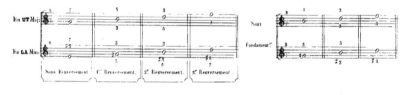

_____

(1.) Tout accord dissonant doit se résoudre de sa nature par 4.ᵗᵉ supérieure ou par 5.ᵗᵉ inférieure; or, un accord est dissonant chaque fois qu'il frappe un intervalle de 2.ᵈᵉ, 7.ᵐᵉ, ou 9.ᵐᵉ ou bien un intervalle augmenté, ou diminué: ainsi le 2.ᵐᵉ degré en mineur (en LA mineur, par exemple, SI, RE, FA) sera un accord dissonant parceque la 5.ᵗᵉ FA est diminuée, et comme tel, il devra se résoudre sur l'accord de MI, SOL♯, SI, (4.ᵗᵉ supérieure) tandis que le 7.ᵐᵉ degré qui dérive de la 7.ᵐᵉ dominante sans fondamentale doit se résoudre sur la tonique qui se trouve une quarte au-dessus de sa véritable fondamentale;

exemple en LA mineur.

Ce qui donne les deux résolu_tions suivantes;

Exemple........

Nous n'avons pas par_lé de cette différence au chapitre de l'enchaînement des accords, parcequ'on

ne pouvait pas se servir encore du 7.ᵐᵉ degré, et que l'autre (2.ᵈ degré d'une gamme mineure) peut suivre toutes les règles des accords de trois sons.

Il ne faut pas oublier que la tierce de la septième dominante est la note sensible, et que la quinte doit se préparer, lorsqu'elle est à la basse. cette précaution est inutile, lorsque la fondamentale est retranchée, parceque la quinte devient tierce, Exemple................ et peut alors se passer de préparation. (Cette règle ne peut pas atteindre la quinte si: fa; parcequ'elle est diminuée.)

OBSERVATIONS. (SS. 58.) Pour frapper un accord dissonnant, il faut examiner si, la dissonnance ou les dissonnances ôtées, l'accord de trois sons sur lequel il est formé s'enchaîne bien avec celui qui le précède, et celui qui le suit.

(SS. 59.) On prépare une note dissonnante en la faisant entendre dans l'accord précèdent au même dégré, et à la même partie: Exemple....................

(SS. 60.) Il faut éviter de doubler les notes qui ont une marche forcée, parcequ'on serait obligé de leur donner une même résolution, et l'on ferait des octaves réelles; on peut néanmoins les doubler quand elles restent en place dans leur résolution.

(SS. 61.) Dans un accord, toutes les notes qui n'ont pas besoin de préparation peuvent changer de parties pendant sa durée, pourvu qu'elles fassent leur résolution dans celles où elles se trouvent, au moment où l'accord change: Exemple....................
Elles restent souvent sans résolution lorsqu'on les emploie mélodiquement dans un accord brisé; Ex:

Nous rappelons bien à l'élève qu'une note n'est dissonante que lorsqu'elle frappe un intervalle dissonant avec la fondamentale d'un accord: la dissonnance est donc la note supérieure, et non sa fondamentale **Ex**..

(SS. 62.) Il faut éviter de faire descendre par seconde la basse d'une septième, Exemple [Mauvais.] parcequ'alors la dissonnance paraitrait avoir été placée à la basse, et nous avons un accord de neuvième renversé, Exemple. [9me] ce qui ne peut pas être.

CHAPITRE SEPTIÈME.

DES ACCORDS DE CINQ SONS.

28me Leçon.

(SS. 63.) Un accord de CINQ SONS se forme en ajoutant une tierce [9me] cette note étant à distance de neuvième de la fondamentale, l'accord prend le nom d'ACCORD DE NEUVIÈME; il se place, ainsi que la septième dominante, sur le cinquième dégré des deux gammes; ce qui donne 1° la neuvième majeure, Ex.......... [En Ut Maj.] 2° la neuvième mineure, Ex:........ [En La Mineur.]

I° DE LA NEUVIÈME MAJEURE.

(SS. 64.) Cet accord se compose de la 7me dominante d'un ton majeur, à laquelle est ajoutée une neuvième majeure: Exemple.......... [(En Ut) 7me Dominante] [9me Majeure.]

Comme les quatre premières notes suivent exactement toutes les règles de la 7me dominante, nous n'avons à parler que de la dernière note ajoutée, la neuvième.

RÈGLE. (SS. 65.) La cinquième note de cet accord doit toujours être placée au moins à distance de neuvième de la fondamentale, Exemple.................... [Bon.] et de septième de la tierce; Exemple........ [Bon.]

le quatrième renversement est par conséquent impraticable; ainsi, les cas suivants sont mauvais dans l'accord de neuvième; Exemp... En effet, ces dissonan_ces deviendraient insup_portables à cause de leur proximité.

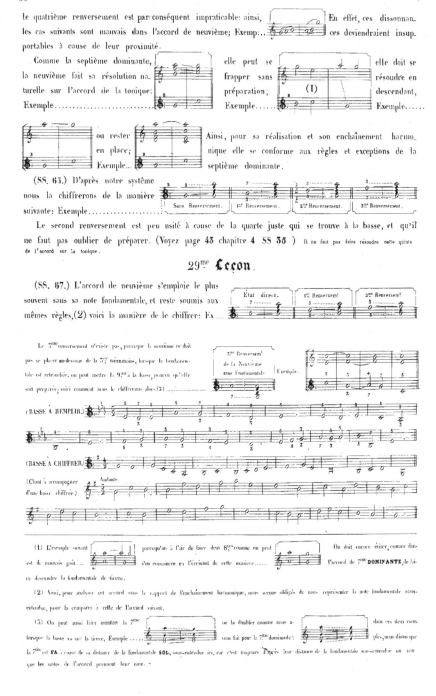

Comme la septième dominante, la neuvième fait sa résolution na_turelle sur l'accord de la tonique; Exemple.................... elle peut se frapper sans préparation; Exemple...... (I) elle doit se résoudre en descendant, Exemple......

ou rester en place; Exemple... Ainsi, pour sa réalisation et son enchaînement harmo_nique elle se conforme aux règles et exceptions de la septième dominante.

(SS. 63.) D'après notre système nous la chiffrerons de la manière suivante: Exemple.................... Sans Renversement. 1er Renversement. 2me Renversement. 3me Renversement.

Le second renversement est peu usité à cause de la quarte juste qui se trouve à la basse, et qu'il ne faut pas oublier de préparer. (Voyez page 43 chapitre 4 SS 35) Il ne faut pas faire résoudre cette quinte de l'accord sur la tonique.

29me Leçon.

(SS. 67.) L'accord de neuvième s'emploie le plus souvent sans sa note fondamentale, et reste soumis aux mêmes règles,(2) voici la manière de le chiffrer: Ex.... État direct. 1er Renversem.! 2me Renversem.!

Le 3me renversement n'existe pas, parceque la neuvième ne doit pas se placer au-dessous de la 5.te néanmoins, lorsque la fondamen_tale est retranchée, on peut mettre la 9me à la basse, pourvu qu'elle soit préparée; voici comment nous le chiffrerons alors (3) .... 3me Renversem.! de la Neuvième sans Fondamentale Exemple.

(BASSE A REMPLIR.)

(BASSE A CHIFFRER.)

(Chant à accompagner d'une basse chiffrée.) Andante.

(1) L'exemple suivant parcequ'on a l'air de faire deux 8.ves comme on peut et de mauvais goût... s'en convaincre, en l'écrivant de cette manière...... On doit encore éviter, comme dans l'accord de 7me DOMINANTE de fai_re descendre la fondamentale de tierce.

(2) Ainsi, pour analyser cet accord sous le rapport de l'enchaînement harmonique, nous serons obligés de nous représenter la note fondamentale sous-entendue, pour la comparer à celle de l'accord suivant.

(3) On peut aussi faire monter la 7me lorsque la basse va sur la tierce, Exemple..... ou la doubler comme nous a_vons fait pour la 7me dominante: dans ces deux exem_ples, nous disons que la 7me est FA à cause de sa distance de la fondamentale SOL, sous-entendue ici, car c'est toujours d'après leur distance de la fondamentale sou-entendue ou non que les notes de l'accord prennent leur nom.

Quant aux exceptions de résolution cet accord se conforme à ce qui a été dit dans le chapitre précédent au sujet de la septième dominante; ces cas sont très rares; Exemple . . . .

L'élève composera des chants et des basses.

2º DE LA NEUVIÈME MINEURE.

30ᵐᵉ Leçon.

(SS. 68.) Cet accord se compose de la septième dominante d'un ton mineur, à laquelle est ajoutée une neuvième mineure: Exemple . . . .

Sa cinquième note doit être au moins à distance de neuvième de la fondamentale, mais elle peut se placer indifféremment au-dessus ou au-dessous de la tierce, ce qui permet de la mettre à la basse lorsque la fondamentale est retranchée. Il suit les mêmes règles que la neuvième majeure; et pour ses quatre premières notes, il se soumet à tout ce que nous avons dit de la septième dominante dans un ton mineur. Nous le chiffrerons de la manière suivante:

sa résolution naturelle par quinte inférieure se fait sur la tonique; Ex:

(SS. 69.) Il s'emploie le plus souvent sans sa note fondamentale; il prend alors le nom de **SEP-TIÈME DIMINUÉE**, et se chiffre ainsi; Exemple:

son enchaînement harmonique et sa réalisation restent les mêmes: Exemp...

Les résolutions par exceptions de la neuvième mineure sont peu usitées: Exemple . . . .

Ce n'est qu'au chapitre des modulations que nous verrons de nouvelles exceptions.

Ainsi, à chaque leçon, l'élève créera des chants, en suivant ce que nous avons dit sur le rhythme et les cadences; puis il les accompagnera d'une basse chiffrée; et lorsqu'elle sera corrigée, il ajoutera une

ou deux parties. Nous lui conseillons en outre de ne passer à la seconde partie de ce traité que lors_
qu'il aura bien médité sur tout ce que nous venons de lui dire. Nous allons lui parler, avant de
finir, de la RÈGLE D'OCTAVE, sur laquelle nos anciens ont basé tout leur système.

RÈGLE D'OCTAVE.

(SS. 70.) LA RÈGLE D'OCTAVE, fut publiée en 1700. C'est une formule harmonique qui détermine
d'une manière absolue les accords qu'on doit placer sur chaque dégré de la gamme majeure et mi_
neure, tant en montant qu'en descendant: la voici en majeur:

comme on le voit, DANS LA RÈGLE D'OCTAVE on ne forme l'harmonie qu'avec les notes des trois
accords principaux: UT, MI, SOL; SOL, SI, RÉ; FA, LA, UT.

Ainsi, malheur à celui qui s'éloignera de cette formule pour introduire de nouveaux accords dans
les deux gammes; car il a plu à un homme, nommé je crois, DELAIRE, d'établir ce grand principe au_
delà duquel il n'est plus d'harmonie: encore, n'a_t_il pas été décidé authentiquement que le 5ᵐᵉ dégré
de la gamme majeure ascendante fut l'accord, SOL UT MI, ou bien celui de SOL SI RÉ; comme si tous les
deux ne pouvaient s'employer! Sans doute les accords qu'on a créés sur ces deux gammes s'enchaînent
harmonieusement; mais n'est-il pas des moyens à l'infini de les unir; pouvons-nous les deviner? appartient_
il à un homme de dire à un autre, tu n'iras pas plus loin! et s'il a un génie supérieur! s'il voit au-delà!
pour l'arrêter, il faudra donc nous environner de mystères; et, nouveaux prêtres imposteurs, le frapper d'a_
nathème, parcequ'il aura violé les lois que nous lui aurons dictées!..l'avenir nous juge, et ce système ex_
clusif que nous aurons réchauffé pendant quelque_temps dans le sein de nos amis_se flétrira et tombera
de lui-même, s'il est faux; car jamais les règles ne pourront créer le génie. D'ailleurs dans l'enseigne_
ment, on ne saurait trop procéder avec méthode; et donner, en commençant, aux élèves des accords ren_
versés_et qui modulent, c'est vouloir leur interdire à jamais la vraie science de l'harmonie. Cette règle
d'octave est aussi absurde que pauvre, puisqu'il existe tant d'autres moyens d'accompagner la gamme
sans moduler, et qu'y introduire des accords étrangers, c'est changer de ton, et faire croire à l'élève
qu'il accompagne une seule et même gamme, tandis qu'il en détermine de nouvelles par les accords qu'il
est obligé d'employer. Je préférerais encore cette MARCHE DE SIXTES qu'on trouve fréquemment dans nos
auteurs les plus célèbres, et dont on ne pourrait se servir d'après cette règle d'octave: Exemple......

Elle est plus régulière, parceque les accords s'y succèdent avec symétrie et ne modulent pas; à moins que monsieur Delaire, et ceux qui ont suivi son école, n'aient dérobé ce secret à la divinité, et que cette gamme ne leur soit aparue comme un nouveau signe dans le ciel.

On va plus loin encore, on défend la quinte diminuée, Exemple.................... et la quarte aug- [_____] parceque les anciens les ont rejetées; on dit mentée, Exemple, [_____] aussi que les successions suivantes, Exemp: [_____] sont mauvaises, parcequ'il s'y trouve une FAUSSE RELATION DE TRITON de la 2.ᵐᵉ à la 3.ᵐᵉ mesure (Voyez Cherubini, page 9,) (1) et qu'on arrive sur des [_____] et qu'elle est per [_____] (Voyez consonnances parfaites par mouvement semblable; [_____] mise à deux par. [_____] Cherubi. (Voyez Cherubini, page 6;);que la 5.ᵗᵉ à la basse est [_____] ties de la manié. [_____] ni, page toujours rejetée dans la fugue et le contrepoint;ex. [_____] re suivante: Ex: [_____] 17)

Or, il est dit, page 40, dans le même traité, que les [(2) _____] que cet exemple classiques ont approuvé ce qui suit; Exemple.......... [_____] réduit à sa plus simple expression donne les [_____] et qu'il faut pourtant s'y soumettre, parcequ'on ne quintes suivantes; Exemple... [_____] peut détruire UNE ERREUR CONSACRÉE: une erreur consacrée pour un art qui n'est que jouissance, et qui n'arrive à notre coeur qu'après avoir char_mé notre oreille!!!!! .

Si on voulait énumérer toutes les absurdités de cette vieille école, on écrirait des volumes enti_ers; car ces maîtres ont toujours tracé leurs règles d'une manière arbitraire, comme s'ils ne savaient pas que l'oreille ne fait rien par convention, et qu'elle ignore si la musique que vous lui faites en_tendre est un genre de musique qu'il nous a plu d'appeler FUGUE, ou CONTREPOINT RIGOUREUX; à moins qu'on ne veuille composer pour les sourds-et-muets. Chaque genre a sans doute son caractère; mais il doit l'emprunter du sujet, et non de notre caprice; car les règles sont partout les mêmes; le goût seul et le génie peuvent modifier la mélodie et les accords selon le sujet: comment oser dire en effet que l'exemple suivant est mauvais, parcequ'on veut le faire appartenir à un genre de composition nommée CON_TREPOINT RIGOUREUX À DEUX PARTIES,

Exemple,

et que dans ce contrepoint, on est convenu de ne jamais se servir de la tierce de l'accord à la premi_ère mesure, de rejeter les intervalles de quarte augmentée, quinte diminuée, seconde et septième;de ne jamais mettre la quinte de l'accord à la basse? On lit en effet dans la préface du traité de contrepoint et fugue de M.ʳ Chérubini: QU'IL FAIT ENTREPRENDRE SUR LE CHAMP LE CONTREPOINT RIGOUREUX À L'ÉLÈVE, NON CELUI QUI SUIVAIT LA TONALITÉ DU PLAIN-CHANT, ET QU'ONT PRATIQUÉ LES ANCIENS COMPOSITEURS, MAIS

(1) Je ne prétends attaquer ici que la vieille école; Car M.ʳ Chérubini, dans son traité de contrepoint et fugue, n'a fait que transcrire mot-à-mot les règles que nous ont laissées les anciens: je dois faire observer aussi que je ne parle que des traités de composition, et non des ouvrages dramatiques de ces maîtres; car alors ils n'ont point fait ce qu'ils enseignent; et si l'on me disait qu'ils ne se sont élevés pourtant qu'après avoir longtemps travaillé d'après le règles, je répondrais que Rossini et Béethoven les ont dépassés en brisant ces règles, et qu'eux-mêmes ne s'en sont servi quelquefois que pour glacer ou affaiblir ce qu'ils avaient d'inspiration.

(2) Cet exemple se trouve dans le traité de FUX page 122, et dans celui de CHÉRUBINI, page 39.

LE CONTREPOINT RIGOUREUX MODERNE, C'EST-À-DIRE, SUIVANT LA TONALITÉ ACTUELLE. Or, les anciens qui ne connaissaient que les huit tons d'église faisaient leur gamme en Ré mineur ainsi qu'il suit;

Exemple [musique] et comme ils croyaient qu'on ne pouvait commencer ni finir par un accord mineur, et qu'ils n'osaient pas dans un ton mineur commencer ou finir par un accord majeur, ils ont très ingénieusement proscrit la tierce à la première et dernière mesure. Mais transporter dans la tonalité actuelle ce contrepoint rigoureux, et lui conserver scrupuleusement les mêmes règles, c'est vouloir nous apprendre le français en nous enseignant le gaulois, et faire de la composition, qui est l'art le plus beau et le plus difficile en théorie, un objet de simple curiosité ou de pure érudition; d'ailleurs ce système n'apprend qu'à écrire des intervalles sans nous faire connaître la puissance des accords et la manière de les enchaîner; et ceux qui s'attachent à cette vieille doctrine, au lieu de marcher avec le siècle, méconnaissent le vrai but de la science. En effet, il serait absurde de croire qu'on ait accompli sa tâche, parcequ'on aura cité ces classiques, ou qu'on les aura copiés textuellement par respect pour leur nom; il ne faut pour cela que du temps et de la patience. Pour moi, je pense qu'on ne doit pas enchaîner le génie à toutes leurs règles, et qu'il faut au contraire lui laisser le droit d'innover; car les vraies inspirations de l'âme sont toujours belles, et si elles semblent s'écarter des règles, c'est que les règles n'ont pas su les devancer, ou qu'elles n'osent pas les suivre pour les analyser.

TABLEAU DES DIFFÉRENTES MANIÈRES
DE CHIFFRER LA BASSE
POUR LES ACCORDS DE TROIS SONS (LA 7me DOMINANTE, ET LA 9me MAJEURE ET MINEURE) CONTENUS DANS LA 1re PARTIE.

La méthode d'indiquer l'harmonie par des chiffres placés au-dessus ou au-dessous de la basse a été imaginée au dix-septième siècle par LUDOVICO VIADANA; depuis, elle a subi plusieurs changements que nous allons réunir dans le tableau suivant. Ce qui fait qu'elle offre tant de contradictions, c'est qu'elle est plutôt le fruit du hasard que d'une étude réfléchie.

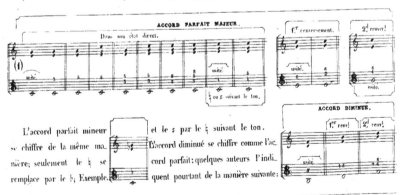

L'accord parfait mineur se chiffre de la même manière; seulement le ♮ se remplace par le ♭; Exemple. et le ♯ par le ♮ suivant le ton. L'accord diminué se chiffre comme l'accord parfait: quelques auteurs l'indiquent pourtant de la manière suivante:

(1) Nous avons indiqué par le mot USITÉ les chiffres dont on se sert le plus souvent pour désigner les accords.

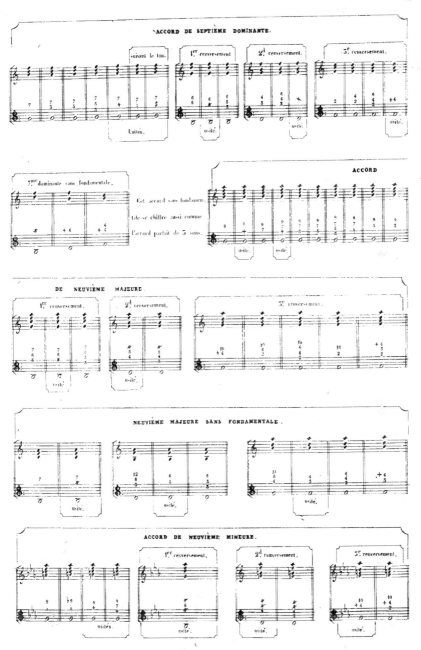

NEUVIÈME MINEURE SANS FONDAMENTALE.

Les accidents changent suivant le ton dans lequel on est: ils se placent à volonté devant ou au_près les chiffres représentent les notes qui doivent en être affectées.

Les chiffres s'écrivent indifféremment au-dessus ou au-dessous de la basse .

Lorsque la tierce devient majeure ou mineure, pour l'indiquer, on place simplement un acci_dent sur la basse, si elle a la fondamentale de l'accord .

NOUVELLE MANIÈRE DE CHIFFRER PLUS EXACTE ET PLUS SIMPLE.

[SS.71] Dans notre système nous chiffrons toujours les deux notes extrêmes de l'accord, c'est-à-dire, la fondamentale, et la note la plus élevée. Les notes supérieures à celles de la basse sont indiquées par des chiffres écrits au-dessus, et les notes inférieures par des chiffres écrits au-dessous. On n'ajoute d'autres chiffres à ceux que nous venons de désigner que dans les modulations, en ayant soin de les faire précéder par les accidents qu'on doit placer devant les notes qu'ils représentent. Dans la première partie de ce traité, il n'y a que le cinquième degré en mineur qui demande l'addition d'un chiffre précédé d'un accident : Exemple,

EN LA MINEUR,   EN UT MINEUR,   EN FA MINEUR,

TABLEAU DES CHIFFRES USITÉS DANS CETTE MÉTHODE.

ACCORD DE 3 SONS.

L'accord mineur, et l'accord diminué se chiffrent de la même manière .

ACCORD DE 4 SONS .

La septième dominante sans fondamentale se chiffre comme un accord de trois sons .

ACCORD DE 5 SONS .

La neuvième sans fondamentale se chiffre comme la septième .

Dans la septième dominante en mineur, et la neuvième mineure, il ne faut pas oublier de placer l'accident devant le chiffre qu'on est obligé d'ajouter; Exemple...................... EN UT MINEUR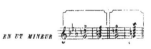

FIN DE LA 1RE PARTIE.

SECONDE PARTIE.

INTRODUCTION.

○ ○ ○○○

Des Accords Dérivés.

Leçon 1ᵉ

(SS. 72.) On appelle ACCORDS DÉRIVÉS ceux qui sont formés avec ou d'après les accords primitifs ; ils sont au nombre de 12 ; les voici réunis :

TABLEAU DES ACCORDS DÉRIVÉS.

ACCORDS DE SEPTIÈMES.		
Septième de deuxième espèce: (accord mineur, avec septième mineure.)	Septième de troisième espèce:(accord diminué, avec septième mineure.)	Septième de quatrième espèce:(accord majeur, avec septième majeure.)

Accords dérivés, formés D'APRÈS certains accords primitifs.

ACCORDS ALTÉRÉS EN MONTANT.				
Accord majeur, avec quinte augmentée.	Accord de septième dominante, avec quinte augmentée.	Accord de 7ᵐᵉ majeure, avec 5ᵗᵉ augmentée, formé d'après un accord dérivé.	Accord de deuxième majeure, avec quinte augmentée.	Accord de deuxième mineure, avec quinte augmentée.

Accords dérivés, formés AVEC certains

ACCORDS ALTÉRÉS EN DESCENDANT.			(1)
Accord majeur, avec quinte diminuée.	Accord de septième dominante, avec quinte diminuée.	Accord de deuxième majeure, avec quinte diminuée.	Accord de deuxième mineure, avec quinte diminuée.

accords primitifs.

DE L'ENCHAINEMENT DES ACCORDS DISSONANTS.

(SS. 73.) Excepté les deux premiers accords de trois sons, (accord parfait majeur, accord parfait mineur,) tous les autres sont dissonants, parcequ'ils ont une ou plusieurs notes qui font un intervalle dissonant avec la fondamentale, et qu'on nomme DISSONANCES.

1º. EMPLOI ET PRÉPARATION. On emploie les accords DISSONNANTS mêlés avec les CONSONNANTS, pour donner plus d'éclat ou de charme à ces derniers, et obtenir des contrastes heureux ; ce n'est qu'en peignant le désordre des passions qu'on peut faire une suite d'accords dissonnants : mais il faut toujours préparer la note dissonante dans les accords de septièmes de 2ᵈᵉ, 3ᵐᵉ et 4ᵐᵉ espèces. (2)

2º. RÉSOLUTION. Chaque accord dissonant demande à être suivi d'un autre accord sur lequel il

---

(1) Nous avons renversé l'ordre des notes de certains accords, pour éviter l'intervalle de TIERCE DIMINUÉE, dont on ne se sert presque jamais dans l'harmonie à cause de sa dureté.

(2) Une dissonance ne plaît que par sa résolution, tandis que les consonances plaisent par elles-mêmes.

puisse faire sa résolution:

RÈGLE. TOUT ACCORD DISSONNANT SE RÉSOUT PAR 5te INFÉRIEURE (OU 4te SUPÉRIEURE) SUR UN ACCORD CONSONNANT OU DISSONNANT DE LA MÊME GAMME, C'EST-À-DIRE QUE, DANS L'ENCHAÎNEMENT HARMONIQUE, LES DEUX FONDAMENTALES DOIVENT SE SUCCÉDER PAR 5te INFÉRIEURE, (OU 4te SUPÉRIEURE:) Exemple....

& dans la réalisation, LES NOTES

(*) NOTA. Nous savons que l'enchaînement des accords se compte toujours par les fondamentales, n'importe la place qu'elles occupent dans la réalisation (Voyez page 33 Chapitre 3. SS. 29.)

DISSONNANTES DOIVENT DESCENDRE D'UN DEGRÉ SUR L'ACCORD SUIVANT, ET LA NOTE SENSIBLE DOIT TOUJOURS SE RÉSOUDRE D'APRÈS CE QUE NOUS AVONS DIT (Page 29. chapitre 2^d SS. 23. DANS LES ACCORDS ALTÉRÉS, INDÉPEN-DAMMENT DE CES RÉSOLUTIONS, LA NOTE ALTÉRÉE MONTE, SI L'ALTÉRATION A ÉTÉ FAITE EN MONTANT, ET DES-CEND, SI ELLE A ÉTÉ FAITE EN DESCENDANT: Exemple,

Il en est de même dans tous les renversements aussi: il ne faut pas oublier aussi qu'on doit éviter de doubler les notes qui ont une marche forcée, c'est-à-dire, une seule manière de se résoudre.

(Les exemples de résolution de chaque accord en particulier sont placés dans leur chapitre respectif.)

(SS. 74.) EXCEPTIONS. Tout accord peut servir de résolution à un accord dissonant, si les notes qui ont une marche forcée peuvent: Ire SE RÉSOUDRE D'APRÈS LA RÈGLE, Exemple................

2° RESTER EN PLA-CE COMME CON-

SONNANCES OU DIS-SONNANCES; Exemple

3° CHANGER CHROMATIQUEMENT, OU ENHARMONIQUEMENT, TANT EN MONTANT QU'EN DES-

Chromatiquement. Enharmoniquement.

CENDANT; Exemple,

REMARQUE. Pour que les exceptions ne produisent pas mauvais effet, tout en se conformant à ces principes, il faut que la succession des fonda-mentales, abstraction faite des dissonances, donne une harmonie franche et pure en accords de trois sons; on évitera aussi, dans la réalisation de ces exceptions, de faire sauter les parties, parcequ'à défaut de liaison entr'elles, il pourrait en résulter un effet désagréable.

CHAPITRE PREMIER.

DES MODULATIONS.

LEÇON 2me.

(SS. 75.) MODULER veut dire CHANGER DE GAMME OU DE MODE, PASSER D'UN TON DANS UN AUTRE. Jusqu'à présent, nous n'avons formé les suites harmoniques qu'avec les notes d'une seule et même gamme; c'est ce qu'on appelle RESTER DANS LE TON: en modulant, on change les notes de la gam-me dans laquelle on est contre celles d'une autre; c'est donc la manière d'unir deux ou plusieurs gam-mes différentes que nous allons discuter dans ce chapitre.

Il existe trois manières de moduler: I^o en allant dans un ton voisin de celui que l'on quitte; (RELATIFS) 2° ou éloigné; 3° ou bien, en ne quittant le ton principal que pour quel-ques accords, (DEMI-MODULATIONS.); ces trois cas seront expliqués séparément.

I^o DES MODULATIONS DANS LES TONS RELATIFS.

(SS. 76.) Deux tons sont relatifs quand les notes de leurs gammes ont un grand rapport entr'el-les, comme D'UT MAJEUR en FA MAJEUR, où toutes les notes sont les mêmes, excepté le SI ♭.

REGLE. UN TON A POUR RELATIFS TOUS CEUX QUI NE DIFFÈRENT À LA CLEF QUE D'UN SEUL ACCIDENT DE PLUS OU DE MOINS, OU QUI EN ONT LE MÊME NOMBRE. Il est bien entendu que ces accidents doivent être de même nature, et que les dièses doivent correspondre aux dièses, les bémols aux bémols.(I)Ainsi, les tons relatifs de RÉ MAJEUR sont: MI MINEUR, FA ♯ MINEUR, SOL majeur, LA majeur, SI mineur, les cinq premiers dégrés en montant; et les relatifs de SI MINEUR, sont LA majeur, SOL majeur, FA ♯ mineur, MI mineur, RÉ majeur, les cinq premiers dégrés en descendant; et quoique plusieurs de ces tons ne diffèrent à la clef que d'un seul accident, il en est dont les gammes ont plusieurs notes qui ne sont pas communes:

Exemples.

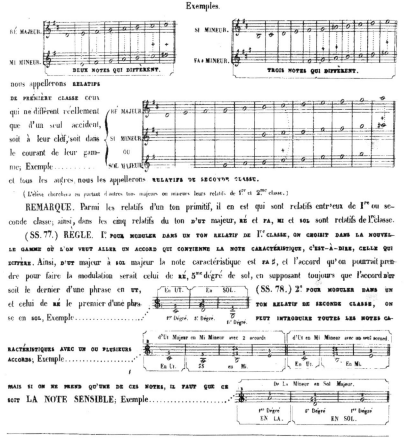

nous appellerons RELATIFS DE PREMIÈRE CLASSE ceux qui ne diffèrent réellement que d'un seul accident, soit à leur clef, soit dans le courant de leur gamme; Exemple..........

et tous les autres, nous les appellerons RELATIFS DE SECONDE CLASSE.

(L'élève cherchera en partant d'autres tons majeurs ou mineurs leurs relatifs de 1ʳᵉ et 2ᵐᵉ classe.)

REMARQUE. Parmi les relatifs d'un ton primitif, il en est qui sont relatifs entr'eux de Iʳᵉ ou seconde classe; ainsi, dans les cinq relatifs du ton D'UT majeur, RÉ et FA, MI et SOL sont relatifs de Iʳᵉclasse.

(SS. 77.) REGLE. Iᵉ. POUR MODULER DANS UN TON RELATIF DE Iʳᵉ CLASSE, ON CHOISIT DANS LA NOUVELLE GAMME OÙ L'ON VEUT ALLER UN ACCORD QUI CONTIENNE LA NOTE CARACTÉRISTIQUE, C'EST-À-DIRE, CELLE QUI DIFFÈRE. Ainsi, D'UT majeur à SOL majeur la note caractéristique est FA ♯, et l'accord qu'on pourrait prendre pour faire la modulation serait celui de RÉ, 5ᵐᵉ dégré de sol, en supposant toujours que l'accord d'UT soit le dernier d'une phrase en UT, et celui de RÉ le premier d'une phrase en SOL, Exemple................. (SS. 78.) 2ᵉ. POUR MODULER DANS UN TON RELATIF DE SECONDE CLASSE, ON PEUT INTRODUIRE TOUTES LES NOTES CARACTÉRISTIQUES AVEC UN OU PLUSIEURS ACCORDS; Exemple.................

MAIS SI ON NE PREND QU'UNE DE CES NOTES, IL FAUT QUE CE SOIT LA NOTE SENSIBLE; Exemple.......................

REMARQUE. On module ordinairement avec les accords du cinquième dégré, (I) parcequ'ils renferment la **NOTE SENSIBLE** de la gamme dans laquelle on veut entrer, et que cette note détermine le ton d'une manière précise. Il existe pourtant des cas qui font exception à cette règle, c'est lorsqu'on module dans un ton dont la note sensible n'est pas note caractéristique, comme de LA mineur en FA majeur; on est obligé alors, pour affermir la modulation, de faire entendre les deux notes caractéristiques, (SOL♮, et si♭) la note sensible (MI) n'en étant pas une; Exemple....

Ainsi, le MI appartient aussi bien à la gamme de LA MINEUR qu'à celle de FA MAJEUR. Pour faire cette modulation, on doit frapper le SOL naturel, et le SI bémol, les deux notes qui diffèrent, Exemple ....

(SS. 79.) 3°. ON PEUT QUITTER LE TON, ET ENTRER DANS LE NOUVEAU, PAR QUEL DÉGRÉ QUE CE SOIT, EXCEPTÉ PAR LE 3°.ᵐᵉ EN MINEUR QUI N'EXISTE PAS, ET LE 3°.ᵐᵉ EN MAJEUR QU'IL FAUT EMPLOYER RAREMENT, À CAUSE DE SA QUINTE; Exemple:

DE L'ENCHAÎNEMENT DES ACCORDS DANS LES MODULATIONS. (3)

(SS. 80.) Nous avons dit au chapitre 3 de la première partie que l'enchaînement des accords se faisait toujours par leurs fondamentales; il en est de même dans les modulations: on désigne par des chiffres les dégrés des gammes différentes que l'on parcourt; Exemple,

On écrit ensuite sur tous les dégrés désignés par des chiffres, et rapportés à une même gamme, les fondamentales des accords qu'ils représentent, puis on les compare comme si elles appartenaient à une seule gamme, celle D'UT, par exemple:

---

(1) On module surtout par l'accord de septième dominante; Exemple .... En effet, en modulant par la 7ᵐᵉ dominante, on a d'abord la note sensible, et de plus la 7ᵐᵉ qui est toujours note caractéristique, lorsque la note sensible ne l'est pas elle-même. On peut aussi faire suivre deux et plusieurs 7ᵐᵉ dominantes appartenant à différents tons.

(2) Les modulations dans les tons relatifs offrent plusieurs cas où la note sensible du ton où l'on va n'est pas note caractéristique,

Exemple. { De RÉ majeur en SOL majeur.. FA ♯ } Notes sensibles, non (En partant { De MI mineur en SOL majeur.. FA ♯ } caractéristiques du ton de RÉ maj. { De FA♯ mineur en SOL majeur.. FA ♯ } dans lequel on modu- ton primitif.) { De FA ♯ mineur en LA majeur.. SOL ♯ le.

De même en { De SI mineur en SOL majeur.. FA ♯ } Notes sensibles, et partant d'un { De SI mineur en RÉ majeur... UT ♯ } non caractéristiques ton mineur, { De LA majeur en SOL majeur.. FA ♯ } du ton dans lequel (SI mineur, { De LA majeur en RÉ majeur... UT ♯ } on module. par exemple: { De FA♯ mineur en RÉ majeur... UT ♯

(3) Nous ne parlons encore que des modulations dans les tons relatifs.

(4) L'enchaînement des accords est le même dans le mode majeur et mineur; on peut donc analyser la succession des fondamentales dans une gamme mineure par celles d'une gamme majeure, et VICE VERSÀ, celles d'une gamme majeure par les fondamentales d'une gamme mineure.

et si ces fondamentales ainsi comparées se conforment à la règle de l'enchaînement des accords dans une même gamme, les modulations sont régulières : en effet, en modulant, on cherche à produire une sensation nouvelle, plus ou moins forte; mais ce passage d'un ton dans un autre, s'il (I) se conforme à ce que nous venons de dire aux modulations des tons relatifs, ne peut pas changer les règles de l'enchaînement des accords, et les fondamentales d'une gamme doivent s'enchaîner avec celles d'une nouvelle gamme, comme si elles appartenaient à la même; ainsi dans l'exemple suivant..................

il semble se trouver une succession peu régulière du 1.er au 3.me dégré (3.ce supérieure allant d'un ton majeur sur un ton mineur;) mais il n'en est pas ainsi, puisqu'on module en MI mineur, et que le second accord appartient déjà à cette nouvelle gamme et non à celle D'UT: de sorte que la véritable succession des fondamentales est la suivante, exemple....................

qui par conséquent est très régulière, puisqu'on y va du 1.er dégré au 1.er dégré, et qu'on peut répéter le même accord à l'infini. De même, dans l'exemple suivant.........

la véritable succession des fondamentales est celle-ci,...........

(Chant à accompagner d'une basse chiffrée, et à réaliser à 3 et 4 parties.)

DE LA MANIÈRE DE S'EXERCER
DANS LES MODULATIONS DES TONS RELATIFS.
Leçon 3.me

(SS. 81.) Pour bien apprendre à moduler dans les tons relatifs, on cherchera plusieurs manières d'aller d'un ton donné (ton primitif) dans tous ses relatifs, en passant par le ton primitif à chaque modulation.
Exemple: I.° D'UT majeur en RÉ mineur, et de RÉ mineur en UT majeur......

2.° D'UT majeur en MI mineur, et de MI mineur en UT majeur.

3.° D'UT majeur en FA majeur, et de FA majeur en UT majeur.

4.° D'UT majeur en SOL majeur, et de SOL majeur en UT majeur.

5.° D'UT majeur en LA mineur, et de LA mineur en UT majeur, en revenant toujours dans le ton primitif: mais il n'est pas nécessaire de suivre strictement l'ordre dans lequel nous venons de présenter ces modulations.

(BASSE À REMPLIR.)

(1). Le but des modulations est de varier les gammes, et d'empêcher ainsi la monotonie des sons et des cadences. Il ne faut pas oublier qu'on ne module réellement que lorsqu'on fait entendre une note étrangère au ton où l'on est.

On fera le même exercice en partant d'autres tons primitifs majeurs ou mineurs, et en indiquant toujours le ton et le dégré comme dans l'exemple A; puis on s'exercera À MODULER D'UN TON RELATIF À UN AUTRE TON RELATIF: Ce cas présente plus de difficulté, parceque deux tons relatifs du même ton primitif ne le sont pas toujours entr'eux: ainsi, SOL majeur et FA♯ mineur qui sont relatifs du ton de RÉ MAJEUR ne le sont pas entr'eux, parcequ'ils diffèrent de plus d'un accident à la clef, pour bien les enchaîner, on peut:

1° PASSER PAR LE TON PRIMITIF: exemple....

2° PAR CELUI QUI A LE MÊME NOMBRE D'ACCIDENTS À LA CLEF: Ex:....

3° FRAPPER DES ACCORDS QUI SOIENT COMMUNS AUX DEUX GAMMES, ET PRÉPARER AINSI CEUX QUI RENFERMENT CES NOTES CARACTÉRISTIQUES, Exemple.

4° EMPLOYER DEUX OU TROIS ACCORDS INTERMÉDIAIRES POUR ADOUCIR LA TRANSITION D'UNE GAMME À UNE AUTRE, Exemple..............

On cherchera plusieurs manières de moduler en partant d'un ton primitif MI mineur, par exemple......

De MI mineur en FA♯ mineur, et de FA♯ mineur en MI mineur.

De FA♯ mineur en SI mineur, et de SI mineur en FA♯ mineur.

De SOL majeur en LA mineur, et de LA mineur en SOL majeur.

De LA mineur en SI mineur, et de SI mineur en LA mineur.

De SI mineur en UT majeur, et de D'UT majeur en SOL mineur.

De FA♯ mineur en UT majeur, et de D'UT majeur en FA♯ mineur.

BASSE À REMPLIR

Basse à Chiffrer.

CHANT.

(On fera bien de ne réaliser ce chant que lorsqu'on aura vu les demi-modulations.)

(SS. 82.) REMARQUES. Un des meilleurs moyens d'enchaîner deux gammes différentes, est de prendre un accord qui soit commun à ces deux gammes; de cette manière, les modulations deviendront plus douces, quoiqu'elles se fassent souvent dans les tons relatifs de seconde classe; elles seront plus élégantes et plus variées, parcequ'on ne débutera pas tout de suite par l'accord du 5ᵐᵉ dégré; Exemple:

en Ut

On voit par cet exemple qu'on peut parcourir différentes gammes sans employer les accords qui renferment les notes caractéristiques, il est certain qu'il faudrait les faire entendre si on voulait rester dans un ton nouveau; mais les modulations qu'on prépare par les moyens que nous venons d'indiquer sont toujours correctes et agréables; en effet, en allant de SI♭ en FA (les deux tons majeurs) si le dernier accord de SI♭ est UT, nous y trouverons un MI♭ qui contrarie la gamme de FA, tandis qu'en prenant l'accord de sol qui appartient aux deux gammes, on pourra ensuite attaquer la dominante de FA, pour entrer dans ce

ton: Exemple:

(SS. 83.) En général, pour que les modulations ne soient pas étranglées et dures, on emploie au moins deux accords intermédiaires pour passer d'une gamme dans une autre; ces accords intermédiaires peuvent avoir toutes sortes de valeurs

Un ton mineur est aussi relatif d'un ton majeur, et, VICE VERSÀ, un ton majeur d'un ton mineur: ainsi, on peut très bien moduler D'UT mineur en UT majeur, et D'UT majeur en UT mineur; on peut encore moduler à la dominante de la dominante, comme D'UT majeur en RÉ majeur, et à la sous-dominante de la sous-dominante, comme D'UT majeur en SI♭ majeur; mais il ne faut pas rester trop longtemps dans ces nouveaux tons, et l'on doit revenir le plutôt possible dans un des six tons relatifs.

Dans tout morceau de musique, le ton primitif doit prédominer. (2)

Il existe un autre genre de modulations que l'on fait en parcourant périodiquement tous les tons de **DOMINANTE EN DOMINANTE**, sans que l'oreille en soit blessée: ainsi, on va de SOL en RÉ, de RÉ en LA, de LA en MI...etc: mais ces modulations qui ne peuvent séduire qu'un commençant sont pauvres et de mauvais goût, parcequ'elles procèdent toujours de dominante en dominante, et qu'elles produisent de la monotonie par leur uniformité: il faut au contraire se renfermer dans les six tons relatifs, et former son discours musical avec toutes les ressources harmoniques qu'ils offrent: quelquefois seulement, lorsqu'on veut étonner, émouvoir son au-

---

(1) Nous avons dit dans la 1ᵉ partie que le chromatique en descendant s'écrivait ordinairement avec des bémols, parceque les **BÉMOLS** servent à baisser les notes d'un demi-ton: cette remarque s'applique surtout à la mélodie, car dans l'harmonie tout dépend des accords et des modulations. Ainsi, dans l'exemple suivant il faut RÉ ♯ et non MI♭, parceque l'accord de SI l'exige: Exemple

(2) L'accord de 7ᵐᵉ Dominante décide le ton, celui de 9ᵐᵉ caractérise le Mode.

ditoire, et qu'on a à peindre des situations extraordinaires, on fait des modulations dans les tons éloignés, mais on se hâte de revenir dans le ton primitif, ou dans celui de sa dominante; et voici à peu près la marche que l'on doit suivre, en coupant de temps en temps chaque phrase par les MODULATIONS PASSAGÈRES dont nous allons parler: Exemple:

PLAN D'UN GRAND MORCEAU DE MUSIQUE.

Toutes ces modulations doivent être terminées par la cadence parfaite, ou imparfaite. (2)

DES FAUSSES RELATIONS.

Leçon 4me.

(SS. 84.) Quand une ou plusieurs notes changent CHROMATIQUEMENT, et que ce changement n'a pas lieu dans la même partie, on fait UNE FAUSSE RELATION; Exemple . . . .

REGLE. ON ÉVITE LA FAUSSE RELATION, EN AYANT SOIN QUE LE CHANGEMENT CHROMATIQUE SE FASSE DANS UNE SEULE ET MÊME PARTIE; Exemple:

Il ne faut pas doubler, autant qu'on pourra, la note qui fait ce changement chromatique; Exemple . . . .

si on la double, on doit l'isoler avant que ce changement ne s'opère: Exemple . .

ou bien on fait marcher les deux notes doublées par mouvement contraire, c'est-à-dire, que l'une fait l'altération, tandis que l'autre procède ordinairement par degré conjoint, et en sens opposé; Exem-

ple . . . .

mais l'exemple suivant serait mauvais, parceque l'altération du FA ne se fait pas dans la même partie, exemple . . . .

(1) On développe un motif principal par les modulations et les imitations. C'est en le reproduisant dans d'autres tons, dans d'autres parties, et en l'accompagnant différemment qu'on l'imite, et qu'on le rend plus intéressant. Nous ne parlerons de tous les autres genres d'imitations que dans la 4e partie de cet ouvrage, ce que nous venons de dire doit suffire à l'élève, qui se conformera aussi au plan que nous avons tracé pour le ton majeur, comme pour le ton mineur.

(2) Chaque fois qu'une phrase finit par une modulation, il faut que cette nouvelle tonique tombe sur un temps fort en modulant, on doit autant que possible préparer la 7me dominante, et donner sa résolution naturelle à la note sensible. Nous avons déjà dit dans la 1re partie que c'est en modulant surtout qu'on doit éviter les fautes de 5tes (voyez Page 24, dans le nota.)

REMARQUE. La fausse relation est défendue surtout pour les voix, parcequ'il est difficile et de mauvais goût que deux parties différentes attaquent successivement la même note altérée par un accident; et que d'ailleurs, lorsque l'altération ne se fait pas dans la même partie, la marche de la mélodie devient douteuse, embarrassée, et produit souvent un effet désagréable.

Dans les modulations, il faut éviter en général de doubler la note sensible, parcequ'alors elle n'a qu'une seule manière de se résoudre.

(Au chapitre des **NOTES ACCIDENTELLES**, nous verrons quelques exemples de fausses relations tolérées.)

L'élève écrira des chants et des basses avec des modulations dans les tons relatifs.

(SS. 85.) EXCEPTIONS. Le cas suivant est toléré, surtout lorsque la fausse relation se fait entre la basse et une partie intermédiaire: Exemple..............................

on aurait tort pourtant de proposer ce cas comme une règle, lorsqu'on peut le rendre plus correct en l'écrivant de la manière suivante, et sans changer les accords: Exemple..........

la fausse relation est encore permise, lorsque la note altérée (1er VIOLON, ou 1re FLÛTE. &. est frappée au même diapason par deux parties, dont le timbre est le même, deux violons ou deux flûtes, par exemple...... (2d VIOLON, ou 2de FLÛTE. &.

comme les deux MI sont au même diapason, l'oreille entend ce qui suit: Ex: mais on devrait rejeter cet exemple en écrivant pour des voix, à cause de la difficulté d'intonation. En effet, dans la partie supérieure, on aurait de la peine à attaquer le MI ♮, après avoir entendu le MI ♭ dans l'accord précédent.

Le cas suivant ne doit pas être regardé comme fausse relation, exemple ......

ACCOMPAG!

comme on le voit par la première partie de l'accompagnement, les deux voix égales chantent alternativement une gamme chromatique.

(SS. 86.) La fausse relation est permise entre deux accords qui sont séparés par des pauses, surtout lorsqu'ils accompagnent un RÉCITATIF; Exemple:

Récitatif:

on voit aussi par la dernière mesure qu'il n'est pas toujours nécessaire de faire la résolution des notes qui ont une marche forcée dans la même partie qui les a fait entendre. Malgré toutes ces licences, nous engageons l'élève à écrire aussi purement qu'il le pourra, et à préférer toujours LE BIEN à ce qui n'est que TOLÉRÉ.

CE QU'ON APELLE CHANGER DE TON.

(SS. 87.) Lorsque deux tons sont relatifs, on peut les enchaîner sans faire une modulation avec une phrase particulière: cela s'appelle CHANGER DE TON; Exemple:

Au signe ⊹ il y aurait modulation, si entre L'UT et le LA on ajoutait la phrase suivante; exemple .... et celle-ci, au signe Ø entre le LA et le SOL, Ex:

Mais si, après la gamme D'UT MAJEUR, on attaque immédiatement celle de LA MINEUR, et après celle-ci la gamme de SOL MAJEUR, on ne fait que CHANGER DE TON, parcequ'on ne module pas par une phrase particulière suivie d'une cadence parfaite dans le nouveau ton.

DES MODULATIONS DANS LES TONS ÉLOIGNÉS.

Leçon 5me

(SS. 88.) Les modulations dans les tons éloignés sont plus difficiles que les précédentes, elles exigent plus de tact et de sentiment harmonique, puisqu'on ne peut guère les asservir à des règles fixes; elles se font presque toujours avec les accords de plus de trois sons, (1) Exemple ....

On peut aussi, sans préparation, passer du majeur au mineur, ET VICE VERSÂ, du mineur au majeur, exemple .... ce cas offre un moyen de moduler dans un ton éloigné, comme de RÉ MAJEUR en FA MAJEUR; exemple

il permet aussi, en partant d'un ton majeur ou mineur, de moduler dans tous les relatifs du même ton mineur ou majeur; Exemple ....

En allant de l'accord D'UT majeur à l'accord D'UT mineur, on peut très bien moduler en MI ♭, qui est relatif de première classe de ce dernier. (UT mineur)

(1) On les fait surtout avec les accords de 7mes diminuées. On peut aussi, dans une succession ascendante ou descendante de 7mes diminuées, faire monter ou descendre toutes les dissonances par demi-tons

On va souvent encore dans les tons éloignés avec deux ou trois accords intermédiaires; Ex:  ou bien avec un accord commun aux deux gammes qu'on veut unir;

en partant de ce dernier accord (FA, MI) on peut donc moduler dans tous les relatifs de FA MINEUR, et de ces relatifs dans leurs relatifs.

(SS. 89.) REMARQUE. Les Modulations dans les tons qui augmentent en bémols sont en général plus agréables que celles qui se font dans les tons qui augmentent en dièses; ainsi, il vaut mieux aller de SOL maj. en SI♭ maj. qu'en SI♮ majeur. Ex: ....

Le N.º 2, ne peut guère se réaliser qu'au moyen de quelques accords intermédiaires.

On peut aller encore dans les tons éloignés par l'unis-son, exemple........ ou après une pause, Exemple.....

ou bien avec un trait exécuté par une seule partie, Exemple.........

ou enfin par les cadences rompues, Exemple......... Souvent aussi, quand on veut surprendre, on attaque un ton éloigné sans préparation: Exemple....................

en résumé, l'expérience et le sentiment harmonique sont les meilleurs guides dans ces modulations.

OBSERVATION. C'est au moyen de ces modulations dans les tons éloignés qu'on peut faire une MARCHE DE SIXTES par demi-tons, tant en montant qu'en descendant, Exemple.....

BASSE A REMPLIR

(*L'élève composera des chants et des basses.*)

DES MODULATIONS OU TRANSITIONS ENHARMONIQUES.

LEÇON 6ᵐᵉ.

(SS. 90.) Ainsi que nous l'avons dit dans la 1ʳᵉ partie, (page 9. SS. 3.) deux notes différentes, représentant au moyen d'accidents le même son sur le piano,

appartiennent au genre enharmonique : Exemple............ CES TRANSITIONS ENHARMONIQUES

se font réellement par quart de ton, et ne peuvent se faire sentir que dans certains instruments ; mais comme en harmonie notre plus petit intervalle est le DEMI-TON, et que la différence d'un QUART DE TON n'est point sensible à l'oreille, lorsque nous voudrons moduler dans les tons éloignés, nous pourrons nous servir aussi du GENRE ENHARMONIQUE, qui nous permet de prendre l'une pour l'autre deux notes différemment écrites, comme, par exemple, un UT ♯ pour un RÉ ♭, et un RÉ ♭ pour un UT ♯.

MANIÈRE DE MODULER.

(SS. 91.) On module, 1° par le DEMI-TON enharmonique, ex :

On peut attaquer sur cette seconde note tout accord dont elle est partie intégrante, en ayant soin de le préparer, s'il en a besoin.

2°. En représentant, au moyen d'accidents, le même accord par d'autres notes : Exemple............

(ici, la mutation enharmonique est réelle ; on peut aussi la faire d'une manière supposée :) Exemple............

------

(1) Ce trait o————o indique que toutes les parties doivent marcher à l'unisson ou à l'octave avec celle qui est écrite. (Ces traits à l'unisson par toutes les parties, lorsqu'ils sont employés avec intention, loin d'être regardés comme FAUTES D'OCTAVE, produisent, par leur contraste avec l'harmonie pleine, un effet prodigieux ; nous en parlerons à la fin de cette seconde partie, Page 115.)

(2) TASTO SOLO veut dire ici que toutes les autres parties doivent se taire.

(3) La différence réelle qui existe entre les deux notes d'un intervalle enharmonique s'appelle COMMA, ou DIÉSIS ; on l'exprime par la fraction $\frac{125}{128}$. Dans la pratique, on met indifféremment l'une de ces deux notes à la place de l'autre, sans que l'oreille en soit blessée, car cet intervalle n'est appréciable que par le calcul.

(l'accord suivant [♪] représente ici mentalement la 7ᵐᵉ dominante de RÉ ♭; Ex: [♪])

3ᵉ. En faisant le changement enharmonique *(I)* ou deux, ex:

par une seule note exemple................ [♪]

ou trois [ ] ou enfin par les 4

notes: Ex: [♪] notes de l'accord. Ex: [♪] C'est au moyen de ces transitions enharmoni-

ques qu'on peut moduler subitement dans les tons les plus éloignés: Ex: [♪]

(SS. 92.) REMARQUE. Ces modulations enharmoniques se font ordinairement avec l'accord de 7ᵐᵉ dimi-

nuée dont chaque note peut devenir SON fondamental, ou note sensible, (2) et se résoudre chaque fois dans

un nouveau ton éloigné. Prenons maintenant l'accord [Sa résolution naturelle (3) se fe-

de septième diminuée sur la note SOL ♯, Exemple........ ra sur l'accord mineur (LA, UT, MI.) [♪]

Si nous prenons le SI ♮ comme note

fondamentale, il deviendra note sensible, *Ici le SOL♯ se change en-harmoniquement en LA♭.* Si au lieu de la 3ᶜᵉ, nous prenons dans

et devra se résoudre sur l'accord mi- l'accord SOL♯, SI, RÉ, FA, la quinte RÉ

neur d'UT MI ♭, SOL; Exemple........ *On passe en UT MINEUR.* pour nouvelle note sensible, Exemple.. [♪]

nous aurons en faisant deux changements

enharmoniques, un autre accord de 7ᵐᵉ dimi- *Ici le SOL♯ est converti en LA♭, et le SI♮ en UT♭.* On peut enfin prendre pour son fon-

nuée qui devra se résoudre sur l'accord mi- damental, ou note sensible la 7ᵐᵉ elle-mê-

neur MI♭, SOL♭, SI♭: Exemple............ *On va en MI♭ mineur.* me (fa), et moduler ainsi sur un nouvel

Ici le SOL♯ est devenu LA♭, le SI♮, UT♭, et le RÉ♮, MI♭. on peut donc avec le même accord de 7ᵐᵉ

accord mineur; Exemple... diminuée, et au moyen de ces mutations enhar-

On module en SOL♭ majeur, ou min: moniques passer dans quatre tons différents,

très éloignés les uns des autres; ces passages bien ménagés, et conduits avec art, produisent toujours de l'ef-

fet: on peut encore, en faisant résoudre l'accord de 7ᵐᵉ diminuée par exception, opérer de nouvelles modulati-

ons dans les tons les | SOL♯ remplaçant LA♭. | SOL♯ pour LA ♭. | SOL♯ pour LA ♭. | SOL ♯ pour LA ♭: SI ♮ pour UT♭:

plus éloignés: Exemple.......

SOL♯ pour LA ♭. | SOL♯ pour LA♭. | FA ♯ pour MI♭. | FA ♯ pour MI♭. | FA♯ pour MI♭. avec la tierce du même ac-
SI ♮ pour UT ♭. | SI ♮ pour UT ♭. | & cord servant de note sensible.

SI♮ pour UT♭. | SI♮ pour UT♭. | LA♭ pour SOL♯. | LA♭ pour SOL♯. | SI♮ pour UT♭. | LA♭ pour SOL♯.

(1) Nous parlerons aux accords altérés de la sixte augmentée qui peut aussi servir à moduler dans les tons éloignés par le moyen de l'enharmonie

(2) Lorsque la fondamentale est retranchée, la note la plus grave d'un accord de 7ᵐᵉ diminuée, est toujours une **NOTE SENSIBLE**.

(3) La 7ᵐᵉ diminuée qui dérive de l'accord de neuvième mineure sans fondamentale doit se résoudre sur un accord mineur. Il ne faut pas oublier que dans tout accord de 7ᵐᵉ diminuée la véritable fondamentale est toujours sous-entendue. Ce n'est donc que par exception qu'on peut
faire résoudre l'accord de 7ᵐᵉ diminuée sur un accord majeur.

en rendant la quinte (ré) note sensible; Exemple ....

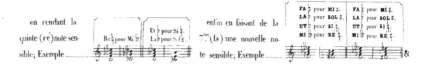

enfin en faisant de la 7.me (la) une nouvelle note sensible; Exemple ....

La 7.me diminuée offre donc des moyens à l'infini de moduler dans les tons éloignés, il ne faut pourtant pas abuser de ces transitions enharmoniques. Elles produisent sans doute beaucoup d'effet; mais employées trop souvent, elles deviennent fatigantes et maniérées. Une modulation franche et naturelle a cent fois plus de mérite aux yeux des hommes de goût, et des véritables compositeurs.

(Basse à remplir.)

DES DEMI-MODULATIONS, OU MODULATIONS PASSAGÈRES.

Leçon 7.me

(SS. 95.) Une modulation n'est entière que lorsque le nouveau ton est déterminé par une cadence; Exemple ....

elle n'est que **DEMI-MODULATION**, lorsqu'elle se fait dans le courant d'une phrase, et que le ton auquel elle appartient n'est pas déterminé par une cadence;

cette phrase qui commence et finit en **UT** contient cependant un accord étranger à cette gamme, fa ♯; il annonce une modulation en **SOL** sans l'achever, puisque l'harmonie retourne aussitôt en **UT**: c'est ce qu'on appelle **DEMI-MODULATIONS, OU MODULATIONS PASSAGÈRES**; elles se rencontrent en foule dans la musique moderne, elles rendent l'harmonie plus riche et plus élégante; on les emprunte non seulement aux tons relatifs, mais encore à d'autres qui sont très éloignés: il serait difficile de fixer des règles pour leur emploi, le goût et le sentiment peuvent seuls nous guider. (2)

(Basse à remplir)

Tous les accords étrangers sont marqués d'une ✕.

(1) **TASTO SOLO**, signifie la basse seule.

(2) Un des meilleurs moyens d'obtenir ces demi-modulations, est de changer chromatiquement une ou deux notes de l'accord; Exemple ....

Autres exemples de demi-
modulations.

(SS. 94.) REMARQUES. Il peut se trouver dans le courant d'une phrase une ou plusieurs autres phrases écrites dans différents tons, sans qu'il y ait modulation entière; Exemple;

Ainsi que nous venons de le voir, le QUART DE CADENCE ne suffit pas pour déterminer un nouveau mode.

Les modulations entières, et les demi-modulations peuvent aussi se trouver réunies; Exemple,

Les demi-modulations offrent un moyen de plus pour moduler dans les tons éloignés; Exemple,

Ainsi que nous l'avons dit dans l'introduction de cette seconde partie (Page 68.SS.74), la plupart de ces modulations produiraient un mauvais effet, si on faisait trop sauter les parties dans la réalisation. De plus, dans les modulations, comme dans l'enchaînement harmonique, il vaut toujours mieux que les accords qu'on veut unir aient une ou deux notes communes, surtout lorsqu'on module dans les tons éloignés.

Voici un exemple du PLAN que nous avons donné page 74.(Chapitre 1er, SS. 83.)

(1) L'exemple suivant n'est pas regardé comme **FAUSSE RELATION,** parceque le **SOL** ♭ remplace enharmoniquement le **FA** ♯, Exemple ....

Le premier accord correspond au suivant, Exemple. (Accord altéré, dont nous parlerons bientôt.)

(2) D'après notre système, il nous serait impossible de former un accord avec ces trois notes **SI** ♭, **MI** ♭, **FA** ♯; mais si nous nous rappelons ce qui a été dit dans l'introduction (Page 6, 88. I.) sur l'emploi de certains intervalles par l'enharmonique, nous substituerons le **SOL** ♭ au **FA** ♯ qui le remplace enharmoniquement, et nous obtiendrons l'accord bien connu de sixte-quarte; Exemple...........

Troisième Partie. (1)

(1) La première partie termine en Si ♮, dominante de Mi ♮, (ton primitif); dans la seconde, on attaque des tons éloignés, et l'on finit encore à La do-

minante du ton principal; la troisième partie commence et finit en Mi ♮.

84

CHAPITRE 2^d

DE LA MANIÈRE DE CONSTRUIRE L'HARMONIE

SOUS UNE PARTIE SUPÉRIEURE.

Leçon 8me

(SS. 95.) Nous avons déjà parlé dans la 1re partie, (Page 37, SS. 31.) de la manière d'accompagner un chant donné par une basse chiffrée, il nous reste maintenant à dire comment on doit analyser cette partie chantante sous le rapport des cadences et des modulations:

1° QUAND ON VEUT CRÉER L'HARMONIE SOUS UNE PARTIE SUPÉRIEURE, ON EXAMINE D'ABORD LE CHANT SOUS LE RAPPORT DU TON ET DES MODULATIONS;

Exemple ....

Pour rendre ce travail plus facile, nous devons dire à l'élève qu'il existe des modulations dans la mélodie, abstraction faite de l'harmonie; en effet, la mélodie peut moduler par elle seule dans les cinq

_____

(1) Ici la modulation en La ♭ (sous-dominante de Mi ♭) n'est que passagère comme on le voit par l'accord de MI ♭, SOL, SI ♭, RÉ ♭, qui ne fait pas même sa résolution sur l'accord de LA ♭, UT, MI ♭.

tons relatifs de celui dans lequel elle a commencé; Exemple,

Si elle n'était pas soutenue par l'harmonie, la mélodie ne devrait pas moduler dans des tons éloignés, parcequ'elle ne pourrait pas lier par elle seule des gammes hétérogènes; elle peut pourtant passer du mineur au majeur, et du majeur au mineur: elle fait aussi des modulations passagères, et entières.

Toutes ces modulations se font par les accidents et surtout par les cadences; mais celui qui possédera à fond la théorie des accords rendra ces modulations plus régulières, parcequ'il saura les rapporter à une basse harmonique.

2.° LORSQU'ON A INDIQUÉ, AINSI QUE NOUS L'AVONS FAIT DANS L'EXEMPLE PRÉCÉDENT, TOUTES LES MODULATIONS, ON CHERCHE LES DIFFÉRENTES CADENCES QUI SE TROUVENT PLUS OU MOINS DÉTERMINÉES DANS LE CHANT DONNÉ;

(SS. 96.) Il existe aussi des CADENCES MÉLODIQUES. elles ne se font ordinairement que sur les temps forts de la mesure, et rarement sur une partie forte des temps. Ces cadences mélodiques sont déterminées comme dans l'harmonie par le sens et le repos de la phrase.

CADENCE PARFAITE.

La mélodie tombe toujours sur la tonique de la gamme du ton où l'on est, et sur le temps fort de la mesure, excepté dans un andante, où elle peut tomber sur le second temps fort.

DEMI–CADENCE.

La mélodie s'arrête sur une des trois notes de l'accord de dominante; elle peut se faire sur le temps faible de la mesure.

CADENCE ROMPUE.

La mélodie, au-lieu de s'arrêter sur la tonique, saute sur une autre note, et sur un temps fort.

(Nous devons nous rappeler qu'on peut rompre les cadences par l'harmonie.)

QUARTS DE CADENCES.

Ces quarts de cadences sont des repos très faibles; la mélodie les fait en s'arrêtant sur une note quelconque avant que le sens de la phrase n'arrive à un repos de cadence parfaite, ou de demi-cadence.

REMARQUE. Tout ce que nous avons dit dans la Ire partie (Page 48, chapitre 5me) pour les cadences harmoniques est applicable ici, elles servent donc à la ponctuation de la phrase musicale.

3°, APRÈS AVOIR INDIQUÉ LES MODULATIONS ET LES CADENCES, ON CRÉE SOUS CETTE PARTIE DONNÉE UNE BAS-SE CHIFFRÉE QUI SE CONFORME À L'UN ET À L'AUTRE DE CES DEUX CAS; Exemple.................................

Puis, l'on dispose la basse et le chant sur quatre portées, et l'on remplit les deux parties intermédiai-res, comme nous l'avons déjà fait dans la Ire partie (Page 37 SS 31.): le chant donné peut être au ténor, au contr'alto, ou au soprano.

Sous un chant donné, on peut trouver une infinité de basses; les meilleures sont celles qui se confor-ment aux cadences, et aux modulations les plus naturelles de la mélodie.

(L'élève composera des parties supérieures qui devront être corrigées avant qu'il y fasse une basse. (1) Ce n'est que par les cadences qu'il pourra déterminer la mesure qui leur convient.

(1) Il cherchera sous cette 1re partie, 1° des accords de trois sons, 2do des accords de 7mes, 3° des modulations, puis enfin tout ensemble.

L'élève doit bien se rappeler qu'une basse est vicieuse lorsque les quartes justes qu'elle renferme ne sont pas préparées, et n'ont pas une résolution convenable sur l'accord suivant; nous lui recommandons aussi de ne pas trop employer le second renversement des accords, parcequ'il donne un effet moins satisfaisant que les autres.

On peut aussi, sous un chant donné, créer différentes basses harmoniques, pourvu que chaque accord dissonnant fasse sa résolution convenable, que les modulations soient franches, qu'on évite les fautes de fausses relations, et que la musique soit toujours bien phrasée par les cadences.

Sur une seule note on peut trouver une foule d'accords, soit qu'on reste dans le même ton, soit qu'on module; pour savoir la quantité d'accords qu'il est possible de prendre sur une note, il faut chercher tous ceux dans lesquels elle peut entrer comme note intégrante. C'est ce qui fait qu'on peut accompagner un même chant de plusieurs manières. C'est un exercice que nous conseillons à l'élève (I)

CHAPITRE 3ᵐᵉ.

Leçon 9ᵐᵉ

DES TROIS SEPTIÈMES DÉRIVÉES.

Iᵉ SEPTIÈME DE SECONDE ESPÈCE,

(Accord Mineur, avec 7ᵐᵉ Mineure.)

(SS. 97.) L'accord de 7ᵐᵉ de seconde espèce se compose de FONDAMENTALE, TIERCE MINEURE, QUINTE JUSTE, SEPTIÈME MINEURE, et se place sur le second dégré d'une gamme majeure; Exemple... En UT majeur.

Pour sa préparation, sa résolution, et son enchaînement harmonique, il se conforme à tout ce que nous avons dit dans l'introduction (Page 67, SS 73.): ainsi, la septième doit toujours être préparée et résolue en descendant d'un dégré; Exemple.............................. En Ut.

Il a ses trois renversements. On le chiffre de la manière suivante: Exemple......

Sa résolution naturelle par 5ᵗᵉ inférieure, ou 4ᵗᵉ supérieure se fait sur la dominante de sa gamme.

---

(1) On pourrait faire chercher à l'élève tous les accords renversés ou non renversés qui peuvent se placer sur une note.

EXCEPTIONS. Les exceptions de résolution de cet accord sont plus rares que celles de la 7.ᵐᵉ dominante; voici les plus usitées:

REMARQUE. Il ne faut pas oublier que, dans les exceptions de résolution, son enchaînement harmonique doit être le même que celui de l'accord de trois sons sur lequel il est formé, et qu'il faut toujours préparer la 7.ᵐᵉ et la faire résoudre d'après la règle, ou les exceptions que nous avons données dans l'introduction. (Page 67, 88, 75.) (1)

Cet accord se place encore sur le troisième et le sixième dégrés de la gamme majeure, et sur le quatrième de la gamme mineure. Il suit les mêmes règles, et ne s'emploie presque lors que dans les marches harmoniques, dont nous allons parler: Exemple.....

Dans ce dernier cas, l'accord de 7.ᵐᵉ ne peut se résoudre que par exception; en effet, la fondamentale d'un accord dissonant doit se résoudre par 4.ᵗᵉ supérieure, et l'accord, sur lequel nous devons faire la résolution de cette septième prise sur le 4.ᵐᵉ dégré en mineur, n'existe pas comme accord fondamental. Ici, l'accord Ré, Fa, La, Ut, devrait aller sur celui de Sol♯, Si, Ré, ou 7.ᵐᵉ dégré de la gamme mineure, mais nous savons que l'accord que l'on trouve sur le 7.ᵐᵉ dégré d'une gamme n'est autre que celui du 5.ᵐᵉ dégré pris sans fondamentale; ainsi, en allant du 4.ᵐᵉ dégré sur le 7.ᵐᵉ, les fondamentales s'enchaînent réellement par seconde supérieure, et par conséquent par exception; Exemple ....

La véritable fondamentale du second accord est MI, et comme celle du 1ᵉʳ est RÉ, les fondamentales s'enchaînent donc par seconde supérieure, et non par 4.ᵗᵉ supérieure.

(1) On trouve souvent, même dans les bons auteurs, cette 7.ᵐᵉ frappée sans préparation lorsqu'elle est prise sur le 2ᵈ dégré d'une gamme majeure; cela vient de ce que la 5ᵐᵉ note de l'accord est toujours la tonique, que l'oreille entend, lors même qu'elle est sous-entendue, mais il est bien qu'elle ait été entendue dans l'accord précédent. On peut la frapper aussi sans préparation par dégrés conjoints, en faisant rester la fondamentale en place, Ex ....

2.º *SEPTIÈME DE TROISIÈME ESPÈCE.*

(*Accord diminué avec 7.ᵐᵉ Mineure.*)

Leçon 10.ᵐᵉ

(SS. 98.) L'accord de septième de troisième espèce se compose de FONDAMENTALE, TIERCE MINEURE, QUINTE DIMINUÉE, et SEPTIÈME MINEURE; il se place sur le second dégré d'une gam-me mineure: Exemple ....

Il suit les mêmes règles que l'accord précédent (la 7.ᵐᵉ de 2.ᵈᵉ espèce) tant pour la préparation et la résolution de sa septième, que pour son enchaînement harmonique. (2)

Il a ses trois renverse-ments. Voici la manière de le chiffrer ....

Sa résolution naturelle (par 5.ᵗᵉ inf: ou 4.ᵗᵉ sup:) se fait sur la dominante de sa gamme.

Ses exceptions de réso-lution sont très rares, voici les plus usitées. Exemple ....

(Basse à remplir.)

(1) Il ne faut pas confondre cet accord avec la neuvième majeure sans fondamentale qui peut se frapper sans préparation (Voyez page 59 SS 65 chapitre 7ᵐᵉ); il sera toujours facile de les distinguer par le ton dans lequel on sera, dans cet exemple... le N.º 1. donne une 9ᵐᵉ, et le N.º 2, une 7ᵐᵉ; ce qu'il ne faut pas confondre.

(1) On pourrait aussi frapper sans préparation la 7ᵐᵉ de cet accord, ainsi que nous l'avons fait pour celle de l'accord précédent.

SEPTIÈME DE QUATRIÈME ESPÈCE

(Accord majeur avec 7ᵐᵉ Majeure)

Leçon 11ᵐᵉ

(SS. 99.) L'accord de septième de quatrième espèce se compose de **FONDAMENTALE**, **TIERCE MAJEURE**, **QUINTE JUSTE**, et **SEPTIÈME MAJEURE**, Exemple ....

il se place sur les 1ᵉʳ et 4ᵐᵉˢ dégrés en majeur, et sur le 6ᵐᵉ en mineur.

Il suit les mêmes règles que les deux accords précédents, et s'emploie principalement dans les marches harmoniques.

Il a ses trois renversemens, et se chiffre de la manière suivante, Exemple ....

Sa résolution naturelle se fait par 4ᵗᵉ supérieure, ou 5ᵗᵉ inférieure, n'importe le dégré sur lequel on le place.

Cette septième est la plus dure de toutes, et s'emploie rarement. Ses exceptions de résolution sont très rares; voici les plus usitées: Exemple ......

OBSERVATIONS. (SS. 100) Les anciens retranchaient la quinte des 7ᵐᵉˢ dérivées, et les regardaient comme le produit des suspensions, Exemple ....

Il suffit, pour préparer une dissonnance, qu'elle soit entendue dans l'accord précédent, n'importe à quelle place, et à quelle partie; Exemple ....

(1) Il ne faut pas oublier que la 7ᵐᵉ doit toujours être préparée et résolue d'après ce que nous avons dit à l'introduction. (Page 67, SS. 75.) Cette 7ᵐᵉ ne peut jamais se frapper sans préparation, si ce n'est comme **APPOGIATURE**, ainsi que nous le verrons dans la 3ᵐᵉ Partie.

(2) On peut aussi la préparer par la fondamentale; voyez le **NOTA** de la page 88 .

La 7me de 4e espèce ne peut jouir de cette licence que dans une marche harmonique.

On peut frapper un accord de septième à chaque temps de la mesure, pourvu que la dissonnance soit préparée, et résolue d'après la règle ou les exceptions (Voyez page 67, SS 73.) lorsqu'on n'emploie qu'une 7me dans une mesure, il vaut mieux qu'elle soit préparée au temps faible,(1) frappée au temps fort, et résolue au temps faible; Exemple......................

On en excepte la 7me dominante, et la 7me de seconde espèce dans cette formule de cadence, Exemple, ... ou ..... on peut aussi violer cette règle en faveur des autres septièmes.

Les anciens défendent de frapper une septième dérivée au temps faible de la mesure, lorsqu'elle est dans son troisième renversement, et rejettent par conséquent la marche suivante,

MAUVAIS, parceque les 7mes dérivées se trouvent frappées aux temps faibles de la mesure dans leur troisième renversement.

Adagio.

Exemple,

Cette défense ne paraît pas bien et mal fondée, comme on peut s'en convaincre en écrivant ce der-

Allegro. BON, parceque chaque 7me est frappée sur un temps fort.

nier exemple de la manière suivante, Exemple......................

Même exemple dans un mouvement ALLEGRO, et avec chaque mesure doublée.

REMARQUE. Plus les consonnances sont rapprochées, plus elles sont mélodieuses, c'est le contraire des dissonnances, Exemple.................. plus doux que ..... plus dur que ..... (2)

CHAPITRE 4me

DES ACCORDS ALTÉRÉS.

Leçon 12me

(SS.101.) ALTÉRER, signifie HAUSSER ou BAISSER accidentellement la QUINTE d'un accord d'un demi-ton chromatique; Exemple............

(1) On appelle temps forts les 1er et 3me temps des mesures pair, et le 1er de la mesure impair; dans les mouvements lents, on peut considérer comme temps fort la partie forte de chaque temps.

(2) Nous avons dit (Page 18, SS.12.) que plus un intervalle s'éloigne de la fondamentale, et moins il est mélodieux; cela vient de ce qu'il a alors moins de rapport et d'identité avec elle. (Un intervalle dissonnant ou consonnant est moins harmonieux renversé que pris dans son état direct.)

RÈGLE. ON ALTÈRE TOUS LES ACCORDS QU'ON TROUVE SUR LA DOMINANTE DES DEUX MODES, ET SUR LA TONIQUE DU MODE MAJEUR: Exemple,

L'enchaînement (par 4.ᵉ supérieure, ou 5.ᵗ inférieure) se fait d'après ce que nous avons dit dans l'introduction (Page 67, SS. 73;) on doit éviter aussi de doubler la note altérée, parcequ'elle n'a qu'une seule manière de se résoudre, et qu'on serait obligé de faire deux octaves, ou une résolution irrégulière, ou bien une fausse relation, si on la doublait.

On adoucit la dureté d'un accord altéré, en le faisant précéder du même sans altération, et en observant que le changement chromatique se fasse dans la même partie: on peut néanmoins le frapper sans

préparation. On évitera aussi de disposer l'harmonie de manière à ce qu'il y ait TIERCE DIMINUÉE, la sixte augmentée étant préférable,(1) Ex:

Il ne faut pas oublier que la note altérée se résout en montant conjointement si elle a été haussée d'un demi-ton, et qu'elle se résout en descendant conjointement aussi si elle a été baissée d'un demi-ton, (Voyez page 68 SS. 73;) les autres notes de l'accord conservent leur résolution, il n'y a de changement que pour la note qu'on altère.

REMARQUE. Les accords altérés sont dissonnants, et suivent ce qui a été dit (Page 87 SS. 73 ;) sur l'emploi et la préparation des accords dissonnants.

OBSERVATION IMPORTANTE

SUR LES INTERVALLES AUGMENTÉS ET DIMINUÉS.

(SS. 102.) Les intervalles dissonnants peuvent se diviser en deux classes: ceux dont toutes les notes appartiennent à la même gamme, et que nous appellerons intervalles dissonnants de 1.ʳᵉ classe, sont moins durs que les autres, dont les notes participent en même temps de deux gammes différentes, et que nous rangerons à cause de cela dans la seconde classe: Exemple......................... moins dur que .... (2)

(1) On doit préférer la SIXTE AUGMENTÉE à la TIERCE DIMINUÉE, parceque plus un intervalle dissonnant est éloigné, et moins il est dur. Dans l'harmonie on défend presque toujours la TIERCE DIMINUÉE, parceque les deux intervalles qui la composent produisent un effet presqu'insupportable, à cause de leur proximité; on peut s'en servir pourtant.

(2) La tierce diminuée appartient en même temps à deux gammes différentes: ainsi, dans l'exemple suivant .... le MI♭ ne peut exister que dans une gamme où il y ait au moins deux bémols à la clef (SI♭, ou SOL min,) tandis que la gamme de RÉ MINEUR est le seul ton avec un bémol qui renferme un UT DIÈSE.

En effet, dans le ton D'UT majeur on rencontre ces trois notes SI, RÉ, FA, tandis qu'il est impossible de trouver dans une même gamme un SI ♭, et un RÉ ♭ comme notes naturelles, c'est-à-dire, non altérées.

C'est ce qui explique la dureté si stridente de presque tous les accords altérés; Exemple....

Accords dissonnants de première classe.

Accords dissonnants de seconde classe.

Neuvièmes sans fondamentales.

1° DE L'ALTÉRATION EN MONTANT.

(SS.103.) Tous les accords pris sur la tonique d'un mode majeur, et sur la dominante des deux modes reçoivent cette altération; leur résolution par 4ᵗᵉ supérieure, ou 5ᵗᵉ inférieure se fait sur le quatrième dégré pour les accords de la tonique, et sur la tonique pour ceux de la dominante. (I)

ALTÉRATION DANS LES ACCORDS DE LA TONIQUE, (ou Iᵉʳ degré.)

Accord de quinte augmentée avec ses deux renversements, et la manière de le chiffrer.

En UT Majeur.

Sans renversement.   Premier renversement.   Second renversement.

Cet accord avec ses deux renversements est très usité.

Accord de 7ᵐᵉ de quatrième espèce avec quinte augmentée.

Peu usité à cause de sa dureté.

ALTÉRATION DANS LES ACCORDS DE LA DOMINANTE, (ou 5ᵐᵉ degré.)

Accord de quinte augmenté très usité.

En UT Majeur.

(1) Il serait mal de commencer un morceau de musique par un accord altéré, ou par tout accord qui ne peut être déterminé que par ce qui le précède, comme la sixte augmentée, qu'on peut regarder comme une 7ᵐᵉ dominante.

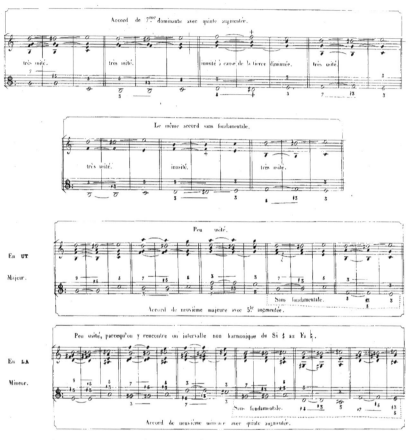

Les neuvièmes majeure et mineure avec 5te augmentée sont très rares, surtout avec leurs fondamentales.

NOTA. *Nous conseillons à l'élève de ne se servir que des accords que nous avons dit les plus usités.*

(SS.104) REMARQUE. Lorsqu'on emploie un accord de quinte augmentée avec un accord pris sur la dominante d'un ton mineur, on est obligé de le faire résoudre sur un accord majeur. Ainsi, dans les exemples ci-dessus, le si ♯ ne pourrait pas aller sur un ut ♮, puisque c'est le même intervalle enharmonique; c'est pour cela que nous avons fait suivre le si ♯ d'un ut ♮, et que nous avons modulé du mineur au majeur. On pourrait pourtant, par exception, faire rester le si ♯ en place, ou le changer enharmoniquement, d'après ce que nous avons dit dans l'introduction,(Page 68§S.74.)

Les exceptions de résolution qui suivent sont au nombre des plus usitées; Exemple,

(1) La quinte juste [notation] n'est pas sensible, parcequ'il le LA ♭ se trouve préparé enharmoniquement par le SOL ♯ qui précède, et l'on

Dans ce dernier exemple l'altération est préparée par la quinte, et le véritable accord de la seconde mesure est celui de **MI♭, SOL, SI♭**.

Le quatrième dégré en majeur et le sixième en mineur reçoivent aussi l'altération en montant; le premier ne peut se résoudre que par exception, Exemple, (I)

(L'élève créera des chants et des basses.)

2°. DE L'ALTERATION EN DESCENDANT.

Leçon 15ᵐᵉ

(SS.105) Tous les accords pris sur la tonique d'un mode majeur, et sur la dominante des deux modes reçoivent cette altération. Leur résolution par 4ᵗᵉ supérieure, ou 5ᵗᵉ inférieure se fait sur le 4ᵐᵉ dégré pour les accords de la tonique, et sur le premier dégré pour ceux de la dominante.

Il ne faut pas oublier de disposer l'harmonie de manière à ce qu'il y ait **SIXTE AUGMENTÉE**, la **TIERCE DIMINUÉE** n'étant pas tolérée, surtout dans la composition sévère.

Ainsi que nous l'avons dit, la note altérée doit se résoudre ici en descendant conjointement.

Les règles de préparation restent les mêmes. pour les exceptions, l'on doit se conformer à ce qui est dit sur l'emploi des dissonnances, (Page 68.SS. 74).

arrive alors par mouvement oblique sur la quinte juste **RÉ♭, LA♭**, puisque le **SOL♯** est la même note que **LA♭**.

(1) Tous les accords altérés, dans lesquels on rencontre des intervalles étrangers au tableau de la page 6, sont inusités, ou rarement employés.

ALTÉRATION DANS LES ACCORDS DE LA TONIQUE, (1er degré.)

NOTA. Nous avons supprimé le 1er renversement, parcequ'il donne une **TIERCE DIMINUÉE** inévitable.

ALTÉRATION DANS LES ACCORDS DE DOMINANTE, (5me degré.)

NOTA. Ces accords se rencontrent très rarement.

Dans les exemples suivants, nous avons placé la 9me majeure au-dessous de la 5te, parcequ'on peut l'employer ainsi, pourvu que ce soit à une certaine distance, et qu'elle soit bien préparée; on pourrait même la placer au-dessous de la fondamentale.

Ces accords sont peu usités. (L'élève fera plusieurs fois ce tableau dans d'autres tons.)

(SS. 106.) Nous avons supprimé le premier renversement, parcequ'il présente une tierce diminuée qu'on ne peut éviter (1), et le troisième qui donne deux quintes de suite par la résolution de la note

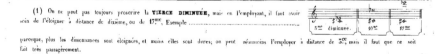

(1) On ne peut pas toujours proscrire la **TIERCE DIMINUÉE**, mais en l'employant, il faut avoir soin de l'éloigner à distance de dixième, ou de 17me. Exemple ....

parceque, plus les dissonances sont éloignées, et moins elles sont dures; on peut néanmoins l'employer à distance de 5te, mais il faut que ce soit fait très passagèrement.

altérée, et de la neuvième, Ex:...... En UT Majeur.

On peut pourtant les éviter en faisant résoudre l'accord de neuvième sur celui de septième dominante; Exemple...

Fautes de quintes évitées.

On pourrait aussi employer le quatrième renversement de la neuvième mineure sans fondamentale, surtout si on le faisait résoudre par exception sur la septième dominante, Exemple....

en LA min.

Elle peut néanmoins se résoudre sur l'accord de la tonique dans son second renv; parcequ la 4te juste qui en provient n'a pas besoin de préparation, Ex:...

Leçon 14me

MANIERE DE SE SERVIR

DE L'ALTÉRATION EN DESCENDANT.

(SS.107.) L'usage le plus fréquent qu'on fasse de l'altération en descendant est dans les accords d'une dominante du mode mineur, dont la fondamentale est prise (EN DEMI-MODULATION) une quinte juste au-dessus de la véritable dominante sur laquelle se fait la résolution.

Supposons, par exemple, le ton D'UT MINEUR dans lequel nous voulions employer cette altération, nous prendrons d'abord l'accord de dominante de cette gamme,(SOL, SI ♮, RÉ:)puis, l'accord de dominante de cette première dominante,(RÉ, FA ♯, LA:)et nous altérerons la quinte de ce dernier accord (le LA ♮ qui deviendra LA♭), nous ferons résoudre ensuite ce dernier accord,(RÉ, FA ♯, LA ♭.) sur celui de SOL, SI ♮, RÉ, dominante D'UT mineur,

Exemple,

En UT Mineur.

L'observation d'adoucir un accord altéré en le faisant précéder du même sous altération n'est pas applicable ici.

REMARQUE. Il ne faut jamais retrancher la quinte d'un accord altéré, car alors on détruirait l'intervalle qui lui donne son nom, et sa qualité.

TABLEAU DES ACCORDS LES PLUS USITÉS AVEC L'ALTÉRATION EN DESCENDANT.

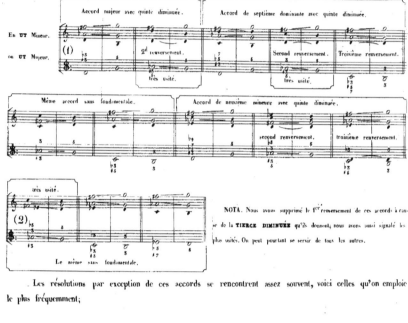

NOTA. Nous avons supprimé le 1ᵉʳ renversement de ces accords à cause de la **TIERCE DIMINUÉE** qu'ils donnent; nous avons aussi signalé les plus usités. On peut pourtant se servir de tous les autres.

Les résolutions par exception de ces accords se rencontrent assez souvent, voici celles qu'on emploie le plus fréquemment;

Ainsi, l'altération en descendant se fait sur la dominante de la dominante d'un ton mineur.

(S.S.108) **REMARQUE.** *Un accord n'est réellement* ACCORD ALTÉRÉ *que lorsqu'il donne un accord nouveau qui soit en usage, et qui diffère par sa quinte des accords primitifs, et des trois septièmes dérivées.*

prenons pour exemple l'accord suivant,  si nous altérons la 3ᶜᵉ en descendant, nous aurons un accord parfait mineur, Exemple ; si nous l'altérons en montant, il en résultera un accord i–

---

(1) Ces accords s'appellent aussi accords de **SIXTE AUGMENTÉE**, à cause de la 5ᶜᵉ diminuée qu'on est obligé de renverser, et qui devient alors sixte augmentée. Après l'accord de **SOL**, on peut aussi moduler en **UT** majeur, c'est pour cela que nous avons écrit en tête en UT mineur ou **UT** majeur quoique le véritable ton soit **UT** mineur.

(2) Quoique les deux quintes justes qui proviennent de la résolution de la noto altérée et de la neuvième soient tolérées, il existe plusieurs moyens de les éviter, surtout en faisant résoudre cet accord par exceptions. Exemple .... On doit même préférer ces derniers exemples.

nusité, Exemple [Accord inusité] De même, en plaçant un ♭ devant l'ut, nous obtiendrons un accord qui n'e-
(1)
xiste pas, Exemple , tandis qu'en remplaçant ce ♭ par un ♯ nous avons un accord diminué, qu'-
on rencontre sur le septième [7.ᵉ Degré de RÉ.]
dégré de **ré**. Exemple......... *Ce n'est donc qu'en haussant ou en baissant*

d'un demi-ton la quinte, des accords majeurs, (2) qu'on peut
obtenir un accord altéré, Exemple.....................

Ainsi, Catel a eu tort de dire qu'on pouvait altérer l'accord majeur
en montant par sa note fondamentale, Exemple............................ car on fait simplement alors une demi-modulation en mineur; de même l'accord qu'il appelle accord altéré, n'est autre que le 7ᵐᵉ dégré de la gamme de **ré mineur**, (ou sa 7ᵐᵉ dominante sans fondamentale.)

Il dit encore qu'on peut altérer la 3ᶜᵉ de l'accord majeur en descendant, Exemple
tandis qu'il passe en demi-modulation du majeur au mineur:
il en est de même pour l'accord diminué, Exemple...........

on ne fait point ici un accord altéré, mais bien une demi-modulation d'un accord mineur à un accord diminué: le cas suivant offre encore une demi-modulation d'un
accord mineur à un accord majeur, et non pas un accord altéré; Ex:......

Il n'y a donc, comme nous l'avons dit, que la quinte des accords parfaits majeurs qui puisse s'altérer.

Dans les accords altérés, il existe une foule d'erreurs qu'il serait trop
long de combattre: ainsi, dans l'exemple suivant, on regarde l'accord marqué
d'une + comme un accord altéré, Exemple.............................

tandis que la 7ᵐᵉ de seconde espèce se change simplement en 7ᵐᵉ de troisième espèce par une demi-modulation.

___

(1) Cet accord **UT ♭, MI, SOL**, pourrait exister, mais il faudrait alors convertir enharmoniquement **L'UT ♭**, en **SI ♮**, et l'on changerait ainsi la
nature de l'accord qui ne serait plus celui d'**UT ♭, MI, SOL**, mais bien l'accord de **MI** min. dans son second renversement, Exemple.....................
(2) L'accord mineur, altéré en descendant, si on altère sa quinte en montant il
donne un accord diminué, Exemple............ en résulte un accord inconnu. Ex: De même, l'accord diminué, altéré en
montant, donne un accord si on altère sa quinte en descendant, il en résulte
mineur, Exemple encore un accord inconnu, Exemple..................... ces accords ne pourraient exister qu'enharmoniquement, et en changeant de nature, ainsi que nous l'avons dit à la page 6, en parlant des intervalles produits par l'enharmonique.

(1)

L'exemple suivant est le seul qui semble autoriser Catel à dire qu'on peut altérer un accord mineur par sa fondamentale, Exemple ....

Mais ici le **la** ne peut être regardé que comme **note** accidentelle. (Voyez page 128 SS 124)

L'altération en descendant, telle qu'on l'emploie, est une des plus difficiles à analyser, surtout lorsqu'on s'en
sert par exception. Voici un exemple que les anciens maîtres ont tou-
jours mal défini; Exemple ....

Ainsi que nous l'avons dit, l'accord marqué d'une + est une 7me dominante avec 5te altérée, prise en demi-
modulation une quinte au-dessus de la véritable dominante d'un
ton mineur: Exemple ....

dominante de **mi**.   dominante de **la** min.   tonique.

Ici l'altération a lieu au moyen de la tierce qui change chromatiquement, tandis que la
quinte naturelle reste en place, Exemple ....

Mais il ne faut pas croire, comme l'a dit Catel, que cet
accord soit altéré par sa 3^{ce}, car si on enlève l'altération, l'accord véritable sera ....

Dominante de **mi**.   et non   Septième de troisième
                                          espèce, ou neuvième majeure
                                          sans fondamentale.

Dans l'exemple suivant, la véritable et seu-
le note altérée est le **la** ♭, Exemple........... ; dans celui-ci,

l'accord marqué d'une + est celui de **fa** ♮, **la** ♮, **ut** ♮, **mi**,(Septième dominante sans fondamentale de **si** ♮,) a-
vec la quinte altérée en descendant.

(SS. 109) NOTA. Il ne faut pas confondre la tierce diminuée avec la seconde majeure, leur effet est bien différent, quoiqu'elles fassent le même intervalle, et qu'elles soient représentées par les
mêmes notes sur le piano: Exemple ....

3^{ce} diminuée.   2de majeure.
même note.

Cette différence vient du ton dans lequel on est. La seconde **mi**♭, **ré**♭,
est très douce en **la** ♭, Exemple...   , et la 3^{ce} dimi-

nuée **ut** ♮, **mi** ♭ (qui fait pourtant le même intervalle)est très dure en sol mineur, Ex:

c'est parceq u'en **la** ♭, les deux notes **ré** ♭, **mi** ♭, se trouvent dans la même gamme, tandis qu'en **sol** mineur,
l'**ut** ♮ n'existe pas, et que les deux notes **ut** ♮ et **mi** ♭ appartiennent à deux gammes différentes, et produisent ainsi une discordance que l'oreille a de la peine à supporter.

(1) Le **la** ♭ pourrait encore représenter le sol ♮, et nous aurions alors un accord augmenté, Ex: qui serait préparé et résolu
par exception; ou bien, on pourrait regarder cet accord comme celui de **la** ♭, avec quinte augmentée; mais si l'altération se fait ici, par exception, par la fondamentale (**la**), la note altérée n'en est pas moins la quinte **mi** ♮.

(SS. 110.) Le 3ᵐᵉ dégré en mineur n'existe pas, parcequ'il ne peut appartenir à une gamme mineure même comme accord altéré; ainsi, en **LA** mineur, le troisième dégré est **UT, MI, SOL** ♯. Si nous regardons cet accord comme altéré, il faudra, pour le rendre à son état primitif, retrancher le sol ♯, et le remplacer par un **SOL** ♮. Mais comme en **LA** mineur le Sol doit toujours être diésé, nous aurons donc modulé en **UT**, et cet accord n'appartiendra plus à la gamme de **LA MINEUR**. Nous savons en effet que, dans un accord altéré, la quinte n'est baissée ou haussée qu'accidentellement, et que, pour trouver l'accord véritable et primitif, on est obligé de retrancher le signe qui fait l'altération. (le ♯, ♭, ou ♮).

ACCORD DE SIXTE-AUGMENTÉE.

On peut user de stratagème pour reconnaître et employer l'accord de **SIXTE AUGMENTÉE**: ainsi, nous savons,

1°. qu'on n'altère que la quinte d'un accord,

2°. que l'altération en descendant se fait le plus souvent sur un accord de dominante,

3°. que la note altérée se place ordinairement à la basse, et toujours de manière à éviter l'intervalle de tierce diminuée, celui de sixte augmentée étant préférable.

Comme cette note altérée est toujours la quinte de l'accord, pour trouver sa fondamentale, nous descendrons par conséquent d'une quinte. Si, par exemple, la note altérée est **LA** ♭, nous prendrons sa quinte inférieure **RÉ**, et nous aurons ici l'accord de **RÉ, FA** ♯, **LA**, avec cette dernière note altérée (**LA** ♭). (Nous mettons **FA** ♯, parceque toute tierce d'un accord de dominante doit être majeure, comme note sensible.)

Pour se servir de cet accord, on prend le sixième dégré d'une gamme mineure, et cette note se trouve naturellement la quinte altérée de l'accord de **SIXTE-AUGMENTÉE** qu'on peut employer dans cette gamme. Ainsi, en **RÉ MINEUR**, le sixième dégré est **SI** ♭, et l'accord dont ce **SI** ♭ est quinte altérée est celui de **MI, SOL** ♯, **SI**, dominante de **LA**, qui, à son tour, est dominante de **RÉ**.

Pour obtenir cet accord, on pourrait encore prendre l'accord diminué qu'on trouve sur le second dégré d'une gamme mineure, on n'aurait qu'à rendre sa tierce majeure, en conservant sa quinte diminuée: en **RÉ MINEUR**, par exemple, l'accord du second dégré est **MI, SOL, SI** ♭; pour avoir l'accord de sixte-augmentée, il faudrait simplement placer un ♯ devant le **SOL**, et puis mettre la quinte (**SI** ♭) à la basse, Exemple ....

(SS. 111.) On peut moduler enharmoniquement en changeant la septième dominante en accord de six-te augmentée, mais il faut avoir soin alors de ne pas frapper l'accord de septième dominante dans son second renversement, et de ne pas écrire la fondamentale au-dessus de la septième dans les autres renverse-ments, afin de ne pas s'exposer à faire une tierce diminuée : (I)

Exemple

Le meilleur moyen d'éviter la faute de tierce diminuée, quand on fait ce changement enharmonique, c'est de traiter l'accord de 7me dominante en accord de sixte augmentée.

L'accord de 6te augmentée peut aussi se convertir en 7me domte, Ex:

cet accord peut donc servir à faire des modulations très éloignées, Ex:

Voici quelques accords donnés par les transitions enharmoniques qu'on ne pourrait analyser si on ne rem-plaçait certaines notes par d'autres. Nous avons placé dans la partie supérieure les accords produits par l'en-harmonique, et dans la partie inférieure les véritables notes de ces accords :

Exemple,

NOTA. On pourrait faire aussi l'altération en descendant avec le 4e. degré en majeur; et le 6e. en mineur; mais ces accords, dont on ne se sert jamais, ne pourraient se résoudre que par exception, Ex.   (2)

REMARQUE. Dans les accords altérés on double très souvent la note sensible; cela peut se faire chaque fois qu'on ne lui donne pas une résolution fixe.

---

(1) La tierce dominante qu'on proscrit de l'harmonie pure, élégante, s'emploie quelquefois enharmoniquement, elle représente alors la seconde majeure. Exemple,

(2) Nous devons dire, avant de terminer les modulations, qu'une basse commençant en mineur, (UT MINEUR.) par exemple, peut finir en UT MAJEUR, ou en MI ♭ majeur, ou dans le ton primitif, tandis que le ton majeur finit ordinairement dans ce même ton majeur ou mineur, à moins qu'on ne change de mouvement; dans ce dernier cas, on pourrait finir dans un autre ton que celui par lequel on a commencé; mais il est toujours préfé-rable de finir par le ton primitif.

CHAPITRE 5ᵐᵉ

DES MARCHES OU PROGRESSIONS HARMONIQUES.

Leçon 15ᵐᵉ

(SS.111.) Lorsqu'on répète plusieurs fois, symétriquement, sur différents degrés, soit en montant soit en descendant, une phrase composée de quelques accords, on fait une **MARCHE HARMONIQUE**. Cette première phrase se nomme **MODÈLE DE MARCHE**, ou **PREMIER DESSIN**. Les autres phrases qui imitent cette première phrase s'appellent **SECOND DESSIN**, **TROISIÈME DESSIN**, etc. Exemple....

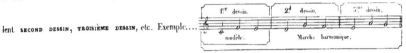

Une marche harmonique est donc la réunion de plusieurs modèles.

DE LA RÉGULARITÉ, ET DE L'ENCHAINEMENT DES MODÈLES.

Iᵉ **RÉGULARITÉ DU MODÈLE.** Un modèle est régulier lorsque les accords dont il est formé se conforment dans leur enchaînement harmonique à ce qui est dit au chapitre 3ᵐᵉ (page 31) il ne doit pas contenir plus de sept à huit mesures; il peut être formé d'une seule mesure, et d'une seule note. Les accords qui le composent peuvent moduler, mais rarement: s'ils sont dissonnants, ils doivent avoir une résolution régulière, et autant que possible sans exception: il faut aussi que leur préparation soit exacte.

Le modèle doit finir par un accord consonnant; les accords dissonnants par lesquels il pourrait commencer, sont: 1° la **SEPTIÈME DOMINANTE**, 2° la **SEPTIÈME DIMINUÉE** (mais, moins souvent,) 3° la **SIXTE AUGMENTÉE** (très rarement,) parcequ'ils n'ont pas besoin de préparation; tous les autres accords dissonnants qui ne peuvent se frapper sans préparation, ne doivent s'employer que dans le courant du modèle. (I)

RÉSUMÉ. Toute phrase de quelques accords qui s'enchaînent régulièrement peut servir de **MODÈLE** pour créer **DES MARCHES HARMONIQUES.** Mais il importe de savoir aussi comment on peut lier les **DESSINS** entr'eux.

2° **DE L'ENCHAINEMENT DES MODÈLES.** Lorsque le modèle est conforme à tout ce que nous venons de dire, il faut en le reproduisant que son dernier accord s'enchaîne régulièrement avec le 1ᵉʳ du 2ᵈ dessin.

La meilleure manière d'unir ces deux accords, est celle où les fondamentales procèdent par 3ᶜᵉ, 4ᵗᵉ, 5ᵗᵉ inférieures, ou 4ᵗᵉ, 5ᵗᵉ, 6ᵗᵉ supérieures. On peut néanmoins les enchaîner par tous les intervalles.

On peut aussi reproduire le modèle à tous les intervalles; mais il faut que le second **DESSIN**, et ceux qui suivent, imitent le premier par le genre d'accords; qu'ils aient les mêmes renversements, c'est-à-dire, les mêmes chiffres: ainsi, un accord de trois, quatre ou cinq sons doit correspondre à un accord de trois, quatre ou cinq sons; mais il peut différer par le mode, c'est-à-dire, qu'un accord majeur peut correspon-

---

(1) On ne termine ordinairement un **MODÈLE**, et même une **MARCHE HARMONIQUE** que par les accords du premier, quatrième, ou cinquième degré. Il faut éviter de commencer le **MODÈLE** par un accord pris sur le troisième degré, et par la 7ᵐᵉ dominante sans fondamentale, car il vaut mieux que son premier accord soit consonnant. (Nous avons déjà dit que l'accord du troisième degré était presque inusité en Majeur, et nul en Mineur .)

dre à un accord mineur ou diminué, (1) et VICE VERSÂ.

(SS. 112.) REMARQUE. Lorsqu'on transpose le modèle à un intervalle quelconque, c'est toujours le premier

accord de chaque DESSIN qui correspond au premier de celui qu'il imite. Si nous

voulons transposer le modèle suivant à la seconde supérieure, Exemple . . . .

il faudra écrire le second dessin de cette manière , parcèque le RÉ du 2.^{d.} dessin

correspond à L'UT du Ier le SOL au FA,
et le FA au MI, Exemple . . . . en écrivant le second dessin ainsi qu'il suit, Exemple . . . . . .

on le transposerait
à la 4.e supérieure, Ex.
Le suivant est trans-
posé à la tierce infé-
rieure, Exemple . . . . .
en voici
la preu-
ve: Ex:

Lorsque le premier et le second dessin s'enchaînent bien, tous les autres sont bons, malgré les fautes qu'ils semblent faire quelquefois. (2) Mais il faut que les deux premiers soient toujours purs et corrects.

Les meilleures marches harmoniques sont celles qu'on peut analyser sous le rapport harmonique, comme on le ferait pour une basse ordinaire.

EXEMPLES DE MARCHES HARMONIQUES.

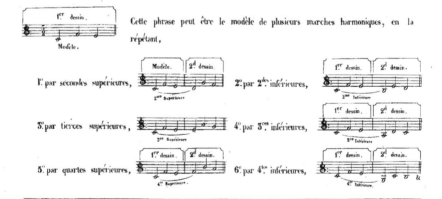

Cette phrase peut être le modèle de plusieurs marches harmoniques, en la
répétant,

1.º par secondes supérieures,   2.º par 2.des inférieures,

3.º par tierces supérieures,   4.º par 3.^{ces} inférieures,

5.º par quartes supérieures,   6.º par 4.tes inférieures,

---

(1) C'est parcequ'il faut que les modulations soient toujours pures, qu'on est obligé de changer les accords majeurs en accords mineurs, et les accords mineurs en accords majeurs. Mais les chiffres doivent rester les mêmes, afin de conserver les mêmes renversements.

(2) C'est la régularité de la marche harmonique, et la symétrie avec laquelle procèdent les accords dans chaque partie, qui effacent la mauvaise impression qu'un DESSIN isolé pourrait produire. Il ne faut pas oublier que les notes de deux accords ont entr'elles une subordination réciproque, et par
conséquent une espèce d'attraction qui nous force à faire résoudre les notes du 1.er accord sur celle de l'accord suivant dont elles sont le plus près.

On peut reproduire encore cette phrase,

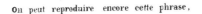

1°. Par secondes supérieures, et tierces inférieures, Exemple.............

2°. Par secondes inférieures, et tierces supérieures, Exemple.............

3°. Par secondes inférieures, et 4tes supérieures,

4°. Par 3^{ces} supér:, et 2des inférieures,

5°. Par 3^{ces} inférieures, et 2des supérieures,

6°. Par 3^{ces} supér:, et 4tes inférieures,

7°. Par 7mes inférieures, et 4tes supérieures,

(REMARQUE. Quand on dit par tierces inférieures et quartes supérieures, les deux premiers dessins doivent être en 3^{ces} inférieures, le 2^d et le 3ème en 4tes supérieures, le 3ème et le 4ème en 3^{ces} inférieures, ainsi de suite.) On peut encore reproduire le modèle,

Deux fois par 2des supérieures, et une fois par 4tes inférieures, Exemple

Deux fois par 2des inférieures, et une fois par 2des supérieures. Exemple

(L'élève créera des marches harmoniques avec les MODÈLES suivants.)

(Puis il créera lui-même ses modèles.)

Les marches harmoniques, quoique usées, produisent toujours beaucoup d'effet; on pourrait leur donner de la nouveauté en les accompagnant d'une harmonie, dont chaque partie ne serait pas soumise à une marche symétrique.

Une marche harmonique peut commencer dans un ton, et finir dans un autre, en faisant une modulation entière; Exemple....................

Ou bien, elle commence et finit dans le même ton, en prenant chaque transposition du modèle dans un ton différent, et en demi-modulations, Exemple....

On peut aussi réunir ces deux cas; c'est-à-dire, commencer dans un ton, et finir dans un autre en introduisant des modulations passagères dans le courant de la MARCHE HARMONIQUE; Exemple........................

On ne peut pas faire des MARCHES HARMONIQUES en mineur sans altérer la gamme par des DEMI-MODULATIONS, ou des MODULATIONS ENTIÈRES,

Exemple....

Les accords marqués d'une + sont ceux qui n'appartiennent pas à la gamme de LA mineur.

(SS. 113.) REMARQUE. Dans les marches harmoniques, on aura soin de réaliser le modèle de manière à ce que chaque partie puisse se répéter symétriquement; Exemple........

(L'élève remplira à 3 et 4 parties les marches harmoniques qu'il aura créées sur une basse.)

Ces progressions peuvent aussi se faire par la mélodie, mais alors on les accompagne d'une basse qui procède aussi par dessins réguliers, et les parties qu'on ajoute doivent se répéter symétriquement, ainsi que nous venons de le dire plus haut à la SS. 113.

Basse à réaliser à 3 et 4 parties avec des marches harmoniques.

Quoique cette basse soit chiffrée, l'élève pourra la chiffrer de plusieurs autres manières.

Chant à accompagner par des progressions harmoniques.

DERNIÈRE REMARQUE, ET RÉSUMÉ. Rien n'est plus facile sans doute que de faire une progression mélodique

(1) lorsqu'on a inventé le 1.ᵉʳ modèle; ainsi, il nous sera aisé de faire de ce modèle

une progression mélodique, en le transposant à celui des intervalles qu'il nous plaira de choisir, (à la 2.ᵈᵉ supérieure, par exemple)

La plus grande difficulté, c'est de convertir cette **PROGRESSION MÉLODIQUE EN PROGRESSION HARMONIQUE.**

(1) Une progression est mélodique, lorsqu'elle se fait dans une seule partie; elle devient **HARMONIQUE**, quand elle reçoit des accords, et qu'on l'unit à deux ou plusieurs parties. Il ne faut pas trop prolonger une marche harmonique; on peut la varier en la rompant adroitement par une autre imitation, qui conserve avec la première une ressemblance de rhythme.

Comme nous l'avons déjà dit, lorsque la progression mélodique se trouve placée dans une partie supérieure, il faut l'accompagner d'une basse qui marche d'une manière symétrique, et dans laquelle les fondamentales des accords s'enchaînent régulièrement sous le **MODELE** et **SA PREMIERE IMITATION**.

Si au contraire la progression se trouve placée à la basse, il faut alors chiffrer cette dernière, en ayant soin que le modèle et le premier dessin qui l'imite s'enchaînent convenablement; si cette condition est bien observée, l'enchaînement des autres dessins sera approuvé par l'oreille, malgré les fautes qu'ils pourraient faire, s'ils étaient isolés. (I)

CHAPITRE 6.me

DES IMITATIONS.

Leçon 16.me

(SS. 114.) Cet article appartient plus spécialement à la quatrième partie, où nous parlons de contre-point et fugue; mais pour familiariser l'élève avec ce travail si important dans la composition, nous allons lui donner quelques détails strictement nécessaires, afin qu'il s'habitue peu à peu à accompagner un motif de plusieurs manières, en le reproduisant dans différents tons.

Nous reviendrons plus longuement sur cette matière dans la quatrième partie; en attendant, voici la marche à suivre pour créer ces modulations:

On choisit un chant de 4, 6, ou 8 mesures, Ex:

Puis, on le répète dans plusieurs parties soit dans le même ton, soit dans des tons différents; chaque fois qu'on module, on se sert d'un **CONDUIT HARMONIQUE**, c'est-à-dire, on passe d'un ton dans un autre au moyen d'une phrase composée de quelques accords, qui servent de transition: Exemple.

(I) Dans la musique libre, la préparation de la 4te juste ne se fait pas toujours dans la même partie, il suffit pour cela que la note, par laquelle on devait faire la préparation, ait été entendue dans l'accord précédent; la basse peut même marcher par degrés disjoints.

On peut moduler arbitrairement; et chaque fois qu'on reproduit le chant, on doit créer de nouveaux accompagnements. On pourrait aussi, vers la fin du morceau, ne prendre que des parcelles du motif; mais nous discuterons plus longuement cet article dans la quatrième partie. Maintenant, l'élève accompagnera à trois ou quatre parties l'exemple que nous venons de lui donner, puis il créera lui-même des chants qu'il développera de la même manière.

(SS. 115.) REMARQUE. Les imitations se font de quatre manières: 1° on répète le chant **NOTE POUR NOTE**, dans une autre partie, à l'octave ou à l'unisson, et sans moduler,

Exemple......

2° On le transpose dans un autre ton, **NOTE POUR NOTE**, sans changer de **MODE**,

Exemple......

3° En le transposant dans un autre ton, on peut changer de **MODE**, c'est-à-dire, aller du majeur au mineur, et du mineur au majeur; dans ce cas, on est souvent obligé de faire des changements au chant, pour l'approprier au **TON**, Exemple,

4° On reproduit le chant sur d'autres degrés d'une même gamme, écrite dans le même ton, et le

même mode; rarement on y introduit quelques modulations passagères,

Exemple,

Cette manière d'imiter est celle que nous discuterons surtout dans la quatrième partie de ce traité; c'est l'imitation la plus difficile, la plus riche, la plus variée, et celle que les compositeurs célèbres ont employée dans leurs ouvrages les plus estimés. Elle se fait à tous les intervalles, il n'est pas nécessaire de reproduire les mêmes accompagnements, il vaut mieux au contraire les varier.

Nous verrons aussi plus tard que souvent on n'imite une phrase que par le mouvement, c'est-à-dire, qu'on répète la même quantité de notes, avec les mêmes valeurs, mais par tout autre mouvement;

ce moyen offre encore de très grandes ressources, Exemple,

CHAPITRE 7.me

DE QUELQUES MANIÈRES DIFFÉRENTES

DE RÉALISER L'HARMONIE.

Leçon 17.me

I.° des accords brisés.

(SS.116.) On ne peut présenter les accords que des deux manières suivantes, I.° en frappant en même temps toutes les notes dont ils sont formés,  (C'est ce qu'on appelle ACCORDS PLAQUÉS.)

2.° En faisant entendre ces mêmes notes successivement, Exemple.........

(C'est ce qu'on appelle ACCORDS BRISÉS.)

Ainsi, les ACCORDS PLAQUÉS sont composés d'intervalles harmoniques, et les ACCORDS BRISÉS d'intervalles mélodiques.

Cette seconde modification est remarquable, en ce qu'elle fournit le moyen d'exécuter de l'harmonie, même avec un seul instrument à vent, et de rendre ainsi, par une seule partie, une suite d'accords qui en exigerait plusieurs.

Les accords brisés jouent un grand rôle dans tous les genres de musique instrumentale, où on les traite non seulement avec les notes réelles, mais encore avec les notes accidentelles. On s'en sert plus rarement dans la musique vocale.

PREMIÈRE RÈGLE.

UNE HARMONIE PLAQUÉE, LORSQU'ELLE EST CORRECTE, EST TOUJOURS BONNE, ÉTANT BRISÉE, QUELLE QUE SOIT L'APPARENCE DE FAUTES QUI POURRAIT EN RÉSULTER, Exemple:

Quoique les accords brisés semblent faire des fautes avec la basse ou le chant, ces deux exemples sont corrects, parceque la même harmonie rendue en accords plaqués est exempte de fautes; mais une harmonie brisée n'est pas toujours bonne étant plaquée;

DEUXIÈME RÈGLE.

Dans ce cas, IL NE FAUT CONSIDÉRER COMME PLAQUÉES QUE LA PREMIÈRE ET LA DERNIÈRE NOTE DE L'ACCORD, Exemple.................................

(1) Supposons qu'on veuille faire un DUO de flûtes; la première flûte ferait le chant de la portée A; puis, on creerait sous cette portée l'harmonie de la portée C; mais comme une flûte ne peut pas rendre un accord quelconque, lorsqu'elle est seule, on briserait cette harmonie comme nous l'avons fait, par exemple, à la portée B; par ce moyen la seconde flûte pourrait faire entendre des accords de la portée C. C'est ainsi qu'on fait ordinairement les DUO pour instruments.

ACCORDS PLAQUÉS.

ACCORDS BRISÉS.

La portée B rend les accords plaqués de la portée A.

Dans la partie qui fait les accords brisés on ne doit considérer comme plaquées que les notes marquées d'une +, qui sont re-présentées par la partie supérieure, Exemple ....

c'est ainsi qu'on traite presque tous les accompagnements des instruments à cordes dans les morceaux à grand orchestre. (1)

REMARQUE. Quand on brise les accords, il faut avoir égard aux mouvements qu'on veut impri-mer au morceau qu'on écrit: dans L'ADAGIO, par exemple, chaque note d'un accord brisé doit être trai-tée presqu'aussi rigoureusement que si elle appartenait à un accord plaqué. Sans cette précaution, on s'exposerait à faire une harmonie souvent dure et désagréable à entendre. (2)

Les notes qui comptent dans le second violon et dans la bas-se, sont celles que nous avons marquées d'une +, voici le même exem-ple réduit à sa plus simple expression, c'est-à-dire, en accords pla-qués dans toutes les parties; Exemple ....

(1) Pour employer les accords brisés dans le second violon et dans la basse, nous avons pris successivement deux ou plusieurs notes de l'accord, en portant de la note qui appartient à chacune de ces deux parties. Nous avons observé aussi de commencer et de finir chaque accord brisé par cette même note, quoique ce ne soit pas de rigueur; lorsqu'on change cette note, c'est alors la première et la dernière de chaque accord brisé qui comptent dans la réalisation de l'harmonie.

(2) Nous avons déjà dit (Page 59, SS. 61.) qu'on pouvait briser les accords dissonants qui n'avaient pas besoin de préparation, en lais-sant changer la dissonance de place pendant la durée de l'accord, et nous avons pris pour exemple la septième dominante; on peut aussi

2.ᵉ DES PARTIES DOUBLÉES.

Leçon 18ᵐᵉ

(SS. 117.) CHAQUE PARTIE D'UNE HARMONIE peut être exécutée par un ou plusieurs instruments, par u-
ne ou plusieurs voix, ou par des voix et des instruments réunis, sans qu'il y ait plus de parties réelles;
(1) cela peut se faire en UNISSONS ou en OCTAVES: dans ce dernier cas, il faut que cette manière de
doubler ne produise rien qui soit contraire aux règles d'une bonne harmonie, comme: mauvaise succession de quintes, neuvième plus basse que sa fondamentale, tierce diminuée, etc. Exemple . . . .

briser ceux dont la dissonance a besoin de prépation, mais seulement de la manière suivante, Exemple,

Cela se fait en forme de broderie, et l'on revient sur la note dissonante à laquelle on doit
toujours donner sa résolution régulière. dans le dernier exemple, on finit par le RÉ, mais on le fait
résoudre sur la même note que L'UT. On peut aussi briser la note dissonante par un intervalle d'octave; ce cas est rare: Exemple . . . .

On ne brise ordinairement parmi les notes dissonantes que celles qui n'ont pas besoin de préparation.

(1) Doubler à L'UNISSON ou à L'OCTAVE sont deux choses bien différentes. Ainsi, trois parties doublées, triplées, quadruplées à l'unisson
ne donnent jamais que l'effet de trois parties chantées ou jouées avec des sons plus volumineux; tandis qu'en doublant chaque partie à l'octave, on obtient presque l'effet d'une harmonie à six parties réelles. Dans l'harmonie, on ne défend les octaves, que parcequ'il y a alors cessa-
tion d'harmonie, et qu'on fait ainsi le contraire de ce qu'on voulait faire.

(2) Quand on écrit les mots A DEUX devant une partie, cela veut dire que ceux qui jouent les instruments doivent se diviser en deux
portions, pour exécuter, les uns, les notes supérieures, et les autres, les notes inférieures; le contraire s'indique par le mot SOLO.

, Quoique ces deux exemples soient exécutés par trois voix et trois instruments qui diffèrent, ils ne sont qu'à trois parties réelles: (1) c'est ainsi que dans un orchestre, où 80 instrumentistes et quelquefois autant de chanteurs jouent et chantent en même temps, l'harmonie n'est souvent qu'à deux, trois ou quatre parties réelles. Cela prouve que la supériorité d'une partition n'est pas dans le nombre des instruments ou des parties chantantes, mais dans le charme de la mélodie, la beauté des accords, et la richesse des accompagnements.

On ne double souvent à l'octave qu'une ou deux mesures, mais on évite en général de le faire entre la basse et une partie haute, Exemple,

Cette manière de doubler à l'octave ne produit pas un effet dur sans doute, et que l'oreille ne puisse supporter; mais il est dans les lois d'une bonne harmonie que le chant et la basse marchent le plus souvent par mouvement contraire ou oblique, et fassent entendre les intervalles les plus riches et les plus harmonieux; on peut néanmoins tenter cette manière de doubler; mais il faut alors que ce soit entre la basse et une partie intermédiaire, et le plus rarement possible avec la partie la plus haute. Ainsi, quand on double deux parties différentes à l'octave, il faut choisir deux parties intermédiaires, et plus rarement une partie intermédiaire et le chant, qui doivent faire une harmonie variée.

REMARQUE. L'expérience a démontré que cette manière de doubler deux ou plusieurs parties peut produire de très grands effets, parcequ'elle oppose quelquefois tout un orchestre marchant à l'unisson ou à l'octave à une autre partie d'orchestre dont l'harmonie est pleine; on ne regarde pas cela comme des octaves défendues, mais comme une intention dramatique du compositeur: on choisit ordinairement le trait le plus saillant, pour faire ces unissons, ou ces octaves.

Cet article sera surtout d'une grande importance dans la quatrième partie, lorsque nous parlerons de l'orchestre.

Leçon 19me

3.° OBSERVATIONS PARTICULIÈRES.

Sur le nombre de parties qui exécutent l'harmonie.

1.° DE L'HARMONIE À DEUX PARTIES.

(SS. 118.) L'harmonie à deux parties a dans tous les genres de productions musicales la même im-

---

(1) On appelle **RÉELLES** deux ou plusieurs parties qui marchent ensemble, et qui toutes ont une mélodie différente. Ainsi, l'exemple suivant n'est qu'à deux parties réel. les, parceque les deux autres font le même chant à l'octave, Exemple,

La portée **A** ne fait que doubler la portée **B** à l'octave.

tandis que l'exemple suivant est à 4 parties réelles, (ou différentes.), Exemple.....

Chaque partie fait une mélodie différente.

portance que l'harmonie à 3 et à 4 parties; mais elle est plus difficile à traiter; il faut un grand sentiment harmonique, une étude approfondie de l'art, pour la rendre aussi intéressante qu'elle peut l'être. On doit la traiter avec plus de sévérité que l'harmonie à 3 et 4 parties. La raison en est simple; moins il y a de parties dans une harmonie, et plus il est difficile d'en déguiser les fautes. On y fait très souvent usage des accords brisés, afin de compléter le plus possible les accords; et c'est encore un moyen de donner du mouvement, de l'élégance au Duo, et de le rendre plus complet sous le rapport de l'harmonie.

On peut se servir dans l'harmonie à deux parties de tous les intervalles usités; il en est pourtant qui conviennent plus particulièrement au Duo; tels sont les intervalles suivants:

Les intervalles suivants doivent être employés avec plus de restriction;

Parmi ces intervalles, les plus usités sont: la tierce mineure et majeure, et la sixte majeure et mineure.

Les intervalles de 2de. mineure, la quarte juste, la sixte augmentée, la septième majeure sont peu employés, parcequ'ils produisent un effet trop dur, lorsqu'ils sont isolés.

On se sert très rarement encore de l'unisson et de l'octave, parcequ'ils ne donnent pas assez d'harmonie; on ne doit les employer qu'à la fin et au commencement d'un morceau; la quinte juste est d'un bon effet dans la formule de demi-cadence; partout ailleurs, on doit en être avare, Exemple,

La règle des notes à supprimer (Page 23, SS. 15.) n'est plus applicable ici; c'est le sentiment qui doit indiquer le choix de celles qui déterminent le mieux l'accord; car souvent on est obligé de retrancher la tierce, et même la fondamentale des accords de trois sons.

Quand la partie inférieure du Duo n'est pas écrite pour une voix, ou un instrument grave, on peut renverser les accords de la cadence parfaite et de la demi-cadence, et finir les demi-cadences en tierces ou en sixtes, et les cadences parfaites en sixtes, en ayant soin, pour le dernier accord de la cadence parfaite, de mettre la tonique à la partie supérieure, Exemple,

Mais lorsque cette partie est faite par une voix ou un instrument grave, il faut que les cadences se

(1) Dans un Duo, il faut que les tierces et les sixtes appartiennent toujours à l'accord qu'on veut choisir.

116

frappent comme dans l'harmonie à 3 et 4 parties, c'est-à-dire, avec les accords sans renversement.

(SS. 119.) On doit éviter deux tierces majeures de suite par mouvement semblable, parcequ'elles pro-

duisent souvent un mauvais effet, Exemple, ; le mauvais effet de ces deux tierces ma-

jeures de suite par mouvement semblable n'est plus sensible dans l'harmonie à 3 et 4 parties.

L'exemple suivant, où nous avons placé plusieurs tierces majeures de suite est d'un effet
insoutenable, Exemple......................

cela vient de ce que la partie supérieure et la partie inférieure chantent en même temps dans
deux tons différents. Cette suite de tierces devrait être rejetée même dans une harmonie à plusieurs parties.

Dans un Duo qui dépend tout-à-fait de l'harmonie, on doit se servir autant que possible du mouvement contraire, et ne pas faire un trop grand nombre de tierces consécutives, à moins qu'elles n'appartiennent au même accord, et que les notes réelles ne soient mêlées aux notes accidentelles, dont nous allons

nous occuper dans la 4.me partie, Exemple,

Ces tierces sont agréables, parcequ'elles se font avec les notes d'un même accord, et que, par conséquent, elles appartiennent aussi à la même gamme. De tous les intervalles, l'octave est le seul dont on
puisse faire une suite sans être obligé de le changer en maj. ou min. comme pour les 3.ces ou les 6.tes

(SS. 120.) On ne peut employer la quarte sans préparation
que dans les cadences, Exemple...................................

partout ailleurs elle doit être préparée.

On ne doit s'en servir que très rarement, et ne l'employer que sur un temps faible de la mesure,
si elle n'est pas en formule de cadence, en ayant soin de bien la préparer.

Lorsqu'une note se prolonge pendant plusieurs mesures dans l'une des deux parties, il faut que l'au-

tre fasse des accords brisés, Exemple,

On peut aussi, en brisant les accords, faire toute espèce de modulations dans le Duo.

L'harmonie à deux parties peut s'employer dans le TRIO, le QUATUOR, le QUINQUE, le SEXTUOR, le SEPTUOR,
etc, dans les morceaux à grand orchestre; on double et on triple chaque partie à l'octave dans tous les instruments; ces combinaisons peuvent produire les plus grands effets.

DE L'HARMONIE SÉVÈRE.

(SS. 121.) Dans la musique sévère, on évite en général la FAUSSE RELATION de quarte augmentée d'un accord à un autre entre les deux parties, Exemple,

Il y a une fausse relation du SI au FA, parceque l'accord de FA semble demander un SI ♭, et l'accord précédent à un SI ♮. D'ailleurs ces deux intervalles sont durs à deux parties, et ne donnent aucune mélodie; on ne peut les tolérer qu'à plusieurs parties.

On évite encore de faire dans une même partie l'intervalle de quarte augmentée, lorsqu'il se trouve aux deux extrêmes de la mélodie, lors même que les notes procédent par degrés conjoints, soit en montant, soit en descendant, Exemple..........................

Ces deux dernières observations ne sont pas toujours de rigueur.

À deux parties, il ne faut pas frapper deux quintes, ou deux octaves sur deux temps forts de suite, Exemple, il faudrait alors changer d'accord au temps faible, Exemple,

Une Noire, ou deux, et quelquefois trois ne peuvent pas sauver deux sixtes ou deux octaves, quoiqu'on emploie le mouvement contraire, (✠)

Exemple d'une noire,..........................

Exemple de 2 noires,   Exemple de 3 noires,

Chant à accompagner d'un Tenor chiffré. (1)

(✠) À deux parties on défend le cas suivant, parceque l'octave, en frappant sur un temps fort, ne donne pas assez d'harmonie, Exemple..........................

(1) On ne doit pas oublier que nous ne voulons écrire ici qu'un DUO, et qu'il faut toujours choisir les intervalles les plus riches, les plus mélodieux des accords. La seconde partie du DUO, la plus grave des deux, devra être regardée comme servant de basse à celle qui lui est supérieure, et nous la chiffrerons comme telle. Ainsi, dans un Duo pour deux flûtes, par exemple, la 2ᵈᵉ flûte devra faire BONNE BASSE; en écrivant pour 2 voix, ce sera la seconde que nous traiterons comme toutes les basses que nous avons faites jusqu'à présent.

L'élève créera des chants qu'il accompagnera à deux parties.

Dans le morceau suivant, nous avons écrit tantôt la basse, et tantôt la partie du contr'alto; pour réaliser ce Duo, on l'écrira sur deux portées en donnant à chacune le chant qui lui convient, puis on complétera l'harmonie comme nous avons déjà fait dans la 1ʳᵉ partie,(Page **37, SS. 31.**) il faudra chiffer la basse.

L'élève s'exercera longtemps dans ce genre, en créant lui-même les chants. Nous devons lui dire aussi que dans un accord parfait, **UT, MI, SOL,** par exemple, **L'UT** ne forme harmonie avec le **SOL,** que par l'intermédiaire du **MI.** Ainsi, les notes d'un accord ne peuvent se lier que par des tierces.

(1) En écrivant ces deux clefs de suite, nous avons voulu indiquer que le contr'alto et la basse devaient chanter à l'unisson.

(2) Il ne faut pas oublier que les femmes et les enfants chantent naturellement à l'octave supérieure des hommes, quand ils croient chanter à l'unisson de ceux-ci.

2°. DE L'HARMONIE À 5 PARTIES.

Il faut autant que possible que les accords soient complets; dans ceux de quatre ou cinq sons, on est obligé de supprimer une ou deux notes; alors, pour les accords de quatre sons, on retranche la sixte, et quelquefois la tierce, mais jamais la fondamentale, ou la 7.me, parceque ces notes servent à faire reconnaître l'accord; dans ceux de cinq sons, on supprime la fondamentale, ou la sixte, quelquefois la tierce, et plus rarement la 7.me, mais jamais la 9.me. On retranche aussi la quinte dans les accords parfaits. Tout ce que nous avons dit enfin jusqu'ici, est applicable à cette harmonie.

On ne renverse pas les cadences.

3°. DE L'HARMONIE À 4 PARTIES.

Nous n'avons rien de nouveau à dire sur cette harmonie que l'élève a travaillée jusqu'à présent: il n'y a pas d'autres observations que celles qui ont été faites dans les chapitres précédents de la 1.re et 2.de parties.

L'harmonie à 4 parties est la plus intéressante de toutes, et celle aussi dont on fait le plus souvent usage, parcequ'elle permet de compléter les accords, et peut rendre tous les effets.

4°. DE L'HARMONIE À PLUS DE 4 PARTIES.

(SS. 122.) Les notes que l'on double ordinairement dans l'harmonie à 4 parties peuvent être ici triplées ou quadruplées, mais dans une proportion à peu près égale: la 3.ce devra l'être moins que les autres, surtout lorsqu'on module, et qu'elle est note sensible.

Pour que cette harmonie à 5, 6, 7 et 8 parties soit RÉELLE, il faut éviter d'y faire des octaves consécutives par mouvement semblable.

On tolère: 1°. les quintes et les octaves cachées, pourvu qu'elles se fassent entre les parties intermédiaires; et deux quintes et deux octaves de suite par mouvement contraire; 2°. la fausse relation entre deux parties intermédiaires, pourvu qu'une partie fasse le changement chromatique, Exemple......................

3°. Le doublement de la note sensible, lorsqu'on ne module pas, et qu'on lui donne deux résolutions différentes.

Toutes ces licences sont inévitables à cause des difficultés que présente la liaison des accords, surtout dans les modulations: il est plus facile de les unir en restant dans le même ton.

Cette harmonie imposante par sa masse exclut tout ce qui n'a pas de dignité; on ne l'écrit qu'avec des mouvements lents, et l'on évite de lui donner des successions rapides de notes et d'accords.

Elle présente aussi les difficultés suivantes: d'abord les parties sont continuellement trop rapprochées; ce qui étouffe les vibrations des voix ou des instruments; il est difficile de varier la position des accords et d'éviter la monotonie qui en résulte. La complication de tant de parties rend la marche de l'harmonie lourde, pénible, et produit souvent de la confusion.

Nous conseillons à l'élève, lorsqu'il se servira de cette harmonie, de la couper de temps en temps par celle à 3 et 4 parties; et de ne l'employer que dans une musique composée pour un grand local.

Les exemples suivants sont mauvais, parceque la dissonance semble se résoudre deux fois sur la même note par mouvement semblable, et faire deux 8.mes consécutives, Ex.

Nous avons signalé cette faute dans la Ire partie, (Page **56**, chapitre **6**.^{me} SS **51**.) l'élève composera des basses qu'il réalisera à **5**, **6**, **7** et **8** parties réelles.

CHAPITRE 8.me
Leçon 20.me

DE LA DOUBLE BASSE, ET DES CHŒURS DOUBLES.

(SS. **125**.) On rencontre souvent dans les accompagnements d'orchestre les exemples suivants, où deux ou plusieurs parties font sans cesse des octaves en brisant les accords, comme ici entre le 2.^d violon et l'alto, qui vont continuellement sur le **sol** par mouvement semblable;

Exemple,

Il n'y a pourtant pas faute entre ces deux parties, parcequ'en plaquant les accords, l'harmonie reste correcte; Exemple..............

On rencontre aussi très souvent dans la musique libre des octaves réelles que les parties intermédiaires font entr'elles, ou avec le chant, et quelquefois avec la basse, Exemple...........

Mais ces licences sont prohibées entre la basse et la partie qui fait le chant, c'est-à-dire, entre les deux parties extrêmes, la plus haute et la plus grave de l'harmonie.

Nous devons rappeler ici à l'élève ce que nous lui avons dit dans la Ire partie (Page **21**, SS. **13**.)

QU'ON NE POUVAIT DÉFENDRE STRICTEMENT QUE DEUX QUINTES RÉELLES MARCHANT PAR DEGRÉS CONJOINTS, ET QUE LES OCTAVES, LORSQU'ELLES NE FAISAIENT PAS DE FAUTES DE QUINTES AVEC UNE AUTRE PARTIE, POUVAIENT ÊTRE TOLÉRÉES, PUISQU'ELLES NE PRODUISENT PAS UN EFFET DUR, ET QU'ON NE LES DÉFEND QUE PARCEQU'ELLES PRIVENT L'HARMONIE D'AUTANT DE PARTIES QU'ELLES DOUBLENT; MAIS, DÈS QUE L'HARMONIE DEVIENT À 5,6,7 OU 8 PARTIES, ON PEUT SANS CRAINTE FAIRE DES OCTAVES RÉELLES, POURVU QUE CE NE SOIT PAS ENTRE LA BASSE ET LE CHANT,(1) CAR ALORS, C'EST DE TRÈS MAUVAIS GOÛT. ON RENCONTRE POURTANT CE CAS DANS QUELQUES BONS AUTEURS; MAIS ON NE DOIT PAS IMITER LEUR EXEMPLE, QUAND ILS SE TROMPENT PAR NÉGLIGENCE, OU PAR CAPRICE.

Ces octaves réelles fourmillent dans les partitions d'opéra, surtout lorsqu'on met de DOUBLES NOTES dans les instruments à cordes, on les rencontre plus rarement dans les symphonies, et presque jamais dans les quatuors. Il est certain que dans un morceau, où tout le mérite est presque dans l'harmonie, il faut éviter ces octaves réelles, et même dans une partition bien écrite ces licences n'existent ordinairement qu'entre deux parties qui font de DOUBLES NOTES, et qu'on pourrait rendre correctes en supprimant une des deux notes qu'elles font. Toutes ces observations nous conduisent naturellement à parler de la DOUBLE BASSE, et des DOUBLES-CHŒURS.

1.º *DE LA DOUBLE BASSE.*

D'après tout ce que nous venons de dire, il est certain que dans un orchestre l'harmonie est presque toujours écrite à 3 ou 4 parties, quelquefois à deux, et très passagèrement à plus de 4 parties; mais alors, pour employer tous les instruments dont on peut disposer, il faut nécessairement doubler tripler ou quadrupler chaque partie du Duo, du Trio, ou du Quatuor; il faut avoir soin alors de ne pas faire des quintes réelles en doublant une partie par une autre à l'octave; c'est une faute à laquelle on ne s'expose plus, dès qu'on les double à l'unisson. C'est ordinairement les instruments à corde qu'on double par les instruments à vent, en les dépouillant des notes accidentelles qu'ils font en si grand nombre; ce cas sera démontré dans la 4.me partie. Mais il arrive souvent qu'on donne à deux masses différentes, deux basses différentes aussi. On a posé pour régle alors que CHAQUE MASSE DEVAIT AVOIR UNE BONNE BASSE. Ainsi, dans une partition, lorsque les instruments à vent n'ont pas la même basse que les instruments à corde, il faut que celle qu'on leur donne fasse bonne basse contr'eux. Quoique cet article sur la double basse appartienne plutôt au contre-point RENVERSABLE qu'à l'harmonie, nous allons en parler ici, puisque nous savons ce qu'on doit observer pour qu'une basse soit régulière, et que nous pourrons nous en servir en créant de DOUBLES CHŒURS.

Nous avons vu dans la 1.re partie au chapitre 4.me sur le second renversement des accords(Page 43,§§.36.) que pour faire une BONNE BASSE, *il fallait préparer et résoudre toutes les quartes justes qu'elle renfermait*.

Ainsi, pour obtenir une DOUBLE BASSE sous un chant quelconque, IL FAUDRA PRÉPARER ET RÉSOUDRE TOU-

---

(1) Dans tout morceau de musique la basse et le chant sont les deux parties les plus importantes, et celles que l'oreille entend le mieux; voilà pourquoi nous conseillons de les écrire toujours purement, et de leur donner le plus d'harmonie possible; or, une suite d'octaves ne fait jamais harmonie.

TES LES QUARTES JUSTES QU'ON RENCONTRERA DANS LES DEUX PARTIES QUI FERONT LA DOUBLE BASSE. Exemple...................

Ici, les deux parties inférieures font BONNE BASSE, non seulement contre le chant, mais encore entr'elles; cette condition n'est pas toujours de rigueur dans un orchestre; il suffit que chaque partie fasse bonne basse contre la masse d'instruments qu'elle accompagne, et que la plus grave des deux basses, qu'on place ordinairement à la partie des VIOLONCELLI et des CONTRE-BASSES, soit rigoureusement traitée; seulement, lorsqu'on les fait croiser, il faut autant que possible qu'elles fassent BONNE BASSE ENTR'ELLES. Mais lorsqu'elles accompagnent un CHŒUR DOUBLE, on a soin alors de les traiter toutes les deux de manière à ce qu'elles fassent BONNE BASSE contre le chant et entr'elles; en voici la raison:

DES CHŒURS DOUBLES.

Il arrive souvent que dans une grande solennité d'église, ou dans une situation théâtrale, on doit faire chanter tour-à-tour, ou simultanément, deux chœurs semblables ou différents, placés à une certaine distance l'un de l'autre; alors, il se présente les quatre versions suivantes:

1re VERSION.

Lorsque les deux chœurs sont écrits pour les mêmes voix, qu'ils se doublent à l'unisson, et qu'ils chantent ensemble, il n'y a rien de nouveau à dire, sinon que l'harmonie doit être pure, suivant qu'elle est écrite à deux, trois, quatre ou plusieurs parties: alors, il n'y a aucune faute à craindre, puisqu'en doublant chaque partie à l'unisson on ne fait que la renforcer par la quantité des voix, sans augmenter le nombre des parties réelles.

2me VERSION.

Si au lieu de doubler les parties à L'UNISSON, on les reproduit à L'OCTAVE, il faut avoir soin de ne pas écrire deux quintes réelles, comme aussi de ne pas faire descendre une partie supérieure au-dessous de la partie la plus grave, si elle n'a pas été traitée en BONNE BASSE: mais on peut doubler la basse par une partie intermédiaire; si on avait, par exemple, deux chœurs, l'un composé d'hommes et l'autre de femmes, on pourrait doubler la basse des hommes par le contr'alto des femmes, ce qui la transposerait à une octave supérieure: mais on devrait prendre garde alors de ne pas faire des quintes réelles.

Nous devons faire observer ici que lorsque les voix d'hommes et de femmes chantent ensemble dans un même lieu, la basse des hommes sert de bonne basse aux voix de femmes, sans qu'il soit nécessaire de leur en donner une seconde parmi elles qui soit régulière, abstraction faite de celles des hommes. Cela se

fait aussi quelquefois pour l'orchestre, où la basse des instruments à cordes sert de basse aux instru‑
ments à vent.

3.ᵐᵉ *VERSION*.

Lorsque ces deux chœurs chantent l'un après l'autre, il faut donner chaque fois à chacun une bon‑
ne basse, de quatre mesures à peu près.

4.ᵐᵉ *VERSION*.

Lorsqu'ils chantent ensemble, et qu'ils font une harmonie différente, il faut donner à chacun une bon‑
ne basse, s'ils ne font pas la même; et l'on peut même faire des quintes réelles entre les deux chœurs,
sans que l'oreille en soit blessée: la raison en est simple: comme les chœurs sont placés à une cer‑
taine distance l'un de l'autre, il est impossible que l'oreille saisisse les fautes qu'ils peuvent faire l'un par
l'autre, lorsque ces fautes sont affaiblies, ou même anéanties par la distance qui sépare les deux chœurs:
c'est aussi parceque la basse de l'un ne pourrait pas servir à l'autre qu'on leur donne à chacun une bas‑
se correcte, qu'elle soit la même, ou différente: mais les fautes que l'on ferait dans un même chœur se‑
raient mauvaises, et l'on doit strictement les éviter.

Ces chœurs se font à 2, 3, 4, 5, 6, 7 et 8 parties; le plus souvent, c'est un chœur à 3 ou 4 parties qu'on
double à l'unisson ou à l'octave par un autre; quelquefois, on donne à chaque chœur une harmonie différente;
cette seconde version est plus intéressante. À l'église, on les accompagne par deux orgues, ou par des bas‑
ses; ou bien, un chœur est accompagné par des basses, et l'autre par l'orgue; quelquefois aussi on les chante
sans accompagnement; mais alors il faut les écrire avec la plus grande pureté. On entend souvent ces chœurs
doubles dans les cathédrales d'Italie, et dans les temples russes, où ils sont chantés sans accompagnement.
Les auditeurs sont toujours placés au milieu des deux chœurs, et il est important alors de bien les traiter
tous les deux, parcequ'on les entend également, et d'une manière distincte; au théâtre, on les accompagne par
deux orchestres dont l'un joue derrière les coulisses, et l'autre à sa place ordinaire: mais alors on les fait dia‑
loguer; car s'ils chantaient ensemble, ils se confondraient. On les accompagne quelquefois par le même orches‑
tre, mais c'est moins intéressant; on pourrait aussi les faire chanter sans accompagnement.

DE LA MANIÈRE DE CRÉER
UNE DOUBLE BASSE.

1.° Pour faire une double basse, on invente d'abord la plus grave, puis on la chiffre. On crée ensuite une
autre basse sur celle-ci, d'après les accords indiqués, et on la chiffre encore. Après ce travail, on combine
les parties supérieures sur ces deux basses.

REMARQUE. Lorsqu'on a créé une double basse, c'est toujours sur la plus grave qu'on doit faire
reposer tout l'édifice de l'harmonie; c'est elle par conséquent qui doit faire les cadences, et déterminer le
repos final. Mais si les deux basses marchent ensemble, il n'est pas nécessaire que la plus haute reste
soumise à cette règle; elle peut alors renverser les accords de la cadence parfaite, pourvu que la basse

la plus grave les fasse entendre sans renversement,

Exemple

Les anciens, qui se faisaient sans doute un scrupule d'agir ainsi, donnaient une cadence régulière à

chacune de leur basse, Exemple..........

Les compositeurs qui ont précédé le 18.ᵐᵉ siècle ont posé pour régle que les deux basses pouvaient

marcher de L'UNISSON à L'OCTAVE, et de L'OCTAVE à L UNISSON; on retrouve encore cette régle si pauvre

dans le traité de contre-point et fugue, que Chérubini vient de faire

paraître au 19ᵐᵉ siècle: voyez ce traité, Page 59. Voici l'exemple

que nous lui empruntons,.......................................

Palestrina faisait ainsi les doubles basses; or, qu'elle différence trouvez-vous entre ces deux basses? n'est-ce pas une dérision de dire qu'elles sont différentes; et ne fallait-il pas un grand effort de génie pour inventer cette régle de deux basses différentes, qui rendent à l'oreille l'effet d'une seule et même basse, puisqu'elles marchent constamment à l'unisson et à l'octave!

2ᵉ. On invente deux basses différentes qu'on chiffre, et aux quelles on donne les mêmes accords. Ces deux basses doivent être exécutées ensemble: puis, on crée une harmonie correcte sur chacune d'elles, d'après les accords exprimés par leurs chiffres, et l'on réunit ensuite les deux chœurs.

REMARQUE. On peut faire des octaves entre toutes les parties soit d'un même chœur, soit d'un chœur à l'autre, pourvu que ce ne soit pas entre la basse et le chant. Mais il faut, pour que cette licence soit tolérée, que la masse des sons simule une harmonie à 7 ou 8 parties, afin que cette harmonie reste toujours complète et nombreuse.

Il faut avoir soin aussi de compléter l'harmonie des deux chœurs en la rendant aussi intéressante que si elle était isolée, afin que ceux qui se trouvent placés plus près d'un chœur que de l'autre, puissent en recevoir une impression agréable.

RÉSUMÉ.

1⁰ Pour créer une DOUBLE-BASSE, il faut préparer et résoudre régulièrement dans chaque partie les quintes parfaites, qui donnent en se renversant des quartes justes.

2⁰. Il faut, lorsqu'on réunit les deux Chœurs, que chacun ait une basse correcte, com-

me s'il chantait seul.

3º. *Lorsque les deux chœurs ont une basse commune, et qu'ils chantent ensemble, il faut que cette basse soit exécutée en même temps; car la basse d'un chœur ne pourrait servir de basse à l'autre, à cause de la distance qui les sépare.*

4º. *Lorsque chaque chœur a une basse différente, il faut que chacune soit traitée d'une manière régulière, et c'est toujours la plus grave qui doit faire toutes les cadences.*

5º. *Lorsque les deux chœurs chantent alternativement, il est évident que chacun doit avoir à son tour une bonne basse.*

6º. *Lorsqu'on prend une basse commune, on brode ordinairement l'une des deux basses.*

7º. *Lorsqu'on réunit la masse des instruments à vent à celle des intruments à cordes, il faut donner à chacune de ces deux masses une basse correcte, comme si elles s'exécutaient isolément.*

Cette dernière observation ne trouvera son application que dans la 4.ᵐᵉ partie, où nous unirons ces deux masses.

VOICI LES DIFFERENTES MANIÈRES

DONT LES ANCIENS SE SERVAIENT POUR CHIFFRER LES ACCORDS

CONTENUS DANS CETTE SECONDE PARTIE.

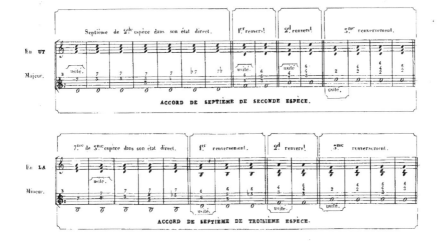

Pour les accords altérés en montant, on ajoute un ♯ ou un ♮ devant le chiffre qui représente la note altérée; il en est de même pour l'altération en descendant; voici pourtant quelques accords qu'on chiffre différemment: Exemple..

Ces dernières manières de chiffrer les accords altérés en descendant sont les plus usitées.

VOICI LA MANIÈRE DE CHIFFRER QUE NOUS AVONS ADOPTÉE DANS CETTE MÉTHODE.

(1) Les anciens plaçaient indifféremment les accidents avant ou après les chiffres, et les chiffres au-dessus ou au-dessous de la basse.

(2) Dans cet accord de quinte augmentée avec septième, ils indiquaient la 5ᵗᵉ augmentée par ♯12, et par ♯10 dans son renversement, pour prévenir l'accompagnateur qu'il devait placer cette note à la partie supérieure, afin d'éviter la tierce diminuée. ils remplaçaient le ♯ par une +.

Nous avons chiffré toutes ces 7.mes comme celle de la 1re espèce. On les reconnaît par les intervalles qui les composent; quant aux accords altérés nous les chiffrerons toujours comme les mêmes accords sans altération, en ajoutant devant les nouveaux chiffres qui représentent les notes altérées les accidents nécessaires pour les faire reconnaître.

VOICI UNE NOUVELLE MANIÈRE DE CHIFFRER
DONT ON POURRAIT ENCORE SE SERVIR.

On écrit sous la note de la basse le nom de la fondamentale de l'accord qu'on veut faire entendre, en le faisant suivre d'un chiffre qui représentera le nombre de notes qui composent cet accord. Ainsi, pour un accord de trois sons, on écrit le nombre 3, pour celui de quatre sons, un 4, et un 5 pour un accord de cinq sons:

La portée inférieure représente les accords exprimés par les chiffres de la portée supérieure.

Lorsqu'on altère une note de l'accord par un ou plusieurs accidents qui ne sont pas à la clef, il faut ajouter au-dessus de la note de la basse les chiffres précédés de ces accidents, et représentant la distance que font avec la basse les notes qui doivent recevoir ces accidents.

Lorsque la fondamentale reçoit un accident, il faut l'écrire après le nom qui la désigne, ainsi que nous l'avons fait aux deux exemples marqués d'une +, où nous avons écrit FA ♯, et MI ♭.

REMARQUE. Nous devons nous rappeler que les accords se forment de tierces en tierces en montant, et que lorsque nous trouvons sous une note quelconque de la basse le nom SOL, par exemple, suivi d'un 3, nous avons alors un accord de trois sons, SOL, SI, RÉ; si ce SOL est suivi d'un 4 ou d'un 5, il désignera un accord de 4 sons, SOL, SI, RÉ, FA, ou bien un accord de 5 sons, SOL, SI, RÉ, FA, LA.

FIN DE LA SECONDE PARTIE.

TROISIÈME PARTIE.

DES NOTES ACCIDENTELLES,

(Ou notes étrangères à l'accord.)

Nous engageons l'élève à bien travailler la troisième partie qui est peut-être plus importante que les deux premières ; dans celle-ci, on apprend l'harmonie réelle ; dans la troisième, on traite des NOTES ACCIDENTELLES, de celles qui donnent le plus de nouveauté à la musique , et sans lesquelles il n'y aurait presque pas de mélodie possible.

Avec de l'application, on peut apprendre la théorie des accords, et les enchaîner d'une manière riche et savante; mais les notes accidentelles varient ces accords à l'infini; par elles la mélodie revêt des formes toujours nouvelles, éblouissantes. Là, il n'y a presque plus de règles; c'est au goût, à l'imagination, à la hardiesse du génie, d'inventer des choses qui étonnent.

Dans l'étude de l'harmonie deux choses excitent au suprême dégré la curiosité et l'émulation des élèves, et leur paraissent des mystères impénétrables; c'est l'enchaînement des accords, que nous avons longuement démontré dans les deux premières parties, et la manière de créer une harmonie convenable sous une phrase mélodique renfermant des notes étrangères à l'accord qui l'accompagne; nous discutons ce dernier point avec le plus grand soin dans la troisième partie, en nous appuyant toujours sur des causes approuvées par l'expérience et le bon goût. Il serait difficile d'approfondir la véritable origine des notes accidentelles; elles dérivent autant du hasard et du caprice des hommes, que du besoin de varier la mélodie, qui sans elles serait trop uniforme et ressemblerait à une prière, ou à un plain-chant. (I)

Au 14.me siècle, on s'en servait déjà pour broder la partie de Dessus dans les chœurs d'église: depuis, elles ont passé dans toutes les parties, et jouent un rôle très important dans toutes les compositions modernes, surtout dans les opéras italiens, où l'harmonie est presque toujours sacrifiée au chant; elles rajeunissent souvent des idées vieilles et routinières, et font la MODE en musique.

Nous allons traiter cette matière importante avec les plus grands développements.

INTRODUCTION.

Leçon 1re

(SS. 124.) L'harmonie se compose de NOTES RÉELLES, et de NOTES ACCIDENTELLES; on nomme NOTES RÉELLES celles qui font partie de l'accord, et les autres, NOTES ACCIDENTELLES, parcequ'elles sont étrangères à l'accord sur lequel elles sont frappées: ex..........

(1) Les notes accidentelles servent aussi à mettre plus de liaison entre les notes réelles d'une mélodie, et quelquefois à leur donner une physionomie neuve et piquante.

RÈGLE GÉNÉRALE. Il faut que l'harmonie, dépouillée de toutes les notes accidentelles, reste correcte; voici l'exemple précédent écrit seulement avec les notes réelles des accords:

Ces notes étrangères sont donc entièrement subordonnées aux notes réelles. On peut les employer dans toutes les parties, au commencement et sur chaque point d'une phrase, mais jamais à la fin, car chaque phrase, et même chaque membre de phrase, ne peut terminer qu'avec les notes réelles, c'est-à-dire, qu'il faut que la dernière note d'une phrase, ou d'un membre de phrase, soit une note réelle.

L'emploi de ces notes accidentelles dépend surtout du goût et du sentiment musical; elles servent à orner une ou plusieurs notes réelles, le plus souvent à distance de seconde majeure, et mineure.

Division des notes Accidentelles.

(SS. 125.) Les notes accidentelles se divisent en deux espèces. I.re ESPÈCE: Les notes accidentelles de première espèce sont celles qui servent à orner une note, ou à remplir l'intervalle qui existe entre deux notes réelles différentes; on les appelle: I.° BRODERIES; 2.° APPOGIATURES; 3.° NOTES DE PASSAGE.

2.ème ESPÈCE: les notes accidentelles de seconde espèce sont celles qui ne deviennent notes accidentelles que par la prolongation. On les nomme: I.° RETARDS; 2.° SUSPENSIONS; 3.° PÉDALE.

REMARQUE. Ce qui distingue ces deux espèces de notes accidentelles, c'est qu'on peut faire avec un seul accord celles qui appartiennent à la première espèce, tandis que celles de la seconde espèce nécessitent au moins deux accords, puisqu'elles sont toujours une prolongation d'un accord qui précède.

Chapitre Premier.

Des notes accidentelles de I.re espèce.

(SS. 126) Elles se divisent: { 1.° En notes accidentelles qui se trouvent entre deux notes réelles semblables, (BRODERIES.)
2.° .... avant ou après une note réelle, (APPOGIATURES.)
3.° .... entre deux notes réelles différentes, (NOTES DE PASSAGE.)

ARTICLE I.er
des Broderies.

. . . .

On appelle BRODERIES les notes accidentelles qui se font entre deux notes semblables, à distance de seconde majeure ou mineure; .... Exemple.

MANIÈRE D'EMPLOYER LES BRODERIES.

Une note, (par exemple)   faisant partie d'un seul accord,   ou de deux, dans une ou plusieurs mesures,

peut être coupée, par les notes qui *NOTES BRODÉES.* l'entourent, à distance de seconde majeure, Exemple.......... *HARMONIE.*

ou de secon- *NOTES BRODÉES* de mineure; Exemple.......... *HARMONIE.*

Ces notes accidentelles s'appellent **BRODERIES**, et la note coupée par elles, **NOTE BRODÉE.**

La broderie est .... ou inférieure; .... elle est simple, ... double, supérieure, Exemple. .... Exemple..... .... Exemple.......... .... Exemple..........

triple, qua- .... S'il y a changement d'accord, druple; Ex. .... & la broderie peut avoir lieu à la fin du premier, Ex..........

ou à l'entrée .... ou à la fin du premier et à du second. Ex. .... l'entrée du second en même temps; Exemple ....

ou .... Mais il vaut mieux que l'entrée de l'accord tombe sur une note réelle, Ex..........

Ainsi, la broderie se trouve toujours entre deux notes semblables, qu'elle coupe à distance de seconde majeure ou mineure. On peut doubler la note brodée par une partie supérieure ou inférieure, pourvu que ce soit au moins à distance d'octave; si on le faisait à l'unisson, il en résulterait une dureté insupportable, Exemple..........

(SS.127) REMARQUE. On peut broder toutes les notes réelles, et, comme on le verra bientôt, toutes les notes accidentelles. La broderie peut frapper un intervalle de seconde avec une note réelle: Exemple..........

Voici un exemple à quatre parties avec des broderies.

Andante.

(2)

Ou pourrait accompagner ce chœur par des instruments qui feraient entendre la même harmonie avec ou sans notes accidentelles.

(1) Pour faciliter l'analyse des notes accidentelles, nous les marquerons dans ce cours par l'initiale de leur nom. (**B. A. P. S.**)

(2) Les notes accidentelles ne se désignent pas ordinairement par des chiffres, excepté dans certains cas qu'on verra dans un autre chapitre, ainsi;

L'élève réalisera la basse suivante, en employant des broderies dans les différentes parties, et en ne les empruntant qu'aux notes naturelles de la gamme dans laquelle il écrit. Il évitera de frapper des broderies dans deux parties à la fois, ce cas n'étant pas encore expliqué: il devra indiquer aussi toutes les broderies.

(L'élève créera des chants et des basses avec des broderies, puis il les remplira à trois et quatre parties on lui donnera aussi des périodes dont chaque phrase de 4 ou 8 mesures sera composée d'un même accord, sur lequel il cherchera plusieurs mélodies.) (I)

DES BRODERIES MÉLODIQUES ET HARMONIQUES.

Leçon 2me

(SS. 128.) On pourrait aussi diviser les broderies en MÉLODIQUES et HARMONIQUES; On les appellerait BRODERIES MÉLODIQUES, lorsqu'elles se font dans une seule partie, Exemple.... et BRODERIES HARMONIQUES, lorsqu'elles se frappent dans deux ou trois parties en même temps, Exemple......

REMARQUE. Lorsqu'on frappe des broderies dans plusieurs parties à la fois, il faut qu'elles observent envers LES NOTES RÉELLES, LES MÊMES RÈGLES, QUE CES DERNIÈRES ENTR'ELLES. Ainsi, on évite de faire des quintes ou des octaves consécutives; on fait marcher le plus souvent les parties, qui exécutent les broderies en même temps, EN TIERCE, Exemple ......

OU EN SIXTES, Ex......

ou en mouvement contraire; Ex......

lorsque les deux parties supérieures font des broderies à LA QUARTE, il faut les accompagner par la SIXTE, Exemple......

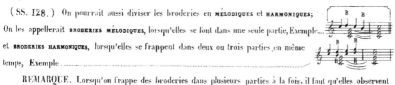

on ne chiffre pas les broderies; seulement pour indiquer qu'elles sont notes étrangères, on tire un trait au-dessus ou au-dessous de la basse, en partant de la première note réelle de l'accord jusqu'à celle de l'accord suivant; Exemple......

ACCORD D'UT, MI, SOL.

Lorsque le trait part d'une note non chiffrée, et s'étend jusqu'à une autre note chiffrée, cela veut dire que la broderie appartient à l'accord qui la suit; Exemple......

(1) En général, on fait marcher par mouvement contraire ou oblique les intervalles de 2des 7mes ou 9mes

(Exemple à quatre parties avec des broderies mélodiques et harmoniques.)

(SS. 129.) La broderie admet toutes sortes de combinaisons dans la valeur des notes; Exemple:

La broderie se fait en général avec de petites valeurs; ce n'est qu'avec la broderie simple qu'on peut en employer de grandes, Ex......

ou bien avec l'une des deux notes de la broderie double: Exemple.....

REMARQUE. Lorsque la broderie est de longue valeur, il vaut mieux la placer dans une partie haute, en l'éloignant le plus possible des parties accompagnantes. Cette dernière observation s'applique encore à la broderie, lorsqu'elle se trouve dans une partie intermédiaire.

(SS. 130.) Les broderies se font avec les notes naturelles de la gamme à laquelle appartient l'accord qui les accompagne; Exemple.......................

Accord d'ut appartenant au ton de **SOL**, (ou 4.ᵉ dégré de la gamme de Sol.)

Accord d'ut, 5.ᵉ dégré de **FA** majeur.

Accord d'ut maj. 5.ᵉ dégré de **FA** min.

Elles offrent encore un moyen pour moduler dans les tons éloignés(1) Exemple.............

D'UT MAJEUR en LA ♭.

Avec les broderies on peut faire des modulations enharmoniques: Ex.....

De **FA** majeur en **MI**.

Dans cet exemple, les broderies forcent à considérer le si♭ comme un **LA** ♯, et font par conséquent une modulation enharmonique.

(SS. 131) On peut altérer pourtant les notes de la broderie sans changer de ton,

1.ᵉ En rapprochant de la note brodée la note inférieure de la broderie simple ou double;(2) Exemple...........

En UT min.

En UT min: ou majeur.

En UT Majeur.

En UT Mineur.

2.ᵒ En revenant chromatiquement de la note supérieure ou inférieure vers la note brodée; on peut même dans ce cas éloigner jusqu'à distance de seconde majeure la note supérieure ou inférieure; Ex...........

En UT majeur ou mineur.

(Dans le style sévère, on défend la 3.ᶜᵉ diminuée, même de la manière suivante; Ex.

mais on s'en sert dans la musique d'opéra, de symphonie, sans en abuser.)

3.ᵒ En descendant la 7.ᵐᵉ note de la gamme mineure lorsqu'elle sert à broder la sixième; Exemple......

En LA Mineur.

4.ᵒ En altérant la note brodée et la broderie; Ex.....

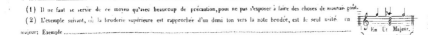

(1) Il ne faut se servir de ce moyen qu'avec beaucoup de précaution, pour ne pas s'exposer à faire des choses de mauvais goût.

(2) L'exemple suivant, où la broderie supérieure est rapprochée d'un demi ton vers la note brodée, est le seul usité en majeur: Exemple ....

En Ut Majeur.

BRODERIE DE LA BRODERIE.

(SS. 132.) Nous avons dit que les notes accidentelles pouvaient être brodées; ce principe s'applique à la broderie elle-même; ce qui fait la BRODERIE de la BRODERIE. Exemple............

Cette BRODERIE DE LA BRO-DERIE s'emploie rarement.

Voici quelques figures usitées, provenant de la répétition et de l'amalgame des différentes broderies: Ex.

(Chant à accompagner d'une basse chiffrée, d'un Ténor, et d'un second Soprano, voyez dans la 2de partie, Page 84.)

(L'élève créera des basses et des chants avec des broderies, puis il reprendra des basses qu'il a déjà faites; il cherchera aussi un motif de 4 à 5 mesures, qu'il transposera dans plusieurs tons, en l'accompagnant toujours d'une manière différente.)

ARTICLE 2me

APPOGIATURES, (2) *OU NOTES DE GOÛT.*

Leçon 3me

(SS. 133.) Les notes accidentelles, qui se trouvent placées avant ou après une note réelle, s'appellent APPOGIATURES; elles sont de première ou seconde classe: celles qui précèdent la note réelle appartiennent à la première classe, et celles qui suivent, à la seconde; Exemple..................

Appogiatures de 1e Classe.   Appogiatures de 2e Classe.

(1) Lorsque les broderies sont écrites en petites notes, on peut les exécuter à volonté, suivant le caractère du morceau; mais cette licence cesse, dès qu'elles sont écrites en notes ordinaires, car alors il faut se conformer à la valeur indiquée par le compositeur.

(2) APPOGIATURA est un mot italien qui signifie APPUYÉE. Les APPOGIATURES sont de petites notes, ou notes de goût, qui s'appuyent ou doivent s'appuyer sur des notes réelles, quelquefois sous-entendues.

La broderie prend le nom d'ap-pogiature, lorsqu'on retranche la note réelle qui la précède ou qui la suit; Exemple................

En retranchant la note réelle qui précède chaque broderie, il restera les appogiatures suivantes, Ex.

Pour obtenir les appogiatures de seconde classe (2) Il faut retrancher la note réelle qui suit immédiatement la broderie: Exemple.....

Ces appogiatures de seconde classe sont moins usitées que les autres; les anciens maîtres n'en ont jamais parlé.

OBSERVATION. Pour analyser l'Appogiature, et se convaincre qu'elle est bien employée, il faut l'entourer de la note réelle sur laquelle elle doit s'appuyer: elle doit être régulière comme broderie.

Ces Appogiatures, comme les Broderies, peuvent s'écrire avec de petites notes, Exemple..........

ou avec les notes ordinaires; Ex.

dans le premier cas, on peut les exécuter en leur donnant une valeur arbitraire; dans le second cas, il faut les dire telles qu'elles sont écrites.

(SS.134.) 1°. C'est surtout dans la partie supérieure, celle qui fait le chant, qu'on place les appogiatures; on les frappe aussi quelquefois dans les parties intermédiaires et même dans la basse, mais plus rarement, parcequ'elles pourraient nuire à l'harmonie, en défigurant les accords. Elles doivent toujours se résoudre par dégrés conjoints soit en montant soit en descendant, avec cette différence, qu'on hausse presque toujours la note inférieure de l'appogiature simple ou double, tandis que sa note supérieure, c'est-à-dire celle qui se résout en descendant, se fait avec les notes naturelles de la gamme du ton où l'on est; Exemple...

2°. Les Appogiatures de 1.re classe se frappent ordinairement sur les temps forts de la mesure, ou sur la partie forte de chaque temps: celles de 2.de classe au contraire se placent presque toujours sur le dernier temps de la mesure, ou sur la partie faible de chaque temps; Exemple............................

REMARQUE. Les Appogiatures de 1.re classe peuvent se frapper simultanément avec les notes réelles des accords, lors même qu'elles ont une grande valeur: Ex.

3°. Comme les Broderies, les appogiatures sont simples et doubles: Exemple............

4°. Elles peuvent se frapper dans deux parties à la fois: Exemple..

(1) Cet exemple, pour être plus régulier, pourrait aussi s'écrire de la manière suivante: Exemple
(2) Reicha appelait les appogiatures de seconde classe, ÉCHAPPÉES.
(3) Dans cet exemple, l'appogiature est frappée au temps faible de la mesure; ce cas se rencontre assez souvent.
(4) On frappe souvent comme appogiatures la 4.te juste, aug. et dim., la 5.te aug., la 7.me et la 9.me majeures et mineures.

REMARQUE. Lorsque les appogiatures ont une longue valeur, il faut, autant que pos-sible, ne les frapper qu'après avoir fait entendre l'accord réel, surtout si on les place dans la basse, ou les parties intermediaires: dans ce dernier cas, on doit éloigner les au-tres parties de celle qui fait les appogiatures:..

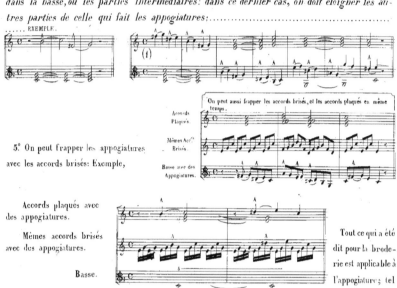

5.° On peut frapper les appogiatures avec les accords brisés: Exemple,

Accords plaqués avec des appogiatures.

Mêmes accords brisés avec des appogiatures.

Basse.

Tout ce qui a été dit pour la brode-rie est applicable à l'appogiature; tel

que:le changement d'accord, Exemple:

l'appogiature de l'appogiature, Ex....   la valeur des notes et l'alteration; Ex....

Nous ne parlons ici que de l'appogiature de 1ʳᵉ classe, l'autre n'étant presque jamais employée.

On peut employer la broderie et l'appogiature en même temps; voici quelques figures provenant de cet amalgame: Exemple,

(1) On doit remarquer que les appogiatures se font plus souvent avec des notes étrangères à la gamme du ton, où l'on est.

(2) On rencontre souvent le cas suivant, où la note supérieure de l'appo-giature est altérée par exception, sans que le ton soit changé: Exemple .... Cela vient de ce que la 5ᵉ diminuée RE♯, FA♮, serait trop dure à l'oreille.

Quand à l'appogiature de seconde classe, on en a fait si peu d'usage jusqu'à présent, qu'il serait difficile de fixer son emploi d'une manière aussi positive que pour l'appogiature de Ire classe: elle ne se fait ordinairement qu'avec de courtes valeurs sur les temps faibles, ou les parties faibles des temps, et se résout
en tombant immédiatement sur une appogiature de Ire classe; Exemple,

REMARQUE. L'appogiature de Ire Classe peut être suivie
immédiatement d'une appogiature de seconde Classe; Ex......

(L'élève créera des chants et des basses, en indiquant les broderies et les appogiatures par leurs initiales.)

(1) On chiffre les appogiatures comme les broderies, en traçant sur elles un trait qui par-
te de la note réelle à laquelle elles appartiennent; Exemple ....

(2) Pour accompagner un chant, il faut chercher d'abord les cadences et les modulations.

ARTICLE 3.me

DES NOTES DE PASSAGE.

Leçon 4.me

(SS. 135.) Lorsqu'une partie fait deux notes réelles différentes, Exemple......  sur un, ou deux accords, Ex .....

il existe toujours entre ces deux notes réelles une distance d'un ou plusieurs intervalles; la note ou les notes étrangères à l'accord qui servent à remplir cette distance se nomment NOTES DE PASSAGE; Ex......

RÈGLE. ON PEUT PARCOURIR PAR DES NOTES ACCIDENTELLES, EN ALLANT TOUJOURS PAR DÉGRÉS CONJOINTS, SOIT EN MONTANT SOIT EN DESCENDANT, L'ESPACE QUI SE TROUVE ENTRE QUELLES NOTES RÉELLES QUE CE SOIT; CES NOTES ACCIDENTELLES SE FONT DANS TOUTES LES PARTIES, SIMPLES, DOUBLES, TRIPLES, etc.

I.° Elles doivent toujours marcher par dégrés conjoints en remplissant les intervalles qui existent entre deux notes réelles différentes; Exemple.........................

Si on les écrivait par dégrés disjoints, on ferait des APPOGIATURES, au lieu de NOTES DE PASSAGE; Exemple ....

Ainsi, L'APPOGIATURE ne va jamais par dégrés conjoints; elle s'attaque sans préparation; tandis que LA NOTE DE PASSAGE se lie toujours aux notes réelles en remplissant par dégré conjoint l'intervalle qui les sépare; et le ne peut donc pas commencer un trait, ni le terminer, sans s'appuyer sur une note réelle:

Exemple,  . Le SI est une APPOGIATURE de première classe et non une note de PASSAGE.

. Le FA est une APPOGIATURE de seconde classe, et non une NOTE DE PASSAGE.

REMARQUE. Nous savons que l'intervalle de SECONDE AUGMENTÉE forme un dégré disjoint; nous ne pourrons donc jamais l'employer comme NOTE DE PASSAGE; Ex........ Le RE ♮ est appogiature dans cet exemple, parcequ'il forme un intervalle disjoint avec le 1.er UT.

(SS. 136.) 2.° Les notes de passage se font ordinairement sur les temps faibles de la mesure, ou sur les parties faibles des temps, surtout lorsqu'on les place à la basse; si elles ont lieu dans plusieurs parties à la fois, elles doivent alors marcher, autant que possible, par TIERCES, ou par SIXTES, et quelquefois par mouvement contraire; dans ce dernier cas, on peut frapper toujours, entre ces notes accidentelles, des quintes, des quartes, des secondes, et des septièmes: Exemple,

BASSE.

(1) En disant dans la 1.re partie (Page 10, SS. ♣.) qu'il pouvait y avoir réunion de notes différentes sans qu'il y eût accord, Nous avons voulu parler des notes accidentelles qui peuvent se frapper simples, doubles, triples, etc avec toutes les notes des accords, sans en faire partie.

(2) On ne rencontre l'intervalle de 6.te diminuée, et de 5.^{ce} augmentée, que comme notes accidentelles, et rarement comme notes réelles.

Si on fait marcher deux parties par QUARTES, il faut qu'une troisième, écrite au-dessous d'elles, les accompagne par la SIXTE; Exemple,

Dans un mouvement très vif.

Lorsqu'on fait des NOTES DE PASSAGE dans plusieurs parties à la fois, il faut que ce soit autant que possible dans les parties hautes, dans un mouvement vif, et rarement dans la basse. Ainsi, les exemples que nous venons de donner produiraient un effet insupportable s'ils étaient employés dans des mouvements lents.

(SS. 137.) 3° Comme les broderies, les notes de passage peuvent se frapper pendant la durée d'un accord quelconque; seulement, on évite de les doubler à l'unisson: Exemple..........

Lorsqu'il y a changement d'accords, elles peuvent avoir lieu à la fin du I.ᵉʳ Exemple.............. à l'entrée du second, Ex.

ou à la fin du I.ᵉʳ, et à l'entrée du 2.ᵈ en même temps: Exemple, mais il vaut mieux que l'entrée de l'accord tombe sur une note réelle, surtout dans la basse, et dans les mouvements lents.

4° Elles s'emploient le plus souvent avec de petites valeurs; Exemple..................

Lorsqu'on les frappe avec de grandes valeurs, il faut, autant que possible, qu'elles marchent d'une manière symétrique; Exemple,

Bon   Bon   Bon   moins bon.

(SS. 138.) 5° Elles se font avec les notes de la gamme du ton où l'on est, que la modulation soit passagère ou non; Ex.

En UT majeur.   En SOL majeur.   En FA majeur.
1.ᵉʳ degré.   4.ᵉ degré.   5.ᵉ degré.

On ne peut les altérer qu'en les faisant marcher chromatiquement, Ex.

mauvais.

Le FA ♯ est mauvais, parcequ'il y a un FA ♮ dans l'accord.

Le FA ♯ est regardé ici comme appoggiature de seconde classe, parcequ'il fait un intervalle de seconde augmentée avec le SOL ♮.

En UT MAJEUR. En FA MAJ: En FA MIN: ou en SOL MAJ:

Ainsi, sous cette gamme chromatique, on peut prendre l'accord UT, MI, SOL, dans les tons d'UT, et FA majeurs, et dans ceux de FA mineur, et SOL majeur.

REMARQUE. Une gamme qui finit avec la note par laquelle elle a commencé, en parcourant CHRO-MATIQUEMENT, soit en descendant soit en montant, tous les intervalles renfermés entre ces deux notes, (comme dans l'exemple précédent) peut être accompagnée par tous les accords, dont cette note, qui la commence et la termine, est note réelle, n'importe le ton où l'on est: Exemple,

En un mot, on peut faire, avec cette gamme, tout ce qu'on ferait avec la note UT, si elle était isolée.

D'après tout ce que nous venons de dire, LES NOTES DE PASSAGE peuvent aussi servir à moduler: Exemple..........

On chiffre les NOTES DE PASSAGE en traçant un trait qui s'étende de la 1.re note réelle jusqu'à celle de l'accord suivant; Exemple,

(SS. 139.) En mineur, les gammes avec des notes de passage sont difficiles à faire, à cause des 6.me et 7.me dégrés, qu'on est souvent obligé d'altérer accidentellement d'un demi-ton; ainsi, en mineur, on peut, sans changer de ton, hausser la 6.me note, lors-même qu'on ne marche pas chromatiquement; mais il faut,

alors, qu'elle soit précédée ou suivie de la note sensible; Exemple......

On peut aussi baisser la 7.me note, quand elle est précédée ou suivie de la 6.me sans altération; Ex.

ou bien, de la manière suivante: Exemple......

---

(1) Dans les notes accidentelles, le chromatique en montant s'écrit avec des ♯, et le chromatique en descendant avec des ♭. Dans les tons qui ont beaucoup de dièses à la clef, on remplace souvent les ♭ par des ♮, et les ♮ par de doubles dièses.

(2) FA ♮ et SOL ♯ sont ici deux appogiatures, le FA ♮ de 1.re classe, le SOL ♯ de 2.de classe.

La gamme en mineur peut donc se faire de plusieurs manières: voici comment on doit l'écrire avec l'accord de 9.ᵐᵉ MINEURE; Ex.....

Nous avons écrit FA ♮ et SOL ♯, parceque ces deux notes appartiennent à l'accord de neuvième mineure, et qu'on aurait fait une grande faute en prenant FA ♯, ou SOL ♮.

Avec l'accord du 4.ᵐᵉ dégré, on peut l'écrire ainsi qu'il suit; Ex.

4.ᵐᵉ dégré de LA MINEUR.

On ne peut pas prendre FA ♯ parcequ'il y a un FA ♮ dans l'accord de RÉ, FA, LA. On peut, à cause de l'accord de RÉ, prendre accidentellement UT ♯, mais on aurait tort de frapper un SI ♭, parcequ'on s'éloignerait trop alors de la gamme de LA MINEUR, à laquelle appartient cet accord.

Sur l'accord de SIXTE AUGMENTÉE, on ne peut faire la gamme que de la manière suivante; Ex.

En LA MINEUR.

On pourrait faire aussi Sol ♯.

Dans l'exemple suivant, nous faisons UT ♯, parceque nous sommes dans la gamme de RÉ MAJEUR, et que la 7.ᵐᵉ diminuée SOL ♯, SI, RÉ, FA, est

prise en demi-modulation; Ex.

Voici quelques figures provenant de l'amalgame des notes accidentelles dont nous venons de parler; Ex.....

On pourrait encore analyser quelques uns de ces exemples de la manière suivante; Ex......

Basse à employer si on ne partise.

CHAPITRE DEUXIÈME.

DE LA RÉALISATION DES NOTES ACCIDENTELLES DE 1re ESPÈCE

ARTICLE 1er.

De la pureté dans la réalisation.

Leçon 5me

(SS. 140.) Il faut que, dans la réalisation, les notes accidentelles observent envers les notes réelles les mêmes régles que ces dernières entr'elles; on fait pourtant quelquefois dans de petites valeurs deux quintes réelles avec la broderie; Ex.

ou avec l'appogiature, Ex.

On les fait aussi avec une note de passage, mais seulement quand elle frappe sur l'entrée d'un accord; Exemple,

ou sur un changement de position d'accord; Ex....

Il en est de même pour les notes accidentelles entr'elles, lorsqu'elles sont frappées dans plusieurs parties à la fois; malgré ces licences, il vaut encore mieux les faire marcher en tierces; Exemple......

Ou en sixtes; Exemple....

ou en mouvement contraire; Exemple.....

On évite en général de doubler à l'unisson une note qui reçoit une appogiature, ou une broderie, Exemple..............

à moins que ce ne soit pour deux parties dont le timbre diffère essentiellement, comme la voix et un instrument, ou le piano et le cor.

On peut, au moyen des notes de passage, faire monter la 7ᵐᵉ; Exemple,

La FAUSSE RELATION est aussi quelquefois permise avec les broderies et les appogiatures; Exemple....

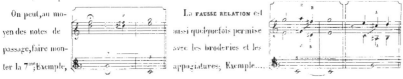

Il ne faut pas abuser de ces exceptions.

De la manière de chiffrer les notes accidentelles de 1ʳᵉ Espèce.

(SS. 141.)On n'indique pas par des chiffres les notes accidentelles qui se font dans les parties supérieures; si elles sont placées dans la basse, on chiffre la première note réelle de l'accord, et l'on trace une ligne qui se prolonge sur toutes les notes qu'on veut faire entendre pendant la durée de cet accord:

Exemple,

Si l'entrée de l'accord se fait par une note étrangère, on trace une ligne rétrograde qui parte de la 1ʳᵉ note réelle de l'accord, et qui se prolonge sur la note accidentelle qui la précède; Exemple.......

Voici un Exemple de réalisation avec des notes accidentelles:

(L'élève indiquera toutes les notes accidentelles par l'initiale de leur nom, puis il les retranchera pour examiner si les accords s'enchaînent d'une manière élégante et correcte.)

ARTICLE 2me.

DIFFÉRENTES MANIÈRES DE RÉALISER (1)

(SS. 142.) Les notes accidentelles de 1re espèce peuvent être répétées immédiatement, Exemple.......

ou coupées par de courtes pauses, et dans un mouvement vif; Exemple.....

Elles peuvent être employées avec des accords brisés: Exemple.....

On peut aussi, lorsque deux parties marchent à l'octave, en broder une, tandis que l'autre ne fait entendre que les notes simples: Exemple..........

On brode ordinairement la partie supérieure.

On peut doubler en forme de notes accidentelles une dissonance qui a besoin de préparation; Ex:

---

(1) On peut frapper en même temps dans plusieurs parties les notes accidentelles de différentes espèces, mais alors elles doivent marcher autant que possible en 3ces en 6tes ou en mouvements contraire et oblique. Il serait mal de frapper plusieurs secondes de suite.

(2) La note sensible, employée comme note de passage, peut très bien descendre.

Les parties doublées à l'octave peuvent se briser de plusieurs manières: Exemple.....

On peut donc, comme dans les notes réelles, rendre l'effet de plusieurs parties par une seule.

Chant à accompagner d'une basse chiffrée.

Basse à chiffrer et à réaliser à 3 et 4 parties.

L'élève prendra toutes les basses qu'on lui a données dans les deux premières parties, et il les réalisera avec des notes accidentelles de 1re espèce.

CHAPITRE 3.ᵐᵉ

Des notes accidentelles de deuxième espèce, (Prolongations.)

Leçon 6.ᵐᵉ

(SS. 143.) Ces notes accidentelles sont toutes formées par la prolongation d'une ou plusieurs notes réelles d'un accord précédent, et quelquefois par le retard des notes accidentelles: elles se divisent, 1.ᵉ ᴇɴ ʀᴇᴛᴀʀᴅs, 2.ᵉ ᴇɴ sᴜsᴘᴇɴsɪᴏɴs, 3.ᵉ ᴇɴ ᴘᴇ́ᴅᴀʟᴇs.

Nous allons donner des instructions particulières pour l'emploi différent de chacune d'elles.

ARTICLE I.ᵉʳ

DES RETARDS.

(SS. 144.) Les notes accidentelles que certains auteurs appellent sʏɴᴄᴏᴘᴇs et ᴀɴᴛɪᴄɪᴘᴀᴛɪᴏɴs, ne sont que des ʀᴇᴛᴀʀᴅs employés sous différentes formes: nous allons en faire une analyse détaillée.

1.ᵉ ᴅᴜ ʀᴇᴛᴀʀᴅ: une ou plusieurs notes d'un accord peuvent se prolonger arbitrairement sur l'accord suivant, pourvu qu'elles fassent leur résolution sur les notes de ce second accord pendant sa durée; elles peuvent marcher par tous les mouvements et par tous les intervalles. Ces notes deviennent ᴀᴄᴄɪᴅᴇɴᴛᴇʟʟᴇs au moment de l'entrée du deuxième accord, parcequ'alors elles sont étrangères à l'harmonie; elles se frappent dans toutes les parties, et ne se font ordinairement qu'avec de petites valeurs, surtout dans la basse.

RÈGLE. Les retards sont bien employés lorsque l'harmonie non retardée, c'est-à-dire, dépouillée de ces notes accidentelles, est écrite purement; Exemple........

. On écrit aussi ces retards de la manière suivante; Exemple,

Rarement on les fait dans deux parties à la fois; Ex.

si on les employait dans toutes les parties en même tems, on ne ferait que prolonger l'accord entier; Exemple,

L'accord marqué d'une + est le même que celui qui précède, sans mélange de notes étrangères à l'harmonie.

REMARQUE. Ces retards peuvent se faire sur toutes les notes des accords; ils se rencontrent en foule dans la musique moderne; ils jettent du vague et quelquefois de la confusion dans l'harmonie; ils sont moins riches, moins élégants que les suspensions, et dépendent tout-à-fait du caprice du compositeur, puisque leur résolution peut se faire d'une manière arbitraire en montant, en descendant, et par degrés conjoints et disjoints. C'est à cause de ces notes accidentelles, qui par leur préparation ressemblent souvent à des sᴇᴘᴛɪᴇ̀ᴍᴇs, que quelques auteurs ont été accusés par les classiques de faire résoudre les **DISSONNANCES** contre les règles. Ainsi, dans l'exemple suivant.......... le MI marqué d'une + se résout non seulement en montant, mais encore par degrés disjoints, et pourtant c'est une 7ᵐᵉ bien préparée, et qui, suivant la règle, devrait se résoudre en descendant conjointement, ou en restant en place, ou enfin en changeant chromatiquement et enharmoniquement. Mais ici nous devons considérer le MI marqué d'une + comme **RETARD**, et sa résolution alors est arbitraire; la vérita- ble harmonie de l'exemple que nous venons de citer est donc la suivante, Exemple.......... C'est ainsi qu'en ana- lysant avec persévérance et franchise les ouvrages de Béethoven et Rossini, on y trouve souvent, au milieu d'une richesse éblouissante d'accords, de modulations, de dessins harmoni- ques et mélodiques presque toujours nouveaux, autant de pureté et moins de sécheresse que dans les au- teurs classiques. On prend souvent encore les retards pour des 9ᵐᵉˢ mal réalisées; Exemple,

Dans l'exemple suivant, il semble exister une 7ᵐᵉ non préparée; mais le RÉ marqué d'une + est une appogiature, et l'accord véritable est toujours celui d'UT, MI, SOL, dans son 1ᵉʳ renversement; Ex..... ce qui le prouve, c'est qu'on peut frapper l'UT à la basse, ou dans une autre partie, pen- dant les deux mesures; Ex...

Quant à nous, pour la pureté, l'élégance, de la mélodie, et le véritable sentiment harmonique, nous n'hésitons pas à préférer quelques uns des auteurs modernes qui ne savent pas faire la fugue d'école, et dont le nom est pourtant si grand, si beau, à ceux qui la font si bien, et dont les ouvrages ne brillent que par le pédantisme, et jamais par le feu sacré qui devait les inspirer.

(SS.145.) 2ᵉ DES RETARDS **APPELÉS ANTICIPATIONS**. Ces retards ne peuvent s'employer que lors- que l'accord change sur un temps faible de la mesure; Exemple....

Ces retards, frappés aux temps faibles, sont des appogiatures de seconde classe, qui doivent être notes réelles de l'accord suivant; ils se font simples, doubles, triples, etc. on les emploie le plus souvent dans la mélodie, et surtout dans la partie supérieure; Exemple...........

148

Souvent, sur le temps faible, on ne prend qu'une note de l'accord nouveau, mais alors il n'y a pas de retard; Exemple........

REMARQUE. C'est parceque les accords semblent anticiper sur ceux qui suivent, que certains maîtres appellent ces notes ANTICIPATIONS.

L'emploi de ces retards est si bizarre, qu'on peut frapper en même temps l'harmonie retardée et non retardée; Exemple,

Harmonie non retardée.   Même harmonie avec des retards.

Nous trouvons dans BÉETHOVEN (Quartetto IX, Œ. 59.) un exemple extraordinaire, où ces notes sont employées d'une manière surprenante; le voici:

(SS. 146.) 5. DES RETARDS appelés ANTICIPATIONS. Ces retards sont plus usités que les autres; ils se font dans plusieurs parties à la fois, et sur tous les temps de la mesure, avec les notes réelles, et les notes accidentelles de I.re espèce. On les place souvent dans la mélodie, rarement dans les parties intermédiaires, et presque jamais à la basse, surtout lorsqu'on écrit à grand orchestre, parcequ'ils rendraient alors la mesure incertaine: une suite de retards à la basse ne pourrait se faire que sur le piano, ou la harpe, et quelquefois dans des trios et des quatuors d'instruments à cordes. Il faut aussi avoir égard au mouvement dans lequel on les emploie, et l'on ne doit pas oublier qu'ils ne sont bons que si l'harmonie non retardée est régulière. Comme ils se frappent toujours à contre-temps, il faut qu'il y ait au moins une partie qui ne syncope pas, et qui marque tous les temps de la mesure, afin de bien la determiner: la seconde moitié de ce retard est toujours une note étrangère à l'accord sur lequel il est frappé; elle représente la note qui la suit: Exemple.............

Lorsqu'on fait marcher deux parties à l'octave, on peut en syncoper une; Exemple........

Ce que nous venons d'écrire pour deux parties, peut se faire pour quatre et plusieurs parties qui se doublent à l'octave; Ex.

(1) Lorsque deux notes sont frappées à l'unisson, il faut éviter d'en retarder une seule.

(2) Ces exemples seraient mauvais, si on doublait les parties à l'unisson, au lieu de le faire à l'octave, à moins que ce ne fût pour des instruments d'un timbre différent.

Ainsi que nous l'avons dit aux retards, appelés **ANTICIPATIONS**, deux masses différentes peuvent exécuter en même temps, l'une, l'harmonie non retardée, et l'autre, la même harmonie retardée dans une ou plusieurs parties; Ex.

(Il vaut toujours mieux que les retards se trouvent dans les parties supérieures, ils peuvent se faire pourtant dans les autres.) (I)

L'exemple suivant, où toutes les parties marchent à l'octave, peut aussi recevoir des retards, même à la basse; Ex.

(Ces exemples peuvent s'exécuter en même temps à trois parties.)

Dans un mouvement lent, il ne faut employer les retards que dans une seule partie, et surtout à la plus haute: ils doivent être de courte valeur. L'élève indiquera dans tous ces exemples les notes accidentelles par leur initiale, puis il créera des chants et des basses qu'il remplira à trois et quatre parties; nous devons lui faire observer aussi que nous ne rangeons au nombre des retards que les syncopes dont la seconde moitié est note accidentelle; ceux dont toutes les notes sont réelles se conforment à ce qui a été dit aux accords brisés dans la 2.ᵈᵉ partie, (Page. 110, §§. 116) Ex...............:

(Chant à accompagner d'une basse chiffrée, et à réaliser à quatre parties.)

Basse à remplir.

Motifs à transposer dans plusieurs tons.

(1) Nous avons dit dans la seconde partie (page 115, chapitre 7.ᵉ §§ 117.) qu'on pouvait doubler les parties à l'octave.

ARTICLE 2.

DES SUSPENSIONS.

Leçon 7me

Une SUSPENSION est formée par une note réelle, frappée à un temps faible de la mesure, qui va se prolonger, au temps fort suivant, sur un accord nouveau dont elle devient note étrangère, et qui fait sa résolution, comme note réelle, sur un temps faible, en descendant conjointement. Cette prolongation devient SUSPENSION au moment où elle est note accidentelle. la note qui la prépare dans l'accord précédent s'appelle PRÉPARATION, et celle qui la suit, RÉSOLUTION; ainsi, la résolution est la note suspendue, et la suspension, celle qui la suspend.

De toutes les notes accidentelles dont nous venons de parler, LA SUSPENSION est sans contredit la plus noble et la plus usitée; elle agrandit l'harmonie, et la rend souvent plus originale, et toujours plus intéressante; voici sous quelles conditions on doit l'employer:

1°. Il faut la préparer par une note réelle frappée à un temps faible de la mesure, (PRÉPARATION.)

2°. Elle doit être frappée, comme note accidentelle du nouvel accord, sur un temps fort, (SUSPENSION.)

3°. Elle doit presque toujours se résoudre, en descendant conjointement, et rarement en montant, sur un temps faible de la mesure, (RÉSOLUTION.)

Il faut donc, pour employer une SUSPENSION, frapper au moins deux accords; le premier pour la PRÉPARATION, le second pour la SUSPENSION et la RÉSOLUTION. La PRÉPARATION et la RÉSOLUTION sont toujours des notes réelles, la SUSPENSION seule doit

être, sans aucune exception, NOTE ACCIDENTELLE, qu'on doit préparer et résoudre comme la quatrième note des septièmes dérivées: Exemple..................

1°. PRÉPARATION. On appelle PRÉPARATION la note réelle qui va se prolonger, comme note accidentelle, dans l'accord suivant; elle a ordinairement au moins autant de valeur que la SUSPENSION: (1) Exemple.............

On lui donne souvent une valeur plus grande; Exemple.......

Dans les mesures à trois temps, elle a quelquefois une valeur moindre que la suspension; Exemple..........

mais il vaut mieux la faire ainsi qu'il suit; Exemple......

2°. SUSPENSION. La note prolongée est SUSPENSION au moment où elle devient note

---

(1) Nous avons dit dans la 1re partie (Page 29,SS.22) qu'il fallait éviter les LIAISONS BOITEUSES. Cette remarque s'applique à la préparation de la suspension.

(2) Nous n'indiquerons désormais la SUSPENSION et la RÉSOLUTION que par l'initiale de leur nom (S. R.) et la PRÉPATION par les lettres PR. Afin de la distinguer de la note de passage, qu'on désigne par la lettre P.

152

accidentelle;
Exemple.....

Ce qui la distingue du RETARD, c'est qu'elle occupe la place d'une note réelle qu'elle représente, et sur laquelle elle se résout conjointement; Exemple ....

RÈGLE GÉNÉRALE. POUR QU'UNE SUSPENSION SOIT BONNE, IL FAUT QU'ON PUISSE METTRE À SA PLACE LA NOTE SUR LAQUELLE ELLE FAIT SA RÉSOLUTION. D'après cela, l'exemple précédent est bon, parcequ'on peut substituer l'UT au second RÉ, sans que l'harmonie devienne défectueuse; Exemple......

Cette note réelle, qui est représentée par la suspension, et qu'on appelle RÉSOLUTION, ne peut pas être frappée par une autre partie, si ce n'est au moins à distance d'octave inférieure; Exemple..............

C'est ce qu'on appelle suspension de 9 - 8, à cause de l'intervalle que la suspension et la résolution font avec la note qui double cette dernière; Exemple.........

La durée de la note qui suspend.

Le cas suivant est donc mauvais, parceque la note suspendue est doublée à l'octave par une partie supérieure, Exemple......

Ce cas ne pourrait être toléré que si la partie supérieure, qui double la note suspendue à l'octave

pendant la durée de la suspension, pouvait être considérée comme NOTE DE PASSAGE, OU BRODERIE; Exemple............

On peut donner à la suspension la valeur d'une mesure entière; mais alors sa résolution se fait sur le 1er temps de la mesure suivante; Ex.

On peut faire une suite de suspensions; dans ce cas, la note suspendue sert tour-à-tour de résolution à la suspension qui précède, et de préparation à celle qui suit; Exemple............................

La SUSPENSION peut se frapper à toutes les parties; Ex.

On peut lui donner arbitrairement plus ou moins de valeur qu'à la résolution; Exemple........

Elle peut s'employer à tous les temps forts de la mesure, et à chaque partie forte des temps. Voici un tableau dans lequel nous avons indiqué tous les temps de la mesure sur lesquels on peut frapper et résoudre les suspensions:

MESURES À DEUX TEMPS.

Nous n'avons écrit ici que les mesures les plus usitées : celles qui en dérivent font les suspensions et les résolutions aux mêmes temps, avec des valeurs plus ou moins grandes, suivant les chiffres placés à la clef.

Ainsi, dans la mesure à $\frac{3}{2}$, nous indiquerons les suspensions et les résolutions de cette manière; Ex.

pour remplacer celle-ci, écrite dans la mesure à $\frac{3}{4}$; Exemple...............

il en sera de même pour toutes les autres mesures dérivées.

Toute suspension doit être dissonnante : il faut donc, pour qu'elle soit bien sentie, frapper une note réelle qui fasse avec elle un intervalle de 2de, 7me ou 9me; Exemple....

On frappe aussi, contre la suspension, ces trois intervalles réunis; Exemple,

On peut néanmoins se passer de cette condition, et frapper avec la suspension un autre intervalle; Exemple............

mais rarement lorsqu'elle est à la basse; Exemple.....

Cette suspension est peu usitée, parcequ'elle est consonnante, et qu'elle perd ainsi tout l'effet de ces notes accidentelles, qu'on doit toujours frapper avec des intervalles de 2de, 7me et 9me pour mieux les faire sentir, et leur donner plus de caractère, et plus de force; d'ailleurs, on pourrait les regarder ici comme notes réelles.

3°. RÉSOLUTION. Elle se fait presque toujours en descendant diatoniquement, et rarement en montant; mais dans ce dernier cas, elle ne s'emploie ordinairement que dans une partie supérieure, avec les accords du 1er, 4me, et 5me dégrés; Exemple.....

Toutes les suspensions dont nous venons de parler se font en majeur comme en mineur : celles qui se résolvent en montant, s'emploient surtout dans les suspensions doubles, triples et quadruples, que nous verrons bientôt,

(1) Comme on le voit par cet exemple, on peut doubler à l'octave inférieure la note suspendue, lorsque la suspension se résout en montant. Mais la note sensible, employée comme suspension, se résout presque toujours en descendant.

ou dans les accords, dont la note sensible est SUSPENSION.

EXCEPTIONS DE RÉSOLUTION.

(SS. 147.) Nous avons dit plus haut qu'il fallait au moins deux accords pour employer une suspension; on peut aussi en prendre d'avantage, en appliquant à la suspension les règles données dans la seconde partie (Page 87,SS. 73.) pour l'emploi des dissonnances.

1.º L'accord peut changer sur le point de la résolution, tandis que la suspension se résout en marchant diatoniquement; Exemple,

2.º La suspension peut rester en place, ou changer chromatiquement et enharmoniquement; Ex.

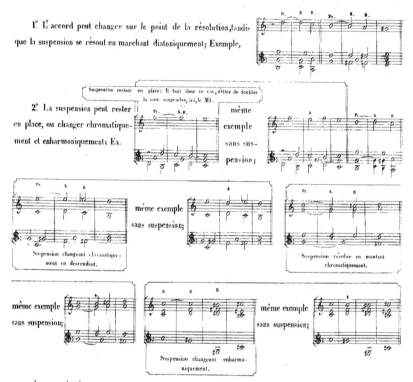

RÈGLE GÉNÉRALE. Pour faire résoudre les suspensions par exceptions, il faut les traiter en véritables SEPTIÈMES, et leur appliquer les mêmes règles.

DES NOTES RÉELLES QU'ON PEUT SUSPENDRE.

(SS. 148.) Les notes qui peuvent être suspendues sont: la FONDAMENTALE, la TIERCE, la QUINTE, (1)

1.º SUSPENSION DE LA FONDAMENTALE. Ce n'est que dans les accords de trois et quatre sons que cette sus

---

(1) On ne suspend pas les 7mes et les 9mes parcequ'elles ont besoin de préparation, ou qu'elles sont assez dissonnantes par elles-mêmes. lorsque l'intervalle de 9me est traité comme suspension, on peut le frapper sur tous les dégrés de la gamme, mais il faut au moins l'accompagner de la tierce.

pension peut se faire;

Exemple..........

2ᵉ. **SUSPENSION DE LA TIERCE.** Cette suspension à lieu dans tous les accords; et comme la tierce ne se double pas ordinairement, on évitera aussi de la doubler même à dis- tance d'octave inférieure, quand elle est suspendue; Exemple......................

3ᵉ. **SUSPENSION DE LA QUINTE.** Elle s'emploie également dans tous les accords; mais on ne s'en sert jamais à la basse, et rarement dans les au- tres parties; Exemple......................   et   mieux   encore

REMARQUE. On ne suspend pas les notes qui ont besoin de préparation.

CHOIX DES ACCORDS QUE L'ON PEUT SUSPENDRE.

(SS.149) Quoique tous les accords puissent être suspendus, on doit préférer les trois accords de trois sons (ACCORDS PARFAITS MAJEURS ET MINEURS, ET L'ACCORD DIMINUÉ,) celui de 7ᵐᵉ DOMINANTE, de 7ᵐᵉ DIMINUÉE, et tous ceux qui reçoivent l'altération en descendant, et dont on ne suspend ordinairement que la note sensible; tous les autres accords, et ceux de 9ᵐᵉ avec fondamentale, sont assez dissonants par eux-mêmes, et pourraient produire un effet insoutenable avec des suspensions. *En voici le tableau :*

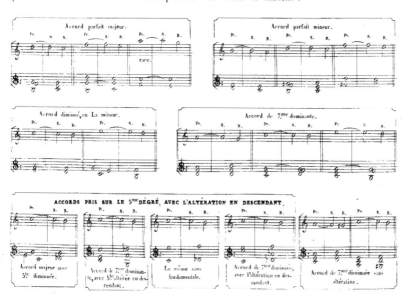

MANIÈRE DE CHIFFRER LES SUSPENSIONS.

(SS. 150.) Les anciens regardaient les suspensions comme notes réelles, et les traitaient en 7mes dérivées, dont ils retranchaient toujours la quinte. Ils indiquaient l'intervalle que la suspension fait avec la basse, ainsi que les notes réelles, qui étaient nécessaires pour faire reconnaître l'accord. Lorsque la suspension était à la basse, on représentait par des chiffres toutes les notes réelles. Voici qu'elle méthode nous adopterons pour rendre la manière de chiffrer les suspensions plus claire et plus précise, en nous conformant toujours à notre système:

RÈGLE GÉNÉRALE. Lorsque les suspensions seront dans les parties supérieures, nous chiffrerons d'abord l'harmonie réelle; puis au-dessus d'un trait horizontal, tracé sur les chiffres supérieurs de la basse, ou sur la basse elle-même, nous indiquerons, par de nouveaux chiffres, l'intervalle que la suspension et la résolution font avec la basse, en plaçant la lettre S. sur le chiffre qui représente la suspension, et la lettre R. sur celui qui indique sa résolution: Exemple.................

Dans ce dernier exemple, le 5 signifie que c'est l'accord de trois sons dans son second renversement(sol, si, ré,) et les chiffres $\frac{S. R.}{7,-6}$, indiquent que la suspension fait avec la basse un intervalle de 7me qui va se résoudre sur une sixte.

Lorsque la suspension est à la basse, on ne chiffre que la note réelle qui la suit, et sur laquelle elle se résout; puis on trace une ligne horizontale qui, en partant de cette note réelle, se prolonge par mouvement rétrograde sur la suspension, au-dessus de laquelle on écrit la lettre S:

EXEMPLE,

Si l'accord changeait au moment de la résolution, il faudrait chiffrer la basse de la manière suivante,

MANIÈRE DE CHERCHER LES SUSPENSIONS.

(SS. 151.) Pour trouver les suspensions, on frappe deux accords dont les fondamentales s'enchaînent par 2de, 4te et 5te supérieures ou inférieures; les notes du premier accord qui peuvent servir à préparer la suspension sont celles qui se résolvent par degré conjoint en descendant, et plus rarement en montant, sur une des notes de l'accord suivant: Exemple..............

HARMONIE RÉELLE.

MÊME HARMON. AVEC DES SUSPENSIONS.

(L'élève cherchera des suspensions en partant d'autres tons.)

(SS.152.) REMARQUE. On ne peut pas faire de suspensions, 1°. lorsque le premier et le second accord ont la même fondamentale; Exemple............................

2°. Lorsqu'on fait deux accords dont les fonda- amoins qu'on ne fasse résoudre mentales marchent par 3.ce inférieure; Exemple, la suspension en montant; Ex.

3°. Lorsque les fondamentales des deux ac- la suspension qu'on pourrait faire avec cords s'enchaînent par tierce supérieure; Ex. ce dernier exemple est inusitée; Ex.

Nous disons qu'elle est inusitée, parcequ'on ne frappe pas de dissonnance avec elle.

(Basse à réaliser à 3 et 4 parties.)

SUSPENSIONS DOUBLES, TRIPLES, ET QUADRUPLES.

Leçon 8.me

(SS. 153.) Quand il n'y a qu'une seule suspension dans un accord, comme dans les exemples précédents, la suspension est simple: mais elle peut être double, Exemple................

ou triple, Exemple...

ou quadruple; Exemple.....

(1) Il ne faut pas oublier que l'enchaînement des accords se compte toujours par leurs fondamentales, n'importe où elles se trouvent; (Voyez la 1re partie, Page 55,Chapitre 5.e SS. 27.).

(2) La succession par 4te inférieure correspond à celle qu'on fait par 5te supérieure, et celle par 5te inférieure, à l'autre par 4te supérieure.

Lorsque la suspension cesse d'être simple, on évite d'en mettre à la basse, et l'on observe, pour chaque partie qui suspend, les mêmes règles que nous avons données pour la suspension simple.

Pour faire ces suspensions doubles, triples et quadruples, il faut nécessairement qu'il y ait 1°. double, triple ou quadruple préparation, 2°. double, triple, ou quadruple résolution.

(SS. 154.) On fait quelquefois résoudre les suspensions les unes après les autres: lorsqu'elles sont doubles, et qu'elles marchent en tierces, il faut résoudre la supérieure avant l'inférieure, et si les deux parties sont en sixtes, on fait résoudre l'inférieure avant la supérieure; Exemple......................

Dans les suspensions triples ou quadruples, il faut avoir soin de ne pas faire résoudre la note supérieure avant la note inférieure qu'elle double à l'octave; Exemple.......

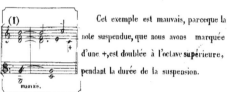

Cet exemple est mauvais, parceque la note suspendue, que nous avons marquée d'une +, est doublée à l'octave supérieure, pendant la durée de la suspension.

Pour chiffrer les suspensions doubles, triples et quadruples, on suit le même principe que pour les suspensions simples; on indique par des chiffres toutes les notes qui font suspensions, et toutes celles sur lesquelles se fait la résolution; Exemple. . . . .

Du reste, nous conseillons à l'élève de ne pas trop, s'appesantir sur les chiffres, dont on ne se sert plus dans la quatrième partie, et qui ne sont nécessaires que dans l'étude de l'harmonie. Il créera des chants et des basses avec des suspensions simples, doubles, triples et quadruples.

(Chant à accompagner d'une basse chiffrée.)

(1) Nous rappelons encore à l'élève que la suspension 9-8 ou 7-8 ne peut pas se renverser; l'on aurait donc tort de faire ce qui suit: Exemple............. Parceque la note suspendue serait doublée à l'octave supérieure pendant la durée de la suspension.

ARTICLE 3.

Leçon 9.me

DE LA PÉDALE.

(SS. 155.) Une note prolongée est **pédale**, lorsqu'elle est placée dans la partie la plus basse de l'harmonie, et qu'on fait sur elle une suite d'accords dont, un, ou plusieurs, lui sont étrangers, et **appartiennent** souvent à des gammes éloignées; Exemple........

Cette prolongation ne se fait qu'avec la fondamentale de la tonique, ou de la dominante des deux modes; sa durée est arbitraire, mais elle ne doit commencer et finir que lorsqu'elle est note réelle, et le plus souvent fondamentale; celle qu'on fait sur la dominante est la plus usitée.

La pédale est donc la note la plus basse de l'harmonie, qui devient tour-à-tour note réelle, et note accidentelle; d'après cette définition, l'ut de l'exemple suivant n'est pas une **pédale**, parcequ'il est note réelle de tous les accords placés au-dessus; Exemple.....

On emploie sur la pédale toutes les notes accidentelles; Exemple,

La pédale peut se faire dans tous les tons éloignés ou relatifs, mais elle s'emploie le plus souvent dans le ton principal.

Chaque fois qu'on fait une modulation entière, c'est-à-dire, terminée par une cadence parfaite, on peut frapper, sur la tonique de cette nouvelle gamme, une pédale qui soit de peu de durée, et dont tous les accords appartiennent à cette même gamme; Exemple,

Cette pédale, qui n'a souvent qu'une seule mesure, s'appelle **pédale passagère**. Elle ne reçoit ordinairement que les accords de la tonique, et de la 7.me dominante.

On peut faire sur la pédale toute espèce d'accords bien enchaînés, pourvu qu'on ne termine pas une phrase avec un accord dont elle ne soit pas note réelle, et que les dissonances soient bien préparées, et bien résolues. La meilleure pédale est celle qui devient autant de fois note réelle que note accidentelle.

Il faut aussi que les accords qui sont étrangers à la pédale marchent entr'eux par dégrés conjoints; sans cette condition, ils seraient souvent d'un effet insupportable.

La pédale sur la dominante d'un mode mineur est difficile à employer.

On peut moduler sur la pédale, mais il faut que les accords, qu'on prend hors du ton, soient frappés en DEMI-MODULATIONS: on doit donc éviter d'employer des CADENCES PARFAITES, surtout en modulant.

Les accords qu'on fait sur la pédale peuvent appartenir, 1°. au ton principal; 2°. aux tons relatifs, 3°. aux tons éloignés. Mais il vaut mieux les emprunter au ton dans lequel on est.

La pédale se place ordinairement après une cadence parfaite qui termine une période, et quelquefois au commencement d'une phrase, pourvu que tous les repos se fassent sur un accord dont elle est note réelle:

ainsi, l'exemple suivant est bon, parceque les cadences tombent sur des accords dont la pédale est note réelle; Exemple...... *EN UT MAJ.*

..tandis que celui-ci serait impratica-ble, Exemple...... parceque les repos s'y font sur un accord étranger à la pédale.

La partie qui se trouve immédiatement au-dessus de la pédale doit être traitée en BONNE BASSE, toutes les fois que la pédale est étrangère à l'accord, ou qu'elle ne fait pas bonne basse elle-même. C'est ordinairement sur cette partie qu'on indique les accords par les chiffres; car autrement il faudrait exprimer toutes les notes qui se font sur la pédale, et l'on produirait de la confusion; cette seconde manière ne pourrait s'employer que si les accords étrangers étaient en petit nombre, nous chiffrerons toujours les accords de la même manière, c'est-à-dire, d'après notre système; seulement, lorsqu'on les placera au-dessus de la pédale, on ajoutera les chiffres qui représentent les notes étrangères à cette pédale; Exemple.........................

En chiffrant la partie intermédiaire. En chiffrant la pédale elle-même.

Ce dernier moyen nous force à écrire trop de chiffres, et rend ainsi l'accord difficile à reconnaître.

RÈGLE GÉNÉRALE. On peut placer sur la pédale toute espèce d'accords, pourvu qu'ils soient bien en-chaînés, et que le premier et le dernier ne lui soient pas étrangers: il est important aussi que tous les repos se fassent sur un accord dont elle est note réelle.

On emploie la pédale dans tous les genres de musique, dans les morceaux à trois, quatre, cinq et six parties, dans les chœurs d'orchestre, mais rarement dans un duo, à moins qu'on ne fasse usage des accords brisés, pour rendre l'harmonie plus complète, et plus riche. On en fait un usage très fréquent.

(SS. 156.) La pédale peut se doubler dans plusieurs octaves, pourvu qu'elle ne soit pas placée au-dessus d'une note qui fasse un demi-ton avec elle; Exemple......

Les blanches sont ici les notes qui doublent la pédale.

DE LA PROLONGATION SUPÉRIEURE.

(SS. 157.) Une TENUE qui n'est pas la partie la plus grave de l'harmonie, ni la doublure de la pédale, et que quelques auteurs appellent PÉDALE SUPÉRIEURE, OU INTERMÉDIARE, est toujours, ou: NOTE RÉELLE, Ex.

ou: 7me 9me et SUSPEN-sion, résolues par excep-tion; Ex.

On rencontre quelquefois une prolongation de la tonique et de la dominante en même temps, ce qui semble donner une DOUBLE PÉDALE: dans ce cas, une seule note est pédale, c'est la tonique, qu'il faut toujours placer à la partie la plus grave,

tandis que la dominante, qu'on doit traiter comme la prolongation supérieure dont nous venons de parler

(SS 157.), peut se placer dans toutes les parties; Exemple.

Le SOL ici est toujours note réelle; on peut, dans ce cas, le doubler à plusieurs octaves; Ex.

On pourrait aussi doubler, tripler et quadrupler la pédale, en observant ce que nous avons dit plus haut (SS 156)

---

(1) L'exemple suivant serait mauvais, Ex: Parceque l'octave de la pédale se trouve placée au-dessus du SI (5e mesure) qui fait un demi-ton avec elle.

REMARQUE. Toute prolongation supérieure qui ne pourrait pas s'analyser d'après ces règles serait mauvaise.

CHAPITRE QUATRIÈME.

De la réalisation des notes accidentelles de 2me. Espèce.

Leçon 10me.

ARTICLE 1er.

DE LA PURETÉ DANS LA RÉALISATION.

(SS. 158.) Les notes accidentelles de 2me espèce se conforment aux observations que nous avons été obligé d'introduire dans l'explication de chacune d'elles: ainsi, l'on se rappellera qu'en ôtant toutes les notes accidentelles l'harmonie doit rester correcte; d'après cela, les exemples suivants sont considérés comme présentant deux quintes et deux octaves consécutives; Exemple.

ARTICLE 2me.

DES DIFFÉRENTES MANIÈRES DE RÉALISATION.

(SS. 159.) De même que les notes accidentelles de 1re espèce, celles de la 2me espèce peuvent être répétées immédiatement, Exemple,

ou coupées par un silence, Ex:

ou par d'autres notes en accords brisés; Exemple:

Harmonie en accords plaqués.

Même harmonie en accords brisés.

elles peuvent être brodées; Exemple....

Comme on le voit par ce dernier exemple, la suspension peut se résoudre sur une note accidentelle.

La suspension peut faire une appoggiature avant sa résolution, Ex:

ou passer par une note intermédiaire appartenant à l'accord sur lequel elle est frappée; Exemple.....

En général, on évite de rompre, par une note étrangère, la liaison d'une note qui a besoin de préparation.

La résolution de la suspension doit être correcte, en retranchant cette note intermédiaire.

Dans les exemples suivants, la suspension fait sa résolution sur le Ⅰ.ᵉʳ temps ou sur la moitié du premier temps de la mesure, et la note de la résolution est brodée: Exemple..............

(SS.160.) REMARQUE. Lorsqu'on frappe des notes de passage ou des broderies, dans d'autres parties, pendant la durée de la suspension, il faut placer ces notes accidentelles, Ⅰ.ᵉ entre la préparation et la suspension, Exemple....................

2.ᵉ sous la suspension, Exemple...

(1) La première note de la suspension est ici une broderie, cela peut se faire quelquefois, mais avec des valeurs très courtes.

(2) Il faut qu'en retranchant ces notes accidentelles, la résolution de la suspension soit correcte.

164

3.º entre la sus-
pension et la
résolution,
Exemple.....

4.º sous l'ac-
cord de la pré-
paration, et de la
résolution; Ex:

Ainsi, comme la suspension est une dissonnance très forte, qui ne produit bon effet que lorsqu'elle est bien préparée et bien résolue, il faut que les premières notes qu'on frappe sous la préparation, la suspension et la résolution, soient des NOTES RÉELLES; sans cette condition, on pourrait rendre l'harmonie douteuse, et d'une dureté insupportable.

(L'élève composera des chants et des basses en y introduisant tout ce que nous avons déjà vu.)

Nous conseillons à l'élève de prendre des airs de ROSSINI, BELLINI, DONIZETTI, MERCADANTE, pour les analyser d'abord sous le rapport des notes accidentelles, et les accompagner ensuite à 3 et à 4 parties.

FIN DE LA TROISIÈME PARTIE ET DE L'HARMONIE.

QUATRIÈME PARTIE.

Introduction.

DE LA COMPOSITION.

Jusqu'à présent nous n'avons parlé que de la manière d'unir les accords entr'eux dans une ou plusieurs gammes; mais pour être compositeur, il ne suffit pas de les enchaîner purement, de préparer et sauver les dissonnances avec art, de connaître le diapason des voix, les intervalles mélodiques et harmoniques à éviter, de moduler dans tous les tons, d'accompagner l'harmonie, coupée de notes accidentelles, par l'harmonie réelle, il faut aussi savoir exprimer par la musique toutes les passions de l'âme, imiter et rendre avec art et précision les mouvements que font naître en nous les objets qui nous frappent, et même les choses idéales que nous rêvons: pour parvenir à ce but, il faut inventer des chants heureux, les accompagner par une harmonie riche d'accords et de dessins mélodiques; il faut connaître la portée et le caractère des voix et des instruments, les différentes mesures, les mouvements, les chants difficiles d'exécution, les effets d'où naissent les contrastes; puis, concevoir un plan, et en former un tout, c'est ce qu'on appelle COMPOSITION.

Ainsi, pour être compositeur, ce n'est point assez de connaître la théorie des intervalles, des accords, des modulations, des marches harmoniques, des cadences des notes accidentelles, il est encore nécessaire de trouver en soi la source d'une harmonie grande et large, qui puise son énergie, sa beauté dans l'expression générale et passionnée d'une musique imitative; de cette harmonie qui donne de l'unité et du charme à toutes nos créations; il faut pouvoir saisir et former l'ordonnance de tout un ouvrage, en suivre les convenances de toute espèce, et se bien pénétrer du sujet pour qu'il y ait homogénéité de ton, de couleur et de pensée dans le tableau qu'on veut peindre; il faut de l'invention, de l'ordre, de la clarté, de la précision, de l'élégance dans les idées: et malgré ce goût exquis, parfait, qui doit nous guider sans cesse, on doit encore connaître toutes les combinaisons de l'art, savoir enchaîner les accords, unir les voix aux instruments, tirer parti d'un motif principal en le développant d'une manière toujours plus intéressante, inventer des chants heureux et neufs, connaître le caractère de chaque instrument, son étendue, sa nomenclature, savoir écrire purement l'harmonie; ce qui nous conduit à faire les trois observations suivantes; c'est qu'on peut être fuguiste sans être harmoniste, ou bien harmoniste sans être fuguiste, et l'un et l'autre sans être compositeur: en effet, dans la fugue ancienne on ne s'occupe que des intervalles, et jamais des accords; et l'on peut travailler pendant toute sa vie le contrepoint et la fugue sans jamais connaître ni l'harmonie, ni la composition, qui n'est que le complément de l'harmonie: voilà pourquoi dans notre conservatoire de musique, il y a des jeunes gens qui étudient jusqu'à dix années de suite dans les classes de contrepoint et de fugue, et en sortent aussi ignorants sur l'harmonie et la composition qu'ils y sont entrés; il ne faut pas conclure de là qu'il soit inutile d'apprendre le contrepoint et la fugue, c'est qu'on ne sait pas en tirer parti, et que l'enseignement est vicieux, parceque la plupart des maîtres ne veulent pas s'affranchir des règles que les anciens appliquaient à leur tonalité, et qui ne peuvent plus convenir à la tonalité actuelle, puisqu'elle diffère tout-à-fait de celle du plain-chant, dont ils se servaient.

Ouvrons, par exemple, le traité de contrepoint et fugue de Chérubini; nous lirons dans l'introduction la phrase suivante « *Je fais entreprendre à l'élève sur-le-champ, le* CONTREPOINT RIGOUREUX, *non celui qui suivait la tonalité du plain-chant, et qu'ont pratiqué les anciens compositeurs, mais le* CONTREPOINT RIGOUREUX *moderne, c'est-à-dire, suivant la* TONALITÉ ACTUELLE....* » ainsi, il veut que l'élève observe exactement avec notre tonalité qui n'a aucun rapport avec celle du plain-chant, les mêmes règles que les anciens avaient appliquées à toutes leurs gammes qu'on ne connaît presque pas, et dont on ne se sert plus; comment faire comprendre à l'élève qu'on doit supprimer la TIERCE au commencement et à la fin d'un morceau, s'il ne sait pas que les anciens écrivaient, par exemple, leur gamme en RÉ mineur sans BÉMOL ni DIÈSE, et qu'ils ne voulaient pas commencer ni finir en mineur, parcequ'ils avaient établi pour règle qu'un morceau de musique devait commencer, et finir en majeur; or, dans cette gamme de RÉ mineur ils n'osaient pas frapper un accord de tonique majeure au commencement et à la fin, parceque le FA devait toujours être naturel; aussi pour vaincre la difficulté, avaient-ils imaginé de supprimer la tierce du premier et du dernier accord; mais nous qui avons une tonalité précise et bien décidée, pourquoi ne commencerions-nous pas, par exemple, en RÉ MINEUR par l'accord parfait mineur RÉ, FA, LA au lieu de ne frapper que la FONDAMENTALE et la QUINTE (RÉ, LA), et de même en finissant? C'est ainsi que l'élève se trouve embarrassé à chaque instant par des règles qu'il ne peut pas comprendre, puisqu'elles appartiennent à un genre de musique qu'il ne connaît pas, et qu'on ne pratique plus de nos jours; et lorsqu'après un travail de huit à dix ans il a fini par apprendre tous ces préceptes, il sort de l'école bouffi de pédantisme, et ne sachant ni l'harmonie, ni la composition, qu'il est obligé d'aller étudier dans les œuvres des grands compositeurs qu'on lui signalait au conservatoire comme dangereux à imiter. (1)

L'harmonie au contraire sert d'élément à la composition, elle enseigne l'art d'enchaîner convenablement les accords, dont la composition se sert pour peindre nos sentiments.

Dans l'harmonie, on ne s'occupe que de la succession régulière des accords, sans chercher à peindre; dans la composition au contraire, on invente des chants qui rendent toutes nos sensations, puis on en forme des tableaux complets, où viennent se refléter toutes les passions de l'âme.

Ainsi, pour apprendre l'harmonie, il faut du travail, de l'intelligence, et une volonté ferme; tandis que la composition exige du jugement, du goût, de la sensibilité, de l'invention. Il faut connaître le cœur de l'homme pour pouvoir flatter ses penchants; en un mot, l'harmonie dépend plus du savoir, et la composition, du génie; malgré ces dispositions de l'âme, l'étude de la composition exige encore une science musicale complète; il faut être bon musicien, c'est-à-dire, pouvoir lire par les yeux toute musique écrite, juger par l'oreille toute musique exécutée, et savoir écrire toutes les idées musicales qu'on invente; or, il est rare que celui qui est tourmenté du besoin de composer n'apprenne pas d'abord à lire la musique, et à jouer d'un instrument; ce premier travail, indispensable, n'entre pas dans le plan de cette méthode; le second, celui que nous discutons dans notre traité, dépend de la théorie des accords, et de la composition qui est l'art de se servir de l'harmonie pour rendre nos sentiments.

(1) Nous donnons à la fin de cette partie toutes les gammes des Anciens.

Ainsi, pour devenir compositeur il faut être harmoniste, et la fugue est le chemin par lequel on passe pour arriver de l'harmonie à la composition, non la fugue d'école qui doit être formée du contrepoint rigoureux dont nous venons de parler, mais celle qu'ont pratiquée dans leurs ouvrages nos plus grands maîtres anciens et modernes, et dont nous nous servirons pour apprendre la composition.

DE L'UNITÉ.

Dans les plus belles œuvres musicales, il y a unité: et pour cela, il faut que toutes les parties bien enchaînées forment un tout complet dans leurs rapports et leur ensemble. Un morceau de musique est comme un tableau, qu'on aime à voir sous plusieurs points de vue; mais comme dans le chant ou dans l'orchestre toutes les idées se déroulent et passent rapidement, il est bien de les reproduire sous différentes formes, afin que l'auditeur puisse se pénétrer d'un motif qui l'a charmé: aussi, voyez comme dans une ouverture, un grand air, une romance, la répercussion souvent inattendue du motif principal est entraînante!

Il faut encore, pour conserver l'unité, que la musique soit en rapport avec le sujet par l'expression, la prosodie, la déclamation, la ponctuation qui se fait par les cadences; il faut que le chant, les accords, les modulations, les mouvements, aient entr'eux le même caractère, et dérivent de la même pensée; mais on ne doit pas pousser cet amour de l'unité jusqu'à la monotonie, en musique surtout; ce que nous disons pour l'unité de la mélodie ne peut pas toujours exister entre le chant et les accompagnements, car les accompagnements, qui doivent peindre par des accords brisés, par des dessins imitatifs, ce qui se passe dans l'âme de l'acteur, diffèrent nécessairement de la mélodie, qui doit toujours être large et chantante; et si les chants, par lesquels nos impressions les plus pures, et les plus éthérées, s'exhalent, émeuvent l'auditoire, ils le ravissent et le transportent, lorsqu'ils sont soutenus et animés par les accords, qui frémissent tour-à-tour de colère, de mélancolie ou d'enthousiasme, suivant l'expression de la mélodie, et la nature du sujet.

Dans le dialogue, lorsque les acteurs ont des sentiments opposés, il faut aussi donner à chacun un chant d'une expression différente, qui peigne les divers sentiments qu'ils éprouvent: alors, l'intérêt, au lieu de s'affaiblir, devient au contraire plus puissant, parceque la situation scénique met en relief des passions qui se heurtent, se choquent, et tiennent l'imagination en suspens jusqu'à la catastrophe; il est à remarquer aussi que dans toutes ces combinaisons, il existe un motif principal de chant qu'on a déjà entendu, et qui, reproduit à côté d'un autre qui fait contraste, éveille un intérêt plus grand; mais il faut que tous ces effets soient le fruit de l'inspiration, car un chant qui reviendrait sans cesse à froid et sans intention, comme dans une fugue d'école, serait fastidieux, et glacerait l'auditoire.

DU GOÛT.

REICHA nous dit dans son traité de haute composition (1), que la faculté de créer, qui s'annonce souvent avec une impétuosité dangereuse, n'engendre que des pensées incohérentes et confuses; il ajoute que, pour calmer l'effervescence d'une imagination trop ardente, il étudia la Géométrie, et particulièrement l'Algèbre; et

(1) Reicha appelle traité de **HAUTE COMPOSITION** ses ouvrages qui parlent du contre-point et de la fugue.

qu'au bout de quelques années son imagination devînt plus réglée et plus docile. Nous sommes loin de partager l'opinion de notre maître: il nous semble au contraire que c'est au goût à diriger les créations du génie, à l'empêcher d'abuser de ses ressources, à lui faire rejeter ce qui est mauvais, et à ordonner les phrases musicales avec suite, élégance et précision; mais chercher à détruire par un travail sec, stérile, sans poésie, le feu sacré de l'inspiration, les richesses éblouissantes d'une imagination ardente, féconde, pour la rendre plus réglée, et plus docile, c'est donner un conseil très dangereux, qui aurait perdu même Béethoven et Rossini, s'ils avaient imaginé et suivi un pareil système pour affaiblir la fécondité de leur génie. Aux jeunes gens il faut de la verve, de la surabondance d'idées; le goût et l'expérience de l'art viennent ensuite épurer ces idées, et apprendre à les classer convenablement.

DE LA CLARTÉ, ET DE L'ÉLÉGANCE DANS LE STYLE.

Le style en musique est l'expression vibrante des sensations de l'âme, ainsi, les italiens ont une musique passionnée, brûlante comme leur soleil, en allemagne elle est rêveuse et fantastique; en france bruyante et légère; mais quel que soit le talent de l'artiste, et le peuple pour lequel il compose, on doit être clair, élégant et correct: c'est à l'inspiration, aux idées seules à donner la couleur qui convient au sujet que l'on traite.

On épure son style par une bonne harmonie, par le goût, la sensibilité, et l'étude des grands maîtres; on lui donne de l'élégance, de la fraîcheur, en le dépouillant des formes qui ont vieilli, et en écrivant toujours d'une manière large et franche: on l'ennoblit par la passion et l'originalité.

DE L'EXPRESSION.

L'EXPRESSION en musique peut dépendre de l'exécution, ou de l'harmonie et de la mélodie: dans le premier cas, c'est au chanteur ou à l'instrumentiste de rendre avec âme le chant qu'il doit faire entendre.

Dans le second cas, la force de L'EXPRESSION est dans le chant, l'harmonie, le choix des accords, des voix, des instruments; elle appartient donc au compositeur.

Nous ne discuterons pas ici celle qui dépend du chanteur ou de l'instrumentiste; nous nous bornerons à dire qu'il ne suffit pas d'être excellent musicien, ni de posséder à fond la théorie de son art, mais qu'il faut encore sentir vivement pour rendre par le chant, le jeu, ou l'instrument, tout ce qu'il y a d'âme dans la musique qu'on doit exécuter: ce que nous disons est tellement exact, qu'on voit souvent des OPÉRA avoir un succès d'enthousiasme avec des chanteurs de premier ordre, tandis qu'ils échouent lorsqu'ils sont rendus par des chanteurs médiocres: il importe donc beaucoup au compositeur de confier sa musique à d'habiles chanteurs, qui sachent lui donner toute l'expression qu'elle demande.

La tâche du compositeur est plus grande, plus noble et surtout plus difficile, c'est à lui de combiner tout le drame musical, d'inventer des chants qui peignent exactement le sujet, d'exprimer par l'harmonie, la mélodie, les instruments ou les voix, tous les sentiments, toutes les passions qui l'agitent; et plus il a de ressources, plus il rencontre de difficultés. Aussi, avant d'entreprendre un si grand ouvrage, il doit avoir longtemps étudié le caractère des instruments, des voix et des accords. La partie des chœurs est sans doute la plus difficile, mais c'est aussi celle que nous avons travaillée jusqu'à présent. Nous allons analyser maintenant le caractère de chaque intervalle, de chaque voix, de chaque instrument.

Les intervalles diminués écrits dans le grave expriment l'abattement ou la douleur; et les sons aigus, l'emportement: le désespoir, l'égarement se peignent par des sauts rapides, et par les intervalles augmentés; la mélancolie et la tristesse par des intervalles mineurs: les majeurs plus brillants conviennent à la joie, et aux sentiments héroïques ou religieux.

Ce n'est qu'en peignant le désordre, l'énergie des passions, qu'on se sert des accords les plus dissonnants, et des modulations dans les tons éloignés.

L'EXPRESSION dépend encore du caractère des voix et des instruments; les sopranos et les ténors peuvent exprimer la tendresse, la douleur, la joie; la basse, la colère, les sentiments comiques ou majestueux. Il en est de même des instruments; la flûte est mélodieuse et douce; le haut-bois tendre, champêtre et plaintif; la clarinette imite la voix humaine dans les notes du médium; dans le grave, elle a des sons nasillards et lugubres; la trompette est guerrière; les cors sont majestueux; ils annoncent aussi les chants et les rendez-vous de chasse; les trombones sont bruyants et sonores, ils servent aux grands FORTE: les allemands les emploient pour rendre des idées infernales. Les bassons, comme les clarinettes, sont durs et nasillards dans le grave; doux, harmonieux et plaintifs dans le médium. Les timbales font un contraste heureux avec les autres instruments; elles se prêtent à mille combinaisons: les instruments à corde peuvent rendre tous les effets; ils suffisent à un musicien habile. (1)

Le genre diatonique convient aux sentiments calmes ou héroïques; le chromatique en montant exprime le déchirement; celui qui descend, l'affliction; les accords qui s'enchaînent chromatiquement inspirent la terreur: le genre enharmonique s'emploie dans une scène sublime et pathétique: mais les dissonances, les contrastes, le bruit, qui dérivent d'une imagination bizarre, capricieuse, nuisent à la véritable expression; il faut au contraire des chants nouveaux, agréables, expressifs, naturels, qui aillent à l'âme; une harmonie pure, touchante, majestueuse, qui, au lieu d'étouffer le chant, lui donne plus d'éclat et de force.

Il faut des ornements, des appogiatures, de la délicatesse dans les chants élégants et gracieux; du mouvement, du feu, dans ceux qui sont animés et brillants; des sons plaintifs pour les mélodies tendres et pathétiques, et de l'agitation pour exprimer les passions violentes.

On doit sacrifier L'EXPRESSION des mots à celle des pensées, et celle-ci aux sensations de l'âme; ce serait une folie de s'attacher à chaque parole qu'on prononce; il faut au contraire se pénétrer du sujet, et chercher à le rendre avec énergie et vérité par une musique imitative, large et dramatique.

L'EXPRESSION est soumise aussi aux temps de la mesure; la musique la plus passionnée est celle dont les temps quoiqu'égaux entr'eux sont irégalement divisés, tandis que le calme se peint par des valeurs égales, écrites dans un mouvement modéré. Pour la joie, il faut choisir un mouvement vif; pour la tristesse, un mouvement plus lent, et pour une douleur vive, des mouvements tantôt lents, tantôt vifs, et des chants entre-coupés de pauses. En un mot, L'EXPRESSION est l'âme de toute musique.

---

(1) Il ne faudrait pas s'attacher trop scrupuleusement à tout ce que nous disons sur le caractère des voix, des instruments et des intervalles; nous ne donnons ici que des généralités: le reste dépend du caprice et des circonstances.

DE L'INVENTION.

On appelle INVENTION le don de créer; c'est la part du génie; sans cette faculté, l'artiste ne s'élève jamais au sublime. En musique, l'invention est dans le sujet principal, les autres parties qui accompagnent ne demandent ordinairement que de l'art et du travail; pour créer un chant il faut de l'inspiration, du génie; pour en tirer parti, il faut de la science, de la chaleur, de l'imagination; les grands effets d'orchestre, les grandes combinaisons harmoniques peuvent surprendre; mais c'est aux mélodies inspirées par le génie de toucher, d'émouvoir; pour être artiste, il faut sentir en soi le feu de l'invention, et le don de la musique imitative, celle qui rend le mieux tous les accents de la passion, et qui est par conséquent la plus dramatique, la plus noble et la plus expressive: ainsi, tout doit naître de l'inspiration, et c'est à l'art de développer ces premières idées d'une manière riche et brillante, de produire des effets nouveaux avec des chants déjà entendus, et d'imprimer ainsi un caractère d'unité à tout un morceau de musique.

L'inspiration jaillit des grandes émotions, telles que la joie, la colère, le bonheur et quelquefois la mélancolie, lorsque l'âme est émue, elle nous inspire des chants inconnus, dont on ne peut approfondir l'origine: c'est un mystère impénétrable, et qui n'appartient qu'au sentiment musical: mais jamais un esprit froid ne saura créer en musique; c'est le secret du génie.

DE LA MUSIQUE VOCALE, ET DE LA MUSIQUE INSTRUMENTALE.

La musique vocale est la partie la plus belle de l'art, puisque c'est celle qui imite le mieux toutes nos sensations, et comme l'imitation la plus intéressante est celle des passions humaines, de toutes les manières d'imiter le chant est aussi la plus dramatique, la plus parfaite et la plus agréable: la musique instrumentale plus indéterminée jette l'âme dans des rêveries vagues, indéfinies; elle n'a souvent pour objet que le plaisir de l'oreille, qu'elle cherche à flatter par des sons et des accords. C'est surtout par des effets physiques qu'elle agit sur nous. La musique vocale au contraire cherche à émouvoir par des effets moraux, en imitant par la voix tous les accents de nos passions; elle anime la pensée, et donne une voix au bonheur, à la tristesse, qui s'exhalent et se répandent au dehors par des transports de joie, ou des cris de désespoir.

La musique instrumentale, quoique moins noble, moins expressive, peut produire pourtant de grands effets, en imitant presque tout ce que l'imagination peut se représenter; elle inspire la folie dans un bal, des sentiments religieux dans un temple; elle sait rendre l'éclat de la foudre, le bruit des tempêtes, et jusqu'au silence effrayant qui leur succède: c'est ainsi que Béethoven, dans sa symphonie pastorale, a su peindre par des instruments seuls toute une scène de village. En effet, son début est simple, frais et naïf; l'andante exprime bien des sentiments de mélancolie et de bonheur; plus loin c'est la danse des villageois: puis enfin l'orage qui grandit, s'amoncelle, tonne, éclate avec la foudre; et lorsqu'il s'apaise, on entend encore le chant du berger, troublé de temps en temps par les derniers grondements de la tempête.

Si vous voulez encore un triomphe éclatant de la musique instrumentale, rappelez-vous le chef-d'œuvre de l'école allemande, le FREYSCHÜTZ, qui a remué tant de cœurs, et bouleversé tant d'imaginations. Là, nous retrouverons, au milieu d'une instrumentation palpitante d'inspirations mélodiques et harmoniques, les contes d'Hoffmann avec leurs mille terreurs; écoutez l'ouverture, œuvre magique, colossale, qui des montagnes de la Germanie

est venue planer sur toute l'europe musicale; écoutez ces mélodies si suaves, ces accords si terribles: dans l'ouverture, le chant de l'Andante, rendu par les cors, nous annonce déjà que la scène se passe dans les bois, et
sa noble simplicité nous dit que les personnages sont de francs villageois et de joyeux chasseurs. Puis tout-à-
coup la mélodie se rembrunit, et les TRÉMOLO des violons, coupés de temps en temps par les PIZZICATO des contre-basses, et le battement sourd et funèbre des timbales, suffiraient pour nous remplir de terreur, si ces mur-
mures de l'enfer n'étaient rembrunis encore par l'âme du damné Gaspard, que le son nasillard de la clarinette répand dans tout l'orchestre.

L'allégro de l'ouverture est tour-à-tour déchirant comme le malheur et la fatalité, infernal comme Robin,
amoureux et mélancolique comme la jolie Anna. C'est là que viennent se refléter tous les caractères de la piè-
ce, qui renferme le germe de la nouvelle école; et cette sombre douleur que Weber a su mêler à la voix de
Samiel, ces rêves fantastiques d'une imagination maladive et Germanique, ces mélodies étranges et ces accords
déchirants, qui peignent si bien dans l'ouverture tout le sujet du freyschütz, sont rendus seulement par la musique instrumentale: mais aussi, voyez combien ces mélodies deviennent plus puissantes, plus nobles, plus énergiques, quand la voix nous les transmet, et que l'orchestre le soutient, les anime de toute la puissance de ses
accords; la musique vocale l'emporte donc sur la musique instrumentale, et c'est par elle surtout que Rossini
a su se placer au premier rang de nos compositeurs dramatiques.

DU DESSIN MÉLODIQUE.

Le DESSIN mélodique est un fragment de phrase chantante qui doit occuper une, deux, et trois mesures
au plus; le plus souvent il n'a qu'une mesure, et quelquefois la moitié ou un tiers: ces dessins mélodiques jouent un grand rôle dans les compositions musicales. Dans l'opéra, ils servent à peindre les sentiments de l'acteur ou des acteurs qu'on met en scène; dans les messes, les symphonies, ils impriment à la musique la couleur
qui lui convient, et lui donnent du mouvement et de l'énergie. Le DESSIN MÉLODIQUE est encore un moyen de conserver l'unité. Parmi nos compositeurs modernes, celui qui a le plus excellé dans l'invention du DESSIN MÉLODIQUE,
est sans contredit Rossini, mais il n'est pas le premier qui en ait fait usage. Les maîtres les plus anciens avaient inventé la fugue pour conserver cette unité de dessin. Paësiello poursuivait un dessin jusqu'à satiété, en le faisant
entendre pendant tout un morceau, quoique la situation scénique, ou le sentiment de l'acteur changeât. Mozart,
dans ses opéra, n'a presque jamais usé de cette ressource; aussi, pour l'intérêt dramatique, est-il souvent inférieur à Gluck, qui savait imprimer un caractère d'unité à toutes ses compositions, et rendre scrupuleusement
tout ce qui se passait dans l'âme de l'acteur.

De nos jours, il n'est pas un compositeur qui ne s'en serve; Auber en a tiré un grand parti dans ses
ouvrages; Hérold en créant les dessins les plus neufs, les plus intéressants, a rendu son orchestre toujours dramatique ou brillant. Lesueur les a traités d'une manière sévère dans son opéra de la Caverne; Boïeldieu avec
grâce et mélodie; Méhul avec une pureté fatigante, parceque dans sa musique toujours compassée, il ne s'abandonne pas assez au désordre et à la fougue des passions qu'il veut rendre; Maria de Weber s'en est servi
plus rarement; mais Schuber les a prodigués dans toutes ses mélodies, peut-être d'une manière trop uniforme.

Ces dessins mélodiques se placent dans toutes les parties, et conviennent à tous les genres de musique;

il faut qu'ils soient toujours en rapport avec le sujet: on les traite en accords brisés.

En voici un Exemple:

Nous allons nous étendre sur cette matière, parceque les dessins mélodiques sont d'un grand intérêt en composition, et que sans eux il n'y aurait presque plus d'accompagnement possible.

Nous nous servirons pour ce travail du contrepoint des anciens, non comme ils l'avaient inventé, et tel que certains maîtres ont bien voulu nous le transmettre, mais en nous emparant de l'invention, de l'idée première des anciens maîtres, et en le traitant de manière à ce qu'il puisse nous conduire le plus promptement possible à la composition. Mais avant, nous allons donner l'étendue et le diapason des instruments à cordes, dont nous nous servirons pour ce travail, que nous rappellerons CONTREPOINT LIBRE, afin de le distinguer du CONTRE-POINT RIGOUREUX OU RENVERSABLE, que nous discuterons ensuite.

DU DIAPASON, ET DE L'ÉTENDUE DES INSTRUMENTS À CORDES,

(Le Violon, l'Alto, le Violoncelle, et la Contrebasse à trois et quatre cordes).

DU VIOLON.

(SS. 161.) Voici son étendue: Exemple, Il a donc trois octaves et une sixte. (1)

il peut faire tous les tons et les demi-tons renfermés entre ces deux notes extrêmes. Dans l'orchestre, on ne l'écrivait autrefois que jusqu'au FA, Exemple : aujourd'hui, on va jusqu'au SOL, LA, SI, et quelquefois au-

---

(1) Baillot, dans sa méthode, lui donne quatre octaves et une seconde, et le fait monter par conséquent jusqu'au LA, au-dessus de ce MI.

delà. On l'écrit toujours sur la clef de **sol**, seconde ligne; il joue dans tous les tons.

Le violon est l'instrument le plus utile dans les orchestres; il se prête à tous les tons, à tous les caractères; il fait toutes les nuances, et s'employe souvent en **arpèges** (accords brisés), ou en **trémolo**.

Le second violon doit ordinairement chanter au-dessous du premier; mais il a la même étendue et les mêmes qualités, puisque c'est le même instrument. On dit généralement qu'il faut être bon instrumentiste pour jouer le premier violon, et meilleur musicien pour jouer le second; dans les partitions modernes, où le second violon monte presque aussi haut que le premier, le mérite doit être égal.

Autrefois, le premier violon doublait presque toujours le chant, coupé par des pauses: aujourd'hui que la science du chanteur est plus parfaite, on isole la partie chantante, afin que l'acteur puisse se livrer à son inspiration, sans être embarrassé par un instrument qui le force constamment à chanter en mesure ce qui est écrit. Mais il faut qu'il ne brode plus, dès qu'il a plu au compositeur de doubler le chant par une partie d'orchestre, parcequ'alors, sans doute, il y a une intention dramatique, qu'il n'appartient plus au chanteur d'altérer, ou de détruire.

Dans les chœurs, dans les morceaux d'ensemble, et lorsque les passions les plus énergiques sont déchaînées, il est bien de doubler le chant soit par quelques instruments à vent, soit par quelques instruments à corde, ou par une partie des deux masses réunies.

Quelquefois aussi, dans les chœurs, comme dans les **solo**, les violons accompagnent par des dessins qui font ressortir ce qu'il y a de dramatique dans l'action, et lui donnent plus d'énergie; ce n'est que dans quelques situations semblables que Gluck isolait les violons du chant; dans tout le reste, il les faisait toujours chanter ensemble, et c'est là le plus grand défaut de l'école ancienne.

Dans les récits, le premier violon frappe ordinairement la note que vient de faire entendre le chant, ou celle qu'il va entonner: dans les accompagnements, les violons font presque toujours de doubles cordes ou des arpèges, et très rarement dans le chant ils peuvent frapper aussi jusqu'à trois et quatre sons différents à la fois, mais ce n'est ordinairement qu'en écrivant des sonates ou des concerto de violon: dans l'orchestre, on doit s'arrêter aux deux notes différentes, surtout lorsqu'on ne connaît pas cet instrument: voici à peu près les doubles notes que l'on peut faire: Exemple,

Il faut avoir soin aussi de ne pas faire succéder tous ces intervalles avec trop de rapidité: les neuviè-mes et les dixièmes peuvent se faire; mais ce n'est ordinairement que dans un solo de violon.

Contre les cordes à vide on peut frapper toute sorte d'intervalles.

D'abord, voici quelles sont les cordes à vide: Exemple,.........

On peut frapper contre elles tous les tons et les demi-tons renfermés entre les noires suivantes,

Exemple,

REMARQUE. Il n'existe pas de passage sans doubles notes qu'un bon joueur de violon ne puisse faire.

DE L'ALTO, (ou *Viola*).

(SS. 162.) L'alto est un instrument qui tient le milieu entre le violon et le violoncelle, et qui participe par conséquent des deux, il imite la voix humaine dans les notes du médium, et se joue comme le violon; on l'écrit sur la clef d'ut, troisième ligne, et sur la clef de sol, seconde ligne, quand il monte haut. Dans l'orchestre, il sert à compléter les accompagnements, et à remplir la position des parties qui serait trop large entre le violon et le violoncelle. Les solos qu'on écrit pour cet instrument sont toujours d'un grand effet. Autrefois l'alto dans les orchestres doublait presque toujours la basse: aujourd'hui, on lui donne une partie obligée, et qui lui appartient spécialement: c'était donc une ressource dont on avait tort de se priver. Son étendue est la

suivante, Exemple, [music] et dans l'orchestre jusqu'au sol, Exemple, [music]

Comme le violon, il a trois octaves et une sixte. Ses quatre cordes à vide sont les suivantes; Exemple,.................................... [music]

il joue dans tous les tons; il fait souvent des arpèges, des TRÉMOLO, et de doubles notes; voici celles qu'on peut écrire pour cet instrument: Exemple,

Les neuvièmes et les dixièmes ne doivent s'employer que dans un solo. Cet instrument joue presque

les mêmes difficultés que le violon. Contre ses cordes à vide, on peut frapper tous les tons et les demi tons renfermés entre les noires suivantes:

Exemple,

Il faudrait bien se garder de donner toujours la quinte de l'accord à l'alto; on doit le traiter à-peu-près comme le 2ᵈ Violon.

DU VIOLONCELLE.

(SS. 153.) Il a la même étendue et les mêmes cordes que l'alto, une octave plus bas. Il s'écrit ordinairement sur la clef de FA, quatrième ligne, et sur la clef d'UT, quatrième ligne, quand il monte haut; rarement sur la clef de SOL, seconde ligne. Dans les cordes hautes, le timbre de cet instrument est remarquable; voilà pourquoi dans les orchestres, on lui donne souvent des SOLO. Rarement aussi il fait de doubles cordes, si ce n'est dans un concerto. Voici son étendue, Exemple,

Étendue Générale.   À l'orchestre.   Dans les Solo d'orchestre.   Dans les Quatuor.   Dans les Concerto.

Les traits qu'on lui donne doivent être moins rapides que ceux du violon et de l'alto. Lorsqu'un ou plusieurs violoncelles jouent seuls, on écrit au-dessus les mots SOLO, SOLI ou VIOLONCELLI SOLI. Lorsque les contre-basses se joignent aux violoncelles, on l'indique par le mot TUTTI, ou BASSI.

DE LA CONTRE-BASSE.

La contre-basse est un instrument très important dans les orchestres; elle s'écrit toujours sur la clef de FA quatrième ligne. Voici son étendue, Exemple,

Contre basse à trois cordes.   Contre basse à quatre cordes.

Les notes que la contre-basse donne se trouvent naturellement une octave plus bas qu'elles ne sont écrites. Dans les orchestres, elle double ordinairement le violoncelle, surtout quand il est écrit avec simplicité. Mais lorsqu'il fait des traits difficiles et rapides, ou qu'il joue dans des tons peu usités, on doit alors écrire deux parties de basse, l'une pour le violoncelle, et l'autre, plus simple, pour la contre-basse. De cette manière, on évitera aux joueurs de contre-basse la peine de simplifier eux mêmes les parties de violoncelles, ce qu'ils ne peuvent faire qu'imparfaitement, malgré leur habitude, parceque ce travail exige du temps, de la méditation et des connaissances en harmonie, dont ils manquent quelquefois.

Les contre-basses à quatre cordes sont très usitées en Allemagne; on commence à s'en servir en France: malgré cela, il vaut mieux ne les faire descendre que jusqu'au SOL, Exemple, ...

176

VOICI LE TABLEAU

DU DIAPASON ET DE L'ÉTENDUE

De ces istruments à cordes.

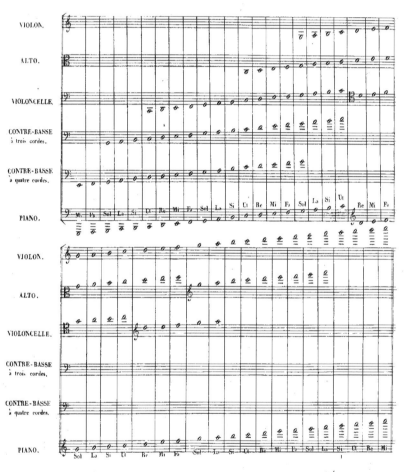

Toutes les notes enfermées dans une même colonne sont à l'unisson, et portent le même nom. Ainsi, ces quatre **sol** correspondent à celui du piano; Exemple,

Tous ces **sol** sont à l'unisson.

REMARQUE. C'est avec ces instruments à cordes, appelés le **quatuor**, qu'on accompagne presque tous les **solo**.

(SS. 164) Il serait encore très facile de simplifier le systême des clefs dans les instruments en les écrivant toutes de manière à ce qu'elles représentent les notes en CLEF DE SOL; ainsi, au-lieu de se servir pour l'Alto de la clef d'UT 3ᵐᵉ LIGNE, qui nous oblige à transposer d'abord d'une seconde supérieure, puis d'une octave inférieure, Exemple,.. !..

il serait bien plus simple d'employer la même clef d'UT, en la posant sur la note dont elle porte le nom; par ce moyen, un UT serait un UT, un MI resterait un MI, comme en clef de sol, et l'on n'aurait plus qu'à transposer d'une octave inférieure, Exemple, (1)

L'on gagnerait même une ligne en bas, Exemple,....   au lieu de

Tout ce que nous venons de dire pour la clef d'Alto peut encore s'appliquer à la clef de FA, 4ᵐᵉ ligne, qui nous force à transposer la note, d'abord, d'une 3ᶜᵉ supérieure; puis, d'une octave, d'une double octave, ou d'une triple octave inférieures; Exemple,...

Ne vaudrait-il pas mieux se servir de la clef de FA, 5ᵘᵐᵉ ligne, qui représente les notes comme si elles étaient écrites en clef de sol, avec la différence d'une, deux, ou trois octaves inférieures, suivant le timbre de l'instrument pour lequel on écrit; Ex. (2)

Ainsi, toutes ces clefs correspondraient à celle de SOL; seulement, la manière différente de les écrire indiquerait aussi l'instrument auquel elles appartiennent.

VOICI LE TABLEAU PRÉCÉDENT, ÉCRIT AVEC CES NOUVELLES CLEFS.

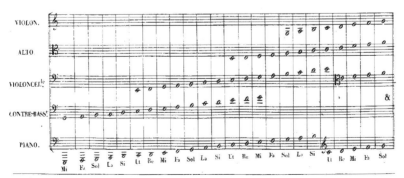

---

(1) Nous ajoutons un point après cette clef pour désigner qu'elle est placée sur l'UT, entre les lignes du SI et du Ré.

Mˡ de Waldemosa, que Rossini a bien voulu nous adresser, vient aussi de trouver cette nouvelle clef, dont il se sert pour faciliter la musique écrite pour le piano; il l'a publiée le 11 Septembre, 1857.

Tout ce que nous avons dit au tableau précédent, pour le Diapason et l'étendue des instruments, est applicable à celui-ci.

REMARQUE. Lorsque le violoncelle monte trop haut, on peut l'écrire sur la nouvelle clef d'alto, et puis sur la clef de SOL.

Les notes de la portée supérieure correspondent à celles de la portée inférieure écrites en clef de sol.

De même, les notes de l'alto qui monteraient trop haut s'écriraient sur la clef de SOL.

Ce qu'il ne faut pas oublier, c'est que l'alto est à une octave inférieure du violon, le violoncelle à une double octave, et la contre-basse à une triple octave.

Il existe aussi dans l'emploi de cette nouvelle clef un avantage réel, c'est qu'on gagne deux portées dans les notes graves,

Exemple............

Mais cet avantage, on le perdrait sans doute dans les notes aiguës, si on n'était pas libre de les écrire sur la nouvelle clef d'Alto, Exemple,

Il est malheureux qu'en france on ait tant de peine à adopter les améliorations qu'on peut introduire dans un art, si elles ne viennent d'un pays étranger: en effet, puisqu'il est si facile de simplifier pour les voix et les instruments le mécanisme des clefs, et qu'on prouve par A + B qu'on peut écrire toute musique avec une seule et même clef, pourquoi donc nous jeter dans cette complication de clefs différentes, si difficiles à lire, et perdre ainsi un temps précieux, que réclament des études plus importantes? et qu'importe au public que la musique que vous lui faites entendre soit écrite en clef d'UT, Ire ligne, ou en clef de FA 4me ligne, pourvu qu'elle soit bonne; mais alors à quoi sert de les apprendre, si elles peuvent devenir inutiles? nous espérons, nous, que peu-à-peu notre système prévaudra sur celui des anciens, et que cette révolution, si simple, si facile, dans le mécanisme des clefs, finira par s'exécuter dans toute l'europe musicale? si le hasard nous l'avait importé d'Allemagne ou d'Italie, il n'est pas un musicien, un jeune compositeur, qui ne se fût empressé de l'adopter; les artistes les plus tenaces, les plus difficiles à gagner seront sans doute les anciens maîtres, qui ne manqueront pas de s'élever d'abord contre cette innovation barbare: mais si les amateurs vrais et sincères de la musique s'en emparent, les maîtres seront bien forcés de l'étudier pour l'apprendre à leurs élèves. D'ailleurs, nous ne voulons pas donner ici des leçons de solfège; nous n'avons qu'une intention, un désir, c'est de simplifier, autant que possible, l'étude de la composition musicale, en la débarrassant de ce qui peut la rendre obscure, longue et difficile, et de priver ainsi les faux savants de la seule ressource qu'ils aient d'imprimer un air de science ou d'inspiration à leur musique, en la bariolant de mille clefs différentes, sans rien ajouter pour cela à la magie de leurs compositions.

DU CONTRE-POINT LIBRE.

CHAPITRE PREMIER.

Anciennement les notes de musique étaient de simples points, qu'on plaçait l'un à côte de l'autre, l'art de disposer ces points selon les règles se nomme CENTRAPPUNTO, qui signifie CONTRE-POINT, c'est-à-dire, point contre point, ou note contre note; nous l'appelons aujourd'hui HARMONIE; ainsi, contre-point et harmonie sont synonimes. Les anciens qui ne connaissaient pas les accords, ni leur théorie, n'enseignaient l'harmonie que par les intervalles, tandis qu'aujourd'hui nous pouvons l'apprendre par les accords. Voilà pourquoi chez eux l'harmonie s'appelait CONTRE-POINT, et la composition, FUGUE.

Mais quoique le mot contre-point, pris dans sa signification primitive, signifie harmonie, on ne se sert de ce mot dans la musique moderne que pour exprimer une certaine manière de traiter les accords, propre à faire la fugue. Dans ce traité, le contre-point et la fugue ne seront enseignés avec un nouveau système, que pour conduire l'élève à la composition,(1) ce qui nous fera les quatre divisions suivantes: l'HARMONIE; le CONTRE-POINT, la FUGUE et la COMPOSITION.

1°. l'HARMONIE est l'art d'enchaîner les accords sur une basse, ou sous un chant;

2°. le CONTRE-POINT est le premier travail qu'on fait pour apprendre à former des DESSINS MÉLODIQUES avec ces accords, ou à les traiter sous certaines conditions qui nous permettent de les renverser:

3° la FUGUE est un discours musical composé d'accords, de mélodies, de rhythmes, de cadences, de modulations, de contre-points, d'imitations, de canons; elle représente le cadre et l'ensemble de différents morceaux de musique.

4° la COMPOSITION est la réunion de l'harmonie, des contre-points, de la fugue, ou plutôt la fugue elle-même, ennoblie par l'inspiration: c'est l'art d'inventer des chants heureux, accompagnés avec élégance et pureté, d'écrire un air, une Symphonie, une Ouverture, un Opéra, une Messe, enfin tout morceau de musique complet qui retrace une ou plusieurs pensées dramatiques.

CONTRE-POINT LIBRE À DEUX PARTIES

Iʳᵉ ESPÈCE.

NOTE CONTRE NOTE. (2)

Il peut se composer de Rondes, Blanches, Noires, Croches, doubles, triples et quadruples Croches: tout ce que nous avons dit sur le duo dans la seconde partie (Page 114, SS. 118.), est applicable ici. Il faut que

---

(1) Nous parlerons aussi de la fugue ancienne.   (2) Dans la quatrième partie on ne chiffre plus les accords.

chaque note qu'on frappe soit une nouvelle note; ce n'est que de temps en temps qu'on pourra répéter la même. Toutes les règles données jusqu'à présent dans ce cours doivent être rigoureusement observées ici.

On peut faire ce contre-point dans tous les mouvements, et toutes les mesures, en ayant soin de frapper toujours **NOTE CONTRE NOTE**, n'importe leur valeur: ainsi, l'on doit faire une ronde contre une ronde, une blanche contre une blanche, une noire contre une noire; il faut toujours que la musique soit bien phrasée; on ne peut se servir par la nature de ce contre-point que des accords de trois sons, de la 7me Dominante, rarement des neuvièmes; parmi les notes accidentelles, on n'emploie en général que des broderies et des notes de passage; toutes les modulations y sont permises; on se sert de préférence du mouvement contraire.

1re Leçon,

DUO.

(SS. 165.) RÈGLE GÉNÉRALE. Les deux parties doivent autant que possible marcher par degrés conjoints; les notes de la dernière mesure peuvent avoir toute sorte de valeurs: la longueur de chaque contrepoint est arbitraire; on peut parcourir tous les tons; il faut commencer et finir par une consonnance.

L'élève pourra faire ce contre-point dans toutes les mesures pourvu qu'il ait soin de frapper une note contre une note, et que toutes les deux soient d'égales valeurs: il doit aussi créer les deux parties, sans qu'on lui donne un chant ou une basse, et composer chaque leçon de **20 à 100** mesures

2ᵐᵉ Leçon,

TRIO.

3ᵐᵉ Leçon,

QUATUOR.

Ainsi que nous venons de le voir, on ne se sert dans ce contre-point que des broderies et des notes de passage, en les traitant à peu près comme notes réelles d'un accord; on pourra composer des contre-points à 5, 6, 7 et 8 parties, en doublant le violon, l'alto, ou le violoncelle, et en ajoutant une partie de contre-basse. Lorsqu'on se sera bien exercé dans ce contre-point, on passera au suivant.

2de ESPÈCE,

DEUX NOTES CONTRE UNE.

(SS. 166.) Dans ce contre-point, on doit toujours frapper deux notes contre une, comme deux blanches contre une ronde, ou deux noires contre une blanche, ou deux croches contre une noire; il se fait aussi avec toutes les valeurs, toutes les mesures, et tous les mouvements; on évite autant que possible de répéter deux fois la même note: les accords dont on se sert sont ordinairement ceux de trois sons, la 7me dominante, les neuvièmes; et parmi les notes accidentelles, on n'emploie en général que les broderies, les notes de passage, et rarement les appogiatures, si ce n'est dans un mouvement vif. Il faut autant que possible que la première note de ce contre-point soit une note réelle de l'accord qu'on frappe. Les deux notes peuvent aussi appartenir au même accord, ou à un accord différent; la seconde peut être une note accidentelle, mais très rarement la première.

1ere Leçon,

DUO.

RÈGLE GÉNÉRALE. On commence d'abord par créer la partie qui fait la note simple, et qu'on appelle CHANT DONNÉ; puis, l'on cherche sur cette première partie la seconde qui fait deux notes contre une, et qu'on appelle CONTRE-POINT; la première mesure du contre-point commence ordinairement par une pause; c'est même plus élégant. Le contre-point et le chant donné peuvent se mettre à toutes les parties:

On peut aussi faire changer le contre-point et le chant donné de parties d'une mesure à l'autre, Ex.

(Comme on le voit, ce travail nous conduit aux imitations.)

C'est au moyen de cette mutation qu'on peut faire ce contre-point dans les mesures à $\frac{3}{4}$ et à $\frac{6}{8}$, Ex.

Il faut qu'il y ait toujours deux notes contre une n'importe leur valeur.

2ᵐᵉ Leçon,

TRIO.

Une partie fait deux notes pendant que les deux autres n'en font qu'une : Exemple,

Comme dans le duo, on peut faire changer le contre-point et le chant donné de parties, d'une mesure à l'autre, Exemple,

Une seule partie faisant deux notes tandis que les deux autres n'en font qu'une,

Exemple,

Ou deux parties fai-
sant deux notes, tandis que
la troisième n'en fait
qu'une, Exemple,

Autres
Exemples

C'est encore au
moyen de ces
mutations qu'on
peut faire ce
contre-point à $\frac{3}{4}$,
et à $\frac{6}{8}$, Exemple

ou

ou

ou

3me Leçon,

QUATUOR.

Une partie fait deux notes pendant que les trois autres n'en font qu'une, Exemple................

3ᵐᵉ ESPÈCE,

QUATRE NOTES CONTRE UNE.

(SS. 167.) Dans ce contre-point, on frappe toujours quatre notes contre une, n'importe leur valeur, et la mesure qu'on choisit. On emploie ordinairement les mêmes accords et les mêmes notes accidentelles que dans la SECONDE ESPÈCE. Il faut autant que possible frapper des notes réelles aux temps forts; mais cette observation n'est de rigueur qu'au 1ᵉʳ temps de la 1ʳᵉ mesure; dans le courant du morceau, les temps forts peuvent être des notes étrangères à l'accords; il faut se servir surtout des Dégrés conjoints.

1ᵉʳᵉ Leçon,

DUO.

RÈGLE GÉNÉRALE. On crée d'abord le CHANT, puis l'on cherche le contre-point; (1) Exemple,

---

La première mesure peut commencer par une pause, une note, ou deux, et quelquefois trois ne peuvent sauver deux quintes, ou deux " octaves, (voyez dans la 2ᵈᵉ partie, page 117, chapitre 7ᵐᵉ SS 121.)

En faisant changer le contre-point de parties d'une mesure à l'autre, Exemple..

A TROIS TEMPS, il faut qu'une partie reste en place jusqu'à ce que l'autre ait fait entendre quatre notes; Exemple................

On pourrait aussi à trois temps faire trois notes contre une seule, Exemple......

À $\frac{6}{8}$, on fait entrer les combinaisons de deux mesures à trois temps dans une seule; Exemple...................

2me Leçon.

TRIO.

Une partie frappe quatre notes, tandis que les deux autres n'en font qu'une; Exemple,

Ou deux parties frappent quatre notes, tandis que la troisième n'en fait qu'une; Exemple,

Ou avec des valeurs différentes; Exemple,

On peut faire changer le contre-point de place d'une mesure à l'autre dans deux ou trois parties; Exemple...............

On peut réunir les trois espèces de contre-point dont nous venons de parler avec toute sorte de valeurs et de mesures, Exemple........

3ᵐᵉ Leçon.

QUATUOR.

Une partie fait quatre notes tandis que les trois autres n'en font qu'une; Exemple,

En faisant changer le contre-point de parties; Exemple,

On peut mettre aussi le contre-point dans deux et trois parties à la fois; Exemple,

On peut mêler les trois espèces de contre-point, dont nous venons de parler, de plusieurs manières; Exemple................ & L'élève en cherchera dans les mesures à 3 temps, à $\frac{6}{8}$, et avec toute sorte de valeurs.

4me ESPÈCE,

HUIT NOTES CONTRE UNE.

(SS.168)Tout ce que nous avons dit pour les autres contre-points doit être appliqué à celui-ci. Comme il est plus difficile à faire, on doit être aussi moins sévère.

1ere Leçon,

DUO.

(1)

Une partie fait huit notes, tandis que l'autre n'en frappe qu'une; Ex. &

On peut faire changer le contre-point de parties; Ex. (En faire chercher à l'élève avec les mesures à 3 temps, et à $\frac{6}{8}$.)

2me Leçon,

TRIO.

Une partie fait huit notes, pendant que les trois autres n'en font qu'une; Exemple, &

(1) Quoique nous ne donnions que des exemples de quelques mesures, les leçons que l'élève composera devront avoir de 20 à 100 mesures.

On peut faire chan-
ger le contre-point de
place; Exemple........

De même dans
les mesures à trois
temps, et à $\frac{6}{8}$; Ex:

Il est essentiel que toutes les
notes semblables soient liées; on
peut pourtant les répéter par le
mouvement parallèle.

Deux parties peuvent aussi faire huit notes pendant que l'autre n'en fait qu'une; Exemple,

3me Leçon,

QUATUOR.

Une partie fait huit
notes pendant que les
trois autres n'en font
qu'une; Exemple,

Deux ou trois parties peuvent faire huit notes pendant que les autres n'en font qu'une; Ex.

&

On peut faire changer le contre-point de parties.

On réunit quelquefois toutes les espèces de contre-points dont nous avons parlé; Exemple........:

On pourrait aussi ne prendre qu'une partie des contre-points qui précèdent.

5me ESPÈCE,

SEIZE NOTES CONTRE UNE.

(SS. 169.) Ce contre-point ne s'employe ordinairement que dans les mouvements lents; il reste soumis aux mêmes règles que les autres. Il faut employer le plus souvent les dégrès conjoints.

1ère Leçon,

DUO.

Une partie fait seize notes pendant que l'autre n'en fait qu'une; Ex.

2ᵐᵉ Leçon,

TRIO.

Une partie fait seize notes tandis que les deux autres en frappent une; Exemple,

Ou bien deux parties frappent en même temps seize notes, et la troisième une seule; Exemple........

Le contre-point peut changer de parties; Exemple,

3ᵐᵉ Leçon,

QUATUOR.

Une partie fait seize notes, tandis que les trois autres n'en font qu'une; Exemple,

Deux ou trois parties font seize notes en même temps, pendant que les autres n'en font qu'une; Ex.

On peut aussi faire changer les parties de place.(Il ne faut pas oublier que le **CONTRE-POINT** peut se mettre à toutes les parties, et qu'on peut écrire toutes ces espèces de contre-points dans toutes les mesures, et tous les mouvements.)

On réunit quelquefois toutes les espèces de contre-points que nous venons de voir, en écrivant à 5, 6, 7 et 8 parties; l'élève devra s'exercer à en trouver.

6me ESPÈCE,

DES TRIOLETS.

(SS. 176.) Pour employer les triolets, on doit se conformer à tout ce que nous avons déjà dit: les anciens ne se servaient pas de cette figure: mais comme dans la musique moderne elle est très employée, nous avons cru devoir en faire une espèce de contre-point; on observe toujours les mêmes règles.

1ère Leçon,

DUO.

Une partie frappe douze notes, tandis que l'autre fait une ronde;
Exemple..

Ou six croches contre une blanche; Ex.

Ou trois croches contre une noire, Ex.

2de Leçon,

TRIO.

Voici les différentes combinaisons qu'on peut faire dans le trio avec les contre-points qui précèdent; Exemple,

3ᵐᵉ Leçon,

QUATUOR.

7ᵐᵉ Espèce,

DE LA SYNCOPE,
ou,
DES NOTES LIÉES, OU SYNCOPÉES.

(SS. 171.) Ce contre-point est très important, parcequ'il permet d'employer les suspensions, les accords de 7ᵐᵉ, de 9ᵐᵉ, et toutes les dissonances. La première note de la syncope se frappe au temps foible, et se trouve liée avec la seconde note qu'on frappe au temps fort suivant; ainsi, la **PRÉPARATION** se fait au temps foible, la **PERCUSSION** au temps fort, et la **RÉSOLUTION** au temps foible; Exemple,

Les règles à suivre dans ce contre-point sont celles que nous avons données pour les 7ᵐᵉˢ les 9ᵐᵉˢ et les suspensions. Il ne faut se passer de la syncope que dans un cas difficile.

1ᵉʳᵉ Leçon,

DUO.

On frappe toujours deux notes contre une note syncopée; Exemple,

---

(1) Le mot **PERCUSSION** remplace celui de **SUSPENSION** dont nous nous sommes servi dans la 3ᵐᵉ partie de ce traité.

En faisant changer la syncope de parties; Exemple,

Il n'est pas nécessaire que toutes les syncopes soient en dissonnances, elles peuvent appartenir au même accord consonnant; Exemple, . On peut aussi commencer le contre-point par une pause. On se sert rarement des dissonnances quarte et neuvième.

Voici comment il faut employer la syncope à trois temps; Exemple,

2ᵐᵉ Leçon,

TRIO.

Voici les différentes combinaisons qu'on peut faire à trois parties; Exemple....................

3ᵐᵉ Leçon,

QUATUOR.

Toutes les combinaisons que nous venons d'appliquer au trio peuvent se faire avec le quatuor; Exemple...

REMARQUE. Toutes ces espèces de contre-points peuvent se faire sur la pédale.

8ᵐᵉ *ESPÈCE,*

CONTRE-POINT FLEURI.

Leçon 1ère

(SS. 172.) Ce Contre-point se forme des fragments de tous les autres, combinés ensemble d'une manière arbitraire: la seule différence, c'est qu'on peut ajouter un point après chacune de

ses notes; Exemple, [♪] Il admet donc toutes les combinaisons dans la valeur des notes;

c'est celui qu'on trouve dans les partitions d'opèra, de messes, de symphonies, etc; ainsi, nous avons ana-

lysé dans ces huit contre-points tous les genres
d'accompagnements qu'on peut faire sous un chant.
L'élève cherchera dans l'exemple suivant, tiré des
quatuors d'Haydn, toutes les espèces de contre-
points qu'il renferme; Exemple..............

L'élève fera ce travail avec plusieurs morceaux, puis il en créera lui-même.

APPLICATION
DE TOUTES CES ESPÈCES DE CONTRE-POINTS.

Leçon 1ère

(SS. 175.) On invente d'abord un chant; puis on l'accompagne avec chaque espèce de contre-point que nous avons vu, et enfin avec le contre-point fleuri. Nous ferons observer que le chant, n'importe la partie où on le place, peut être regardé comme étranger au contre-point, ou bien comme en faisant partie: mais dans ce dernier cas, il n'appartient ordinairement qu'au contre-point fleuri, à cause de sa variété. Les figures suivantes sont équivalentes, et ne changent rien au contre-point; Exemple.............................

Ainsi le mouvement parallèle qui se fait en répétant plusieurs fois une même note, ne change pas l'espèce de contre point que donnent toutes ces notes réunies en une seule.

REMARQUE. Tous les contre-points dont nous venons de parler peuvent être coupés par des pauses;

Exemple,

Voici des exemples de tous ces contre-points; ....

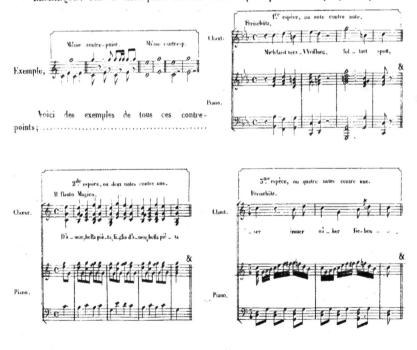

L'élève fera bien de poursuivre d'abord, jusqu'à la fin du morceau, le contre-point qu'il aura choisi; ensuite; puis il réunira peu à peu les différentes espèces, en écrivant à deux, trois, quatre et plusieurs parties, et en les mélangeant d'une manière arbitraire: c'est ce qu'on appelle le contre-point fleuri.

Le contre-point fleuri est formé par le mélange arbitraire de toutes ces espèces de contre-points; seulement, on peut placer arbitrairement un point après chaque note d'un contre-point; Ex.   au lieu de   ; il reçoit aussi toutes les petites notes de goût. Voici un exemple de contre-point fleuri:

FRAGMENT D'UN QUATUOR D'HAYDN.

REMARQUE. Le **TRILL** appartient au contre-point fleuri.

L'élève devra étudier les quatuor d'Haydn, et se rendre compte de toutes les espèces de contre-points qu'il y rencontrera; c'est le meilleur travail que nous puissions lui conseiller, surtout pour la richesse des accords, et la pureté de leur réalisation; plus tard, il analysera les quatuors de Béethoven, dont l'harmonie est si capricieuse, et les développements si grands, si beaux, si surprenants.

CONTRE-POINT RIGOUREUX DES ANCIENS.

Les anciens, en traitant ce contre-point, proscrivaient toujours la 5.te de l'accord à la basse; ils défendaient de se servir comme accords de l'intervalle de 5.te diminuée, et celui de 4.te augmentée, qu'ils ne permettaient d'employer que comme dissonances passagères marchant par dégrés conjoints d'une consonnance à une autre.

Ainsi, les seules consonnances dont on puisse se servir dans ce contre-point sont: la QUINTE JUSTE, L'OCTAVE, L'UNISSON, et LA QUARTE JUSTE seulement entre les parties intermédiaires, ou bien comme dissonnance passagère; et les deux consonnances imparfaites, la 3^{ce} et la 6.te

Les Dissonnances sont: la 2.de la 4.te la 7.me et la 9.me elles ne peuvent s'employer que préparées et résolues par une consonnance, à moins qu'elles ne soient frappées, comme notes accidentelles, sur un temps faible de la mesure, et qu'elles ne marchent par dégré conjoint entre deux consonnances: mais dans le premier cas, elles doivent toujours tomber sur un temps fort.

Nous conseillons à l'élève de ne travailler ce contre-point qu'en se basant sur les règles d'harmonie qu'il a travaillées jusqu'à présent. Voici les divisions de ce contre-point:

1ère Espèce,

RONDE CONTRE RONDE,

ou,

NOTE CONTRE NOTE.

(1)

✠ REMARQUE. Les deux dernières mesures doivent toujours finir ainsi.

(1) On appelle CANTO FORMO ou PLAIN-CHANT le chant donné; la partie composée par l'élève se nomme contre-point. On n'emploie que les intervalles de 6, 5, 3, 3, et les dissonnances dont nous avons parlé; chaque partie doit marcher diatoniquement, le plus souvent par mouvement contraire, ou oblique. Les consonnances imparfaites doivent s'employer de préférence aux consonnances parfaites, excepté à la première et à la dernière mesure.

(1)

2me ESPÈCE,

2 BLANCHES CONTRE UNE RONDE,

ou,

DEUX NOTES CONTRE UNE.

3me ESPÈCE,

QUATRE NOIRES CONTRE UNE RONDE,

ou,

QUATRE NOTES CONTRE UNE.

(2)

4me ESPÈCE,

DE LA SYNCOPE,

ou,

DEUX BLANCHES CONTRE UNE RONDE, AVEC DES LIAISONS.

(1) Dans ce contre-point on ne peut commencer et finir que par des consonnances parfaites.

(2) Tous les exemples de contre-points rigoureux que je donne ici sont tirés textuellement du traité de Fux; à lui donc toute la gloire!

5me *ESPÈCE*;

DU CONTRE-POINT-FLEURI.

Ce Contre-point se compose des quatre espèces précédentes, employées tour-à-tour dans la partie qui fait le contre-point. On se sert aussi, dans ce contre-point, des croches et des blanches pointées. On ne peut employer que deux croches de suite, écrites sur les temps forts; Exemple,

On fait ce Contre-point à 3, 4, 5, 6, 7 et 8 parties sur des plain-chants d'église. On l'écrit ordinairement pour les voix. C'est celui qu'on fait travailler si longtemps au conservatoire dans les classes de contre-point et fugue, et qui y tient lieu d'harmonie et de composition; voilà pourquoi il sort si peu de compositeurs de cette école. Reicha avait supprimé dans ses classes cette espèce de contre-point, dont il n'a même pas parlé dans ses ouvrages, tant il le savait inutile. Aussi, reprochait-il à Chérubini de n'avoir fait que traduire l'ouvrage de Fux, dans son traité de contre-point et fugue, en conservant toute la rigueur des règles, lorsque Fux avouait franchement à son élève Théodore (1) qu'il n'approuvait pas la plupart des règles qu'il lui enseignait, mais que les anciens l'avaient fait ainsi, et qu'on devait s'y soumettre:(2) qu'il nous soit permis de dire à Mr Chérubini que c'est avoir trop de respect pour des maîtres, dont le classique Fux revendiquait déjà l'autorité; à moins qu'il ne veuille remplacer la musique des Gluck, Haydn, Mozart, Cimarosa, Paësiello, Boieldieu, Auber, Rossini, Meyerbeer, etc, par la musique de plain-chant, dont se servaient les vieux maîtres.

---

(1) Le traité de Fux est écrit en dialogue entre le maître et l'élève.

(2) A la page 54 de son traité, Fux dit à son élève, qui lui demande pourquoi l'exemple suivant est défendu: j'ai eu BEAU RÊVER, JE N'AI ENCORE PU TROUVER LA RAISON DE CETTE DÉFENSE: Exemple et plus loin, à la page 124, il répond à son élève, lorsqu'il lui demande pourquoi l'on tolère les fautes de quintes et octaves qui ne sont retardées que par les suspensions, QU'IL EST FONDÉ SUR L'AUTORITÉ DES MAITRES DE L'ART, QUI APPROUVENT CE CAS, MAIS QU'IL DOIT BIEN ÊTRE CONVAINCU SEULEMENT QUE CES SUSPENSIONS NE SAUVENT PAS CES FAUTES DE QUINTE ET D'OCTAVE.

CHAPITRE SECOND.

DU CONTRE-POINT RENVERSABLE,

(EN ITALIEN, CONTRAPPUNTO DOPPIO)

(SS. 174) UN CONTRE-POINT RENVERSABLE EST UNE HARMONIE DONT TOUTES LES PARTIES DOIVENT FAIRE BONNE BASSE, LORSQU'ON LES RENVERSE; toute la théorie de ce contre-point est donc dans le secret d'une bonne basse. Mais que faut-il pour qu'une basse soit régulière?

1º. Il faut préparer et résoudre toutes les quintes justes d'après les règles données au chapitre 4.me (Page 43, SS. 36.) de la première partie, au sujet du second renversement des accords de trois sons; et comme chaque partie devient basse à son tour, on doit préparer et résoudre aussi les quartes justes qui donnent des quintes justes en se renversant.

2º. On n'emploie ordinairement que les 5.tes des 1.er, 4.me et 5.me degrés, et rarement celles des autres degrés.

Ainsi, lorsqu'on veut que deux, trois, ou quatre parties fassent bonne basse, il faut que chacune d'elles puisse se mettre à la partie la plus grave, sans cesser de faire bonne basse contre les autres parties.

REMARQUE. *Il est inutile de donner de nouvelles explications sur LA BASSE, puisque l'élève n'arrive ici qu'après avoir fait un grand nombre de basses qui toutes doivent être régulières.*

Le Contre-point peut se faire à tous les intervalles; celui à l'octave ou à la 15.me est le plus usité. L'avantage d'un contre-point bien fait est de pouvoir se renverser dans toutes les parties, sans que l'harmonie devienne fautive.

OBSERVATION Les anciens n'employaient jamais la 4.te juste à la basse, parcequ'ils ne savaient pas s'en servir: voilà pourquoi ils l'ont défendue dans la fugue, et dans le contre-point renversable, dont chaque partie doit faire BONNE BASSE. Cette règle des anciens s'est maintenue au conservatoire de musique dans toute sa pureté; et l'on y défend encore de se servir de la 5.te de l'accord à la basse d'une fugue, et dans le contre-point renversable, quoique les modernes aient employé le second renversement des accords avec le plus grand succès. Nous ne partageons pas l'opinion de ces maîtres, et malgré tout le respect que nous avons pour les chefs-d'œuvres de l'antiquité, nous n'hésitons pas à fouler aux pieds les préceptes des vieux fuguistes, en employant la 5.te partout où elle produira bon effet. D'ailleurs c'est une ressource dont on aurait tort de se priver, et le reste n'est qu'une difficulté vaincue au détriment de la mélodie, dont on altère la fraîcheur par ce calcul impuissant; et puisqu'on rencontre la 4.te juste à la basse dans les meilleurs auteurs anciens et modernes, nous nous en servirons aussi dans quelque genre de composition que ce soit, pourvu que nous la traitions d'après les principes exposés au Chapitre 4.me de la première partie, (Page 43, SS. 36.)

RÈGLES GÉNÉRALES.

(SS. 175.) On appelle 1er sujet le thème donné; les autres parties qu'on cherche sous ce thème se nomment 2d, 3me sujets, ou contre-sujets.

Il faut que les sujets entrent les uns après les autres; ils doivent autant que possible différer entr'eux pour le caractère, le mouvement et la valeur des notes, afin qu'on puisse les reconnaître; il faut aussi que l'harmonie qu'ils donnent soit assez riche pour qu'on puisse la faire entendre sans ajouter d'autres accompagnements.

On évite de croiser les parties qui ne doivent pas dépasser les limites du contre-point; c'est-à-dire que, pour un contre-point à la 15me, les sujets doivent être renfermés dans une étendue de 15me; sans cette condition, ils ne pourraient se renverser.

Le thème ne doit pas être trop long, ni trop moduler: l'harmonie peut commencer et finir par tout autre accord que celui de la Dominante, ou de la tonique, pourvu qu'il soit consonnant; mais lorsqu'un contre-point commence ou termine un morceau de musique, il doit être soumis aux mêmes règles qu'une harmonie ordinaire; et lorsqu'il se trouve dans le courant, il ne s'agit alors que de l'enchaîner convenablement.

Dans tous les contre-points, excepté celui à l'octave, il est permis d'altérer les intervalles en les renversant.

Le contre-point renversable peut se faire à tous les intervalles, ce qui nous fait sept espèces de contre-points à l'8ve, la 9me, la 10me, 11me, 12me, 13me, et 14me

CONTRE-POINT À L'OCTAVE, OU À LA QUINZIÈME, (I)

(Double octave.)

1re Leçon.

Lorsque le contre-point doit être renversé à distance d'une octave, ou quinzième, il prend le nom de contre-point à l'octave. Pour savoir quels sont les intervalles qu'il faut éviter, on écrit deux rangs de chiffres opposés l'un à l'autre jusqu'au nombre 8; Exemple,

1 devient 8ve	2de 7me	3ce 6te	4te 5te	5te 4te	6te 3ce	7me 2de	8ve 1

Les chiffres du rang inférieur indiquent les intervalles qu'on obtient en renversant les chiffres du rang supérieur: ainsi, l'unisson devient 8ve; la 2e, 7me; etc.

La 4te devenant 5te, et la 5te, 4te; il faut les préparer et les résoudre; par la même raison, deux 4tes justes sont défendues, si elles ne peuvent se frapper sans préparation. La

(1) Un contre-point triple peut se renverser de six manières, un contre-point quadruple de 24 manières.

suspension 9-8, Exemple,  est prohibée, n'importe sa résolution. On ne peut jamais

se servir de la 9ᵐᵉ majeure parcequ'en se renversant elle se trouverait placée au-dessous de la 3ᶜᵉ ou

de la fondamentale, ce qui est défendu: voyez dans la 1ʳᵉ partie, le chapitre 7ᵐᵉ(Page **59, SS. 65**). par

la même raison, la 9ᵐᵉ mineure n'est permise que sans fondamentale.

Il faut autant que possible éviter l'octave, qui donne l'unisson en se renversant; excepté pourtant au

commencement ou à la fin du sujet.

Les accords de **sixte-augmentée** ne peuvent pas s'employer, parcequ'en se renversant ils donne-

raient une 3ᶜᵉ diminuée; ce qui est défendu;(voyez dans la 2ᵈᵉ partie (Page **95,SS.105**). On évite aussi de

frapper des 5ᵗᵉˢ et des 8ᵛᵉˢ cachées par mouvement semblable.

Lorsque le contre-point est écrit à deux parties, on l'appelle **contre-point double**; s'il est écrit à 3 ou

4 parties, il prend le nom de **contre-point triple, ou quadruple**. Le chant donné s'appelle 1ᵉʳ **sujet**, l'autre

2ᵈ **sujet**, ou 1ᵉʳ **contre-sujet**, ainsi de suite.

On ne fait pas croiser deux sujets entr'eux parcequ'ils ne pourraient pas se renverser, si ce n'est

dans un contre-point triple ou quadruple. Ainsi, dans un contre-point double écrit pour des voix, il ne

faut pas dépasser les limites de l'octave; quand on écrit pour des instruments, on doit se renfermer

dans les limites d'une 15ᵐᵉ.

En un mot, tout ce que nous avons dit sur l'harmonie, peut trouver sa place ici, pourvu que

chaque partie renversée puisse faire **bonne basse**.

Parmi les notes accidentelles on fera bien de n'employer que **les broderies, les notes de pas-

sage et les suspensions**.

Voici un exemple d'un
contre-point double à l'8ᵛᵉ;

Pour nous assurer que le contre-point est exempt de faute, il faut le renverser, et si la portée

A placée à la partie la plus grave fait bonne basse contre la portée B, le contre-point est bon.

Exemple,

Il existe un autre moyen: c'est
de renverser à l'8ᵛᵉ ou à la 15ᵐᵉ
le 1ᵉʳ sujet, et de créer le contre-

sujet de manière à ce qu'il fasse bon
dessus contre la basse, et bonne basse
contre la partie supérieure; Exemple,

pour les contre-points triples et quadruples à l'octave, on combinera les parties de manière à ce qu'elles puissent toutes se renverser sans que l'harmonie devienne défectueuse. En voici deux exemples:

on s'exercera ensuite à créer une ou deux parties d'accompagnement sur tous ces contre-points; Ex.

Cette dernière partie ne doit plus se renverser.

On peut se servir du contre-point à l'octave pour le développement d'une idée, en le transposant dans plusieurs tons, et en l'accompagnant chaque fois d'une manière différente; on l'emploie surtout dans la seconde partie d'un quatuor ou d'une symphonie; on s'en sert encore lorsqu'on veut reproduire un chant dans la fugue, ou la matière fuguée, dans les canons et les imitations.

CONTRE-POINT DOUBLE, AVEC DES TIÉRCES.

2ᵐᵉ Leçon.

(SS. 176.) Chaque partie d'un contre-point double à l'octave peut être accompagnée par des 3ᶜᵉˢ supérieures; mais il faut pour cela que le contre-point soit toujours écrit par mouvement contraire ou oblique, et qu'il ne renferme aucun accord dissonnant; Exemple....................

On peut ajouter des 3ᶜᵉˢ à chaque partie de ce contre-point, parcequ'il est écrit d'après ce que nous venons de dire....................

On peut aussi n'ajouter des 3^{ces} qu'à l'une des deux parties, et renverser ce contre-point de plusieurs manières, pourvu qu'une des deux parties primitives se trouve toujours à la basse.

Nous avons dit qu'il fallait supprimer les accords dissonnants, parcequ'ils marcheraient avec dureté, en faisant de mauvaises résolutions. Ce contre-point est peu usité, I°. parcequ'il marche toujours par
TIÈRCES; 2°. parceque la note sensible est souvent doublée et mal résolue, et que l'on y fait fréquemment le saut d'intervalles peu chantants. Néanmoins, bien écrit et heureusement inspiré, il pourrait produire un grand effet au théâtre, surtout s'il était exécuté par des voix.

(SS. 176.) Ce contre-point se fait encore par MOUVEMENTS CONTRAIRE ET RÉTROGRADE; mais c'est un a-
bus de l'art que le bon goût doit nous faire rejeter: je vais en donner un exemple, en recommandant
bien à l'élève de ne jamais travailler ce contre-point, qui n'est que le résultat d'un calcul arithmétique.

CONTRE-POINT RENVERSABLE PAR MOUVEMENT CONTRAIRE. (I)

Dans ce contre-point, les parties en se renversant
doivent s'imiter par mouvement contraire, Exemple.....

Même sujet en mouvement contraire, Exemple.......................

Il faut éviter les dissonnances, parcequ'on ne peut ni les préparer ni les sauver régulièrement.

CONTRE-POINT RENVERSABLE PAR MOUVEMENT RÉTROGRADE.

(SS. 177.) Pour obtenir ce contre-point il faut l'écrire à rebours en le renversant: Exemple,

(1) Pour faire ces contre-points par mouvement contraire, voyez le nota de la page 212.

On fait encore ces contre-points par mouvement CONTRAIRE et RÉTROGRADE en même temps; mais ces sortes de combinaisons ne sont d'aucun intérêt pour la composition musicale, et ne servent qu'à éteindre l'imagination, en amusant l'esprit.

CONCLUSION. La seule différence entre ce contre-point et celui des anciens, c'est que nous permettons d'employer la 4te juste à la basse, lorsqu'elle est bien préparée et résolue: on sait que la 5te diminuée peut se frapper à la basse sans préparation: (voyez page 43, Nota I.) on pourrait aussi faire marcher deux ou trois parties à l'unisson pendant une ou deux mesures; mais c'est un cas fort rare.

L'élève, pour s'exercer, pourra faire quelques contre-points, en supprimant toujours la quinte des accords.

DU CONTRE-POINT A LA 10me,

OU DOUBLE TIERCE.

3me Leçon.

Lorsqu'on renverse le contre-point à distance d'une dixième, il prend le nom de CONTRE-POINT À LA DIXIÈME; et c'est en opposant l'une à l'autre deux séries de chiffres, qu'on peut savoir quels sont les intervalles qu'on doit éviter, et de quels mouvements on doit se servir pour que le renversement soit correct.

Chaque série de chiffres doit se terminer par le numéro du contre-point qu'elle représente, ici par le nombre 10: il en est de même pour tous les autres contre-points. Ainsi, pour le contre-point à la 9me chaque série sera composée de 9 chiffres; pour celui à la 11me de 11 chiffres; ainsi de suite.

Voici les deux rangs de chiffres qui représentent le contre-point à la DIXIÈME;

Exemple........	1 devient	2^{de}	3^{ce}	4te	5te	6te	7me	8te	9me	10me
	10me	9me	8te	7me	6te	5te	4te	3^{ce}	2^{de}	1

Ce contre-point ne doit pas surpasser les limites de la DIXIÈME. On ne peut se servir que des mouvements contraire, et oblique; il faut donc éviter de faire deux fois de suite le même intervalle. On peut employer la suspension de 9me, pourvu qu'elle fasse sa résolution sur l'OCTAVE ou la 5te; la suspension de la 4te, lorsqu'elle se résout sur la 5te ou la 6te; et la suspension de 7me résolue en 3te.

1°. On place le sujet donné à la basse, puis on le transpose en même temps à une 10me supérieure, et l'on invente un contre-sujet qui fasse bonne basse contre le 1er sujet, et sa transposition; Exemple............................

1er Sujet transposé.

Contre Sujet.

1er Sujet.

Il faut avoir soin de ne pas croiser le contre-sujet avec l'un des deux premiers sujets; on peut encore placer le premier sujet à la partie supérieure, et le renverser à la dixième inférieure. (la 4te augmentée n'a pas besoin de préparation ni de résolution.)

2°. On crée aussi ce contre-point en doublant le contre-sujet à la 10me supérieure, ou bien

à la 10me inférieure; mais alors on place le 1er sujet dans la portée du milieu; Exemple.....

On peut transposer ce contre-point de plusieurs manières. À deux parties, on fait entendre,1°. le 1er sujet, et le contre-sujet; 2°., le 1er sujet transposé à la 10me, et le contre-sujet; 3°, le 1er sujet et son renversement à la 10me.

Pour convertir ce contre-point double en contre-point triple, on n'a qu'à le faire entendre tel que nous l'avons écrit dans les deux exemples qui précèdent. Si on veut obtenir un contre-point quadruple, on double le sujet et le contre-sujet par des 10mes.

Ainsi que nous l'avons fait pour le contre-point à l'octave, on met à la basse tantôt le 1er sujet, tantôt le second, en les accompagnant chaque fois d'une manière différente.

Ce contre-point offre assez de ressources; on pourra s'en servir; mais le plus important est celui à l'octave; car le contre-point à la 10me n'est jamais qu'à deux parties réelles: tous les autres contre-points à la 9me, 11me, 12me, 13me, et 14me sont parfaitement inutiles; ils ne servent qu'à faire perdre du temps, et à fatiguer l'élève, en rendant l'étude de la composition longue et trop compliquée. Du reste, celui qui voudra les travailler emploiera les mêmes procédés que pour les deux contre-points dont nous venons de parler. Il représentera par deux rangs de chiffres les renversements des intervalles dans chaque contre-point; puis il créera son contre-sujet, en évitant les successions qui seraient irrégulières par le renversement.

Mais au lieu de consacrer un temps précieux à ce travail inutile, il vaudra mieux étudier les partitions de nos grands maîtres, les analyser sous le rapport de l'harmonie, des accompagnements, de la mélodie, en cherchant toujours à se rendre compte de tous les effets produits par l'ensemble des accords, et du chant; c'est le meilleur conseil que nous puissions donner à celui qui se livre à l'étude de la composition.

CHAPITRE TROISIÈME.

DES IMITATIONS, ET DES CANONS.

(SS. 178.) Lorsqu'on reproduit successivement dans plusieurs parties, et à des intervalles quelconques, un dessin mélodique, on fait des **IMITATIONS**.

Une imitation exacte, n'importe à quel intervalle, s'appelle **CANON**.

DES IMITATIONS.

On rencontre souvent dans les Opéra un chant répété plusieurs fois de suite à l'unisson, ou transposé à un autre intervalle toujours dans la même partie, et l'on confond cela avec les imitations. Il existe pourtant une différence entre RÉPÉTER, TRANSPOSER, et IMITER un motif, qu'il est bon de faire connaître à l'élève.

1°. On RÉPÈTE un chant, lorsqu'on le fait entendre deux ou plusieurs fois de suite dans la même partie, et sur les mêmes cordes; Exemple,

2°. Lorsqu'on change de cordes en répétant ce chant dans la même partie, on ne fait que le transposer; Exemple,

3°. Lorsqu'on change de parties, en répétant ou en transposant ce chant, on fait une IMITATION; Ex:

L'IMITATION ne peut donc se faire qu'entre deux ou plusieurs parties différentes; l'élève cherchera tous ces cas dans l'exemple suivant;

1ʳᵉ Leçon.

(SS. 179.) Pour qu'une œuvre musicale soit complète; il faut qu'elle ait de l'unité, surtout dans les dessins d'orchestre. On n'obtient cette unité qu'en répétant un motif de plusieurs manières, et dans dif-

férentes parties. Cette imitation peut être simple, double, triple, etc. elle est simple, quand on ne répète qu'un seul dessin à un interval- le quelconque; Exemple..........

elle est double, ou triple quand on répète en même temps deux ou trois dessins différents, n'im- porte à quel intervalle; Exemple,

NB. Par le mot libre, nous voulons indiquer que l'accompagnement se fait à volonté.

Quoique les imitations puissent se faire à tous les intervalles, celles qui se reproduisent à la 4.ᵗᵉ à la 5.ᵗᵉ, à l'8ᵛᵉ, ou à l'unisson sont les plus naturelles, parceque les tons et les demi-tons s'y correspon- dent régulièrement; Exemple, (I)

On appelle ces imitation RÉGULIÈRES ou CONTRAINTES, et libres ou irrégulières celles qui se font à la seconde, à la 3.ᶜᵉ, à la 6.ᵗᵉ, à la 7.ᵐᵉ parceque les tons et les demi-tons ne s'y correspondent pas exacte- ment. On peut aussi traiter l'imitation de 2ᵈᵉ en 9ᵐᵉ celle de 3.ᶜᵉ en 10ᵐᵉ celle de 4.ᵗᵉ en 11ᵐᵉ celle de 5.ᵗᵉ.

(1) On ne peut faire les imitations que de huit manières, à l'unisson, 2ᵈᵉ 3ᶜᵉ 4ᵗᵉ 5ᵗᵉ 6ᵗᵉ 7ᵐᵉ et 8ᵗᵉ)

en 12.ᵐᵉ etc. l'unisson déplacé devient 8.ᵗᵉ 15.ᵐᵉ etc. il faut aussi que l'imitation soit toujours précédée d'u-
ne pause, pour mieux la faire sentir.

On appelle DESSIN le chant qu'on doit imiter: celui qui reproduit ce 1ᵉʳ dessin dans une autre partie, n'importe à quel intervalle, se nomme IMITATION.

Les imitations peuvent encore se faire par trois espèces de mouvements:

    1.° Par le mouvement SEMBLABLE,

    2.° Par le mouvement CONTRAIRE,

    3.° Par un mouvement RÉTROGRADE.

1.° Lorsqu'on reproduit un dessin en marchant toujours dans la même direction, on fait L'IMITATION
PAR MOUVEMENT SEMBLABLE; Exemple,

2.° L'IMITATION PAR MOUVEMENT CONTRAIRE a lieu lorsqu'on répond
par des mouvements ascendants aux mouvements descendants, et par des
mouvements descendants aux mouvements ascendants,(1) Exemple,

(1) Pour faire ces imitations par mouvement contraire,
on se guide ordinairement sur les gammes suivantes, Ex:

ces gammes sont irrégulières parceque les tons et les demi-tons ne s'y correspondent pas exactement; on doit préférer les suivantes qui sont plus exactes, Exemple,

3.° Lorsqu'on imite un DESSIN en commençant par la dernière note pour aller jusqu'à sa première, on fait L'IMITATION PAR MOUVEMENT RETROGRADE,

EX.

on la fait aussi par mouvement contraire, Ex.

Il existe encore des imitations par AUGMENTATION, par DIMINUTION, par CONTRE-TEMPS, et des imitations de QUANTITÉ.

Lorsqu'on double la valeur de chaque note d'un dessin dans la partie qui l'imite, on fait une IMITATION par AUGMENTATION; Exemple,

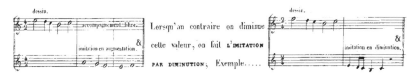

Lorsqu'au contraire on diminue cette valeur, on fait L'IMITATION PAR DIMINUTION; Exemple.....

les parties peuvent aussi s'imiter sur des temps différents de la mesure, c'est ce qu'on appelle IMITATION À CONTRE-TEMPS; Exemple,

ou bien en synco- pes, Ex.

Deux parties qui ne s'imitent que par le mouvement font des IMITATIONS DE QUANTITÉ, Ex.

IMITATIONS LIBRES.

L'imitation de quantité, qui réunit l'imitation par mouvement semblable, et l'imitation par mouvement contraire, est celle qu'on emploie le plus souvent; nous l'appellerons aussi IMITATION LIBRE; voici la manière de s'en servir: on choisit un dessin d'une ou plusieurs mesures; puis on le promène dans deux, trois, ou plusieurs parties; ces imitations peuvent être simples, doubles, triples, etc. on les fait aussi en diminution en augmentation, et par mouvement contraire; elles s'emploient ordinairement dans les orchestres pour accompagner les chants; ce sont presque les seules que l'on rencontre dans les opéra, les symphonies, les ouvertures etc. les autres imitations dépendent plus du calcul que de l'inspiration; voilà pourquoi elles appartiennent exclusivement à la musique ancienne ou classique.

Voici des imitations libres avec le dessin suivant, Exemple,

214

Les autres imitations dont on ne se sert ordinairement que dans la musique d'école s'exécutent de la manière suivante; 1º une partie fait entendre un chant; lorsqu'il est terminé, une seconde reproduit ce chant en entier, ou par fragment à un intervalle quelconque; puis, la partie qui, vient d'imiter peut à son tour proposer une phrase, que l'autre partie reproduit encore en entier ou par fragment;

Exemple:

2º Une partie fait entendre un chant; mais avant qu'il soit terminé une autre partie le reproduit en entier ou par fragment, et à une intervalle quelconque; cette imitation est plus estimée dans les éco-

les que la précédente, parcequ'elle est plus scientifique; Exemple,

ou bien on crée un plain-chant composé de rondes, et l'on cherche des imitations au dessus.

REMARQUE. Ainsi que nous l'avons déjà dit, de toutes ces imitations les plus intéressantes, les plus usitées, sont les IMITATIONS LIBRES, les autres ne servent qu'à fatiguer l'esprit sans produire des résultats heureux, les contre-points libres que nous avons vus appartiennent déjà à la classe des imitations; il en est de même des marches harmoniques.

(L'élève créera des chants qu'il accompagnera avec des Imitations; il s'exercera dans tous les genres d'imitations que nous venons de discuter.)

DES CANONS.

2ᵐᵉ Leçon.

(SS. 180.) Le mot CANON signifie RÈGLE; on écrivait autrefois en tête d'une fugue perpétuelle des avertissements sur la manière de s'en servir: ces observations s'appelaient CANONI (I), RÈGLES, CANONS: depuis, prenant le nom de ces avertissements pour la chose elle-même, on a appelé CANON ce genre de fugue.

Le CANON en général est une imitation exacte et continue. Il peut se faire à tous les intervalles et à plusieurs parties. Les canons les plus usités sont ceux à l'octave et à l'unisson, parceque les tons et les demi-tons s'y correspondent régulièrement. On emploie aussi les canons à la 5ᵗᵉ et à la 4ᵗᵉ; mais comme, en transposant leurs intervalles exactement, deux tons différents se prononceraient, on peut changer la place des demi-tons dans la partie qui imite, afin de ne pas sortir du ton. Les canons aux autres intervalles ne sont presque pas employés.

Les canons se font à deux, trois, quatre parties et plus; ils sont doubles, triples, ou quadruples, quand on imite en même temps deux, trois, ou quatre chants différents. Lorsque l'imitation se fait à l'unisson, le canon est à l'UNISSON; lorsqu'elle se fait à la 5ᵗᵉ, le canon est à la quinte; etc, suivant le genre d'imitation. le canon se fait aussi par mouvement CONTRAIRE, ou RÉTROGRADE, par AUGMENTATION, ou DIMINUTION.

Il existe des canons PERPÉTUELS, CIRCULAIRES, ÉNIGMATIQUES, POLYMORPHUS; d'autres qui sont RENVERSÉS ou RÉTROGRADES: nous les diviserons en deux classes. Nous appellerons ceux de Iʳᵉ classe CANONS D'ÉCOLE, et ceux de 2ᵈᵉ classe, CANONS LIBRES.

Iᵉʳᵉ CLASSE.

CANONS D'ÉCOLE.

(SS.181.) Les canons de Iʳᵉ classe sont: les canons CIRCULAIRES, ÉNIGMATIQUES, POLYMORPHUS; les canons en AUG-

---

(1) Ces Canons sont soumis à trois règles, les voici:
1.° On doit imiter exactement les intervalles, quels qu'ils soient, dans la résolution du Canon:
2.° Il faut donner aux parties qui résolvent le Canon les mêmes valeurs de notes, et la même étendue dans les repos qu'à celle qui le propose.
3.° On ne fait de repos à une voix qu'après l'entrée d'une autre.

216

MENTATION, en DIMINUTION et canon d'étude; ils se font à tous les intervalles; à deux, trois, et plusieurs parties. Nous les appelons CANONS D'ÉCOLE, parcequ'ils ne servent qu'à l'étude de la musique classique: il est impossible de les rendre intéressants, parcequ'on ne cherche qu'à résoudre des difficultés par un calcul froid et raisonné; ou bien à arranger des notes qui s'imitent sans aucune mélodie. Voici la première manière de créer un canon d'école.

On invente un chant d'une, deux, et trois mesures au plus; lorsqu'une partie a fait entendre un chant, une autre partie le reprend à un intervalle quelconque, tandis que la 1re partie l'accompagne: si on veut poursuivre le canon, la seconde partie reproduit cet accompagnement, et l'on continue ainsi jusqu'à ce qu'on veuille clore le canon.

Prenons, pour exemple d'un canon à deux parties à la 5te supérieure, le motif suivant de

deux mesures; Exemple, après que ce chant a été entendu, on le place dans une autre

partie à la distance de 5te supérieure; Exemple,

puis, on cherche à la partie B un accompagnement pour la partie A, Exemple..............

On transpose ensuite cet accompagnement à la quinte, et on le place dans la partie A, Ex.....

(1)

La partie B fait un nouvel accompagnement à la partie A, que celle-ci reproduit encore à la 5te supérieure, et l'on poursuit ainsi le canon arbitrairement.

On suit le même procédé pour un canon à 3, 4 et plusieurs parties, Exemple...................

La partie C fait un accompagnement à la partie B, que les deux autres parties reproduisent à la 5te; puis, la même partie C fait encore un accompagnement contre les deux parties A et B, que celles-ci redisent encore à la 5te supérieure; ainsi de suite: on pourrait aussi commencer le canon par la partie A,

(1) Pour que ce canon puisse se renverser par mouvement contraire, on ne doit employer que l'accord parfait dans son état direct, ou dans son premier renversement.

ou la partie B.

REMARQUE. Dans ces espèces de CANONS, on est contraint souvent à altérer les intervalles dans les voix qui imitent, pour ne pas créer des modulations trop éloignées du ton primitif. Ces altérations se font en changeant les intervalles majeurs en intervalles mineurs; et les mineurs en majeurs; on peut aussi faire des canons qui se répondent en même temps à l'octave, à la 5.te, à la 4.te etc.

DES CANONS DOUBLES, TRIPLES, ET QUADRUPLES.

Un canon est double, triple ou quadru-ple, quand on reproduit en même temps deux, trois, ou quatre parties chantant ensemble; on suit toujours le même procédé..........Exemple:

Pour faire ce canon, on crée dabord un accompagnement sous ou sur le CHANT DONNÉ, et l'on place ces deux phrases musicales dans deux autres parties à un intervalle quelconque; ensuite, le CHANT DONNÉ, et la partie qui l'accompagne, font encore une nouvelle phrase qu'on reproduit aussi dans les parties imitantes; Ex.

Puis, on crée un nouvel accompagnement que l'on imite de la même manière.

DE LA MANIÈRE DE TERMINER LES CANONS.

(SS 182.) On peut terminer les canons de trois manières:

1.° En imitant jusqu'à la fin, Exemple............................

2.º En cessant d'imiter, et en terminant par une CODA, Exemple.................

3.º En recommençant le canon sans cesse, Ex.

C'est ce qu'on appelle CANON PERPÉTUEL: pour le trouver, il faut que la partie imitée puisse reprendre à la fin le chant primitif, pour en accompagner la partie qui imite.

Les anciens maîtres ont toujours méconnu le but véritable de la composition; tous les traités qu'on a écrits avant le 18.me siècle, et tous ceux qu'on a publiés depuis dans le même système, ne renferment que des imitations, des canons, et des fugues d'école composées elles-mêmes d'imitations plus ou moins canoniques. Ces classiques croyaient avoir atteint le sublime de l'art en amusant l'esprit et les yeux par ce travail puéril: ils ignoraient complétement les plus beaux effets qui peuvent jaillir de la puissance, de la richesse des accords, et de la magie du chant: pour eux, la véritable harmonie, la mélodie suave n'étaient rien auprès de ces objets de curiosité, de calcul, qu'ils appelaient CANONS.

Comme ces canons ne sont d'aucun intérêt pour la véritable composition, nous allons seulement en donner la définition.

DES CANONS CIRCULAIRES.

(SS.183.) Une imitation exacte à la 4.te et à la 5.te, qui parcourt les douze tons majeurs ou mineurs de notre système musical, prend le nom de CANON CIRCULAIRE. On le nomme ainsi, parcequ'il semble décrire un cercle, en parcourant une suite de modulations, et en revenant au point d'où il était parti. Lorsqu'on y pratique une transition enharmonique, il faut avoir soin de faire descendre les parties aux endroits les plus convenables, pour ne pas les laisser monter trop haut: ces canons se font ordinairement en majeur.

DES CANONS EN AUGMENTATION, ET EN DIMINUTION.

(SS.184) Ainsi que nous l'avons dit au chapitre des imitations, lorsque la seconde partie double la valeur des notes qu'elle imite, on fait un CANON EN AUGMENTION; lorsqu'au lieu de la doubler, elle la diminue de moitié, LE CANON EST EN DIMINUTION.

CANON ÉNIGMATIQUE.

(SS.185) C'est une énigme en musique! on propose un chant de quelques mesures sans aucune indi-

cation, souvent on retranche les clefs; ou bien on met des clefs sans notes, ou simplement des mots la-
tins, et l'on est obligé de deviner sur cette donnée étrange la manière dont ce canon doit être traité.
Il est ordinairement à l'8.^{ve}, ou à l'unisson; il peut se faire pourtant à tous les intervalles, et à deux, trois,
et plusieurs parties. En voici un exemple;

Canon Énigmatique.

Solution

de ce

Canon

énigmatique.

Pour déchiffrer ce Canon, on écrit d'abord les clefs et les mesures lorsqu'elles manquent, puis on essaie toutes les imitations par mouvement contraire, rétrograde, par augmentation, diminution, &

DU CANON POLYMORPHUS.

(SS. 188.) Le canon Polymorphus est celui qui offre plus d'une solution: on propose ordinairement une phrase de quelques mesures, et l'on doit chercher tous les canons et toutes les imitations qu'on peut faire avec cette phrase.

Rien n'est plus contraire aux véritables progrès de l'art que cette multitude de canons qu'
on a inventés avant le 18.me siècle, alors qu'en musique le goût, le sentiment, l'inspiration, n'étaient
comptés pour rien, et qu'on regardait la composition comme un calcul froid et scientifique. Aujour-
d'hui que cette science a fait tant de progrès, on aurait tort de rétrograder en voulant faire re-
naître un genre de musique suranné.

2me CLASSE,

DES CANONS LIBRES.

3me Leçon.

Nous avons rangé dans la seconde classe les canons à voix égales ou inégales qui se font
à l'octave, ou à l'unisson; les canons rétrogrades et renversés. Nous les appelons canons libres,
parcequ'on s'en sert quelquefois dans la musique libre. (1)

(1) La musique d'école est celle qu'on appelle MUSIQUE SÉVÈRE, on nomme MUSIQUE LIBRE, celle qu'on compose pour les
Théâtres, les Salons, les Concerts &. La musique d'église participe des deux.

DU CANON À VOIX ÉGALES.

(SS.187.) Ce Canon se fait ordinairement avec un chant connu, à deux, trois, ou quatre voix égales; pour le créer, on écrit d'abord le chant principal; puis on l'accompagne à deux, ou trois parties, suivant le nombre de voix qu'on veut choisir si nous prenons l'air si connu de VIVE HENRI QUATRE, nous l'accompagnerons, par exemple, à 3 parties égales, Exemple,

CANON À TROIS VOIX ÉGALES.

(I)

Puis, lorsque l'harmonie sera ainsi correcte, on écrira de suite sur une portée (A) la 1re, la 2de et la 3me partie; sur la seconde portée (B), on reproduira le même chant en le faisant entrer au moment où la portée (A) attaquera la 2de partie; et la troisième portée (C) n'entrera par le chant que lorsque la portée (A) attaquera la 3me partie, et la portée (B) la 2de partie. Alors les portées B et C feront entendre chacune à leur tour les parties 1re, 2de et 3me en recommençant toujours par la 1re partie, la 2de, et la 3me quand elles auront terminé la 3me partie; Exemple.

(1) Il ne faut pas dépasser l'étendue de 10me on doit commencer le Canon par le chant principal; on peut faire suivre ensuite n'importe quelle partie de l'harmonie, pourvu que les règles du Duo soient observées.

(1) Il arrive souvent que dans le Duo, (ou le trio, quand il y a quatre parties) on rencontre des quartes non préparées à la partie la plus grave, parceque la basse n'est pas encore entrée; on est obligé alors de corriger cette faute, ainsi en accompagnant la 1re mesure de cet air de la manière suivante, Exemple .... , on rencontrerait une quarte non préparée à la basse à l'entrée de la seconde portée, Exemple, ; si on ne voulait pas refaire son harmonie, il faudrait alors commencer par une autre partie qui serait correcte, la portée C, par exemple:

Mais au-lieu de le présenter ainsi sur plusieurs portées, on l'écrit tout entier sur une seule, en indiquant ses différentes entrées par des chiffres ou des lettres (1, 2, 3; ou A. B. C.). chaque fois qu'une partie arrive à la lettre B, l'autre attaque la lettre A; et lorsque cette dernière est à la lettre B, la 5.me commence à la lettre A; puis elles poursuivent le canon en le recommençant autant de fois qu'on le veut; Exemple,

CANON À TROIS VOIX ÉGALES.

On peut accompagner ce canon par l'orchestre, en observant toujours de donner une bonne basse aux différentes masses qu'on emploie; le plus souvent il se chante sans accompagnement, ou avec le piano seul. Lorsqu'il est écrit sur une seule portée, il est CLOS; il est OUVERT, si on le présente sur plusieurs portées. Il ne faut pas oublier aussi que toutes les voix sont égales, et qu'on ne doit pas les faire trop descendre, ou, trop monter.

Lorsqu'on écrit pour des voix inégales, il faut traiter toutes les parties en CONTRE-POINT RENVERSABLE. Pour un canon à 3 parties, on choisit ordinairement deux sopranos et un ténor, ou deux ténors et un soprano, parceque ces voix ont la même étendue à la distance d'une octave; voici un canon à 3 parties en contre-point renversable; Ex.

(1)

(1) Lorsqu'on présente un canon à voix inégales sur une seule portée, on écrit en tête le nom et le nombre des voix pour lesquelles on l'a composé. (C'est à dessein que nous nous sommes servi de la 5!e de l'accord.)

Un canon en contre-point pourrait aussi s'exécuter avec des voix égales, tandis que le contraire serait presque toujours mauvais.

Les paroles qu'on choisit pour ces canons doivent être renfermées dans une couple de vers, qu'on répète à chaque instant sous chaque nouvelle phrase; ou bien on choisit quatre petits vers qui vont chacun sous une phrase.

Si on voulait écrire un canon pour quatre voix inégales, et toutes de nature différente, il faudrait transposer le canon à la 4te inférieure, ou à la 5te supérieure chaque fois que le chant du soprano ou du ténor passerait à la voix d'alto ou de basse, ou que celui de la basse ou d'alto passerait à la voix de ténor ou de soprano. Lorsqu'on veut transposer le chant d'un canon comme nous venons de le dire, on doit écrire le canon ouvert, après l'avoir créé sur 4 portées: Exemple,

Ou bien au lieu de cette mesure, on va de suite à la **CODA**.

CODA.

Ou accompagne ordinairement ces canons par le Piano.

DU CANON RÉTROGRADE.
4me Leçon.

LE CANON RÉTROGRADE, ou EN ÉCREVISSE, est celui qu'on peut exécuter de gauche à droite et de droite à gauche; ce n'est qu'un objet de pure curiosité; pour le faire, on suivra la méthode suivante:

On invente un chant, le plus simple possible, qui puisse s'exécuter à rebours, et qu'on place ainsi transposé à la portée B. Exemple,

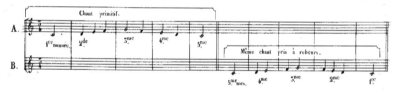

On crée ensuite à la partie B un accompagnement sous la portée A, puis on place cet accompagnement à rebours, à la suite de la portée A, sur le chant pris à rebours dans la partie B,

(SS. 188.) Mais comme la partie B représente exactement la partie A prise à rebours, on écrit ce canon sur une seule portée, en mettant une clef de SOL au commencement et à la fin;

Exemple,

Le premier exécutant commence, et va jusqu'à la fin; puis, il rétrograde jusqu'au commencement.

Le second exécutant doit attaquer la 1re mesure en même temps que le 1er reprend la dernière; il poursuit ensuite le chant jusqu'à la fin, tandis que le 1er exécutant retourne du commencement à la fin, et l'on poursuit ainsi arbitrairement. (I)

Pour pouvoir écrire ce canon sur une seule portée, il faut que les deux parties chantent sur la même clef.

REMARQUE. L'exemple que nous venons de donner est plutôt une harmonie rétrograde, qu'un canon: pour faire un véritable canon rétrograde, on suit à peu près la même marche. Seulement, on invente d'abord son canon à deux parties, comme nous l'avons enseigné (page 215, SS. 181), et l'on a soin de l'écrire sur une même clef. Si on choisissait des voix différentes, il faudrait traiter le canon en contre-point double renversable; Exemple,

On écrit ensuite ces deux parties à rebours en plaçant le chant de la portée A dans la portée B, et celui de la portée B à la portée A. Ex:

Puis, on prend les deux portées A qu'on écrit à la suite l'une de l'autre, comme nous l'avons fait plus haut à la SS 188 ;Exemple,

Lorsque le canon est à distance d'une mesure, comme celui-ci, on écrit en tête CANON RÉTRO-GRADE À DISTANCE D'UNE MESURE; ET À DEUX VOIX: de cette manière, le 1er exécutant commence, et le 2^d attaque dès que le 1er est à la 2de mesure.

(I) Ce Canon se fait ordinairement à deux ou plusieurs parties qui marchent toujours en nombre pair.

CANON RENVERSÉ.

5ᵐᵉ Leçon.

(SS.189.) LE CANON RENVERSÉ est celui qu'on peut exécuter en même temps lorsque le livre est droit, et lorsqu'il est sens dessus dessous.

Exemple,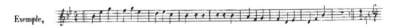

Les deux exécutants se placent l'un-vis-à-vis de l'autre, ainsi que l'indique la position des clefs. De cette manière, chacun exécute sa partie en allant de droite à gauche, et puis de gauche à droite.

Pour faire ce canon, il faut savoir d'abord ce que deviennent ces intervalles en se renversant ; ce qu'on peut trouver en écrivant l'une sous l'autre deux gammes en mouvement contraire: Exemple,

Le SI est la seule note qui, en renversant le cahier, reste toujours la même ; aussi ces canons se font ordinairement en SI et quelquefois en SOL, ou en LA mineur; pour les faire en UT, il faudrait commencer le canon par le LA, qui, en renversant le cahier, donne un UT. On ne se sert ordinairement que de la 3ᶜᵉ la 6ᵗᵉ et la 8ᵛᵉ.

On crée d'abord le canon à deux parties; Exemple ....

Puis, on écrit à la suite de la portée A la portée B renversée, et prise à rebours;

Exemple,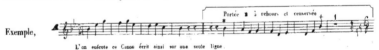

L'on exécute ce Canon écrit ainsi sur une seule ligne.

Ce canon peut aussi devenir canon RÉTROGRADE en allant sans cesse du commencement à la fin, et de la fin au commencement; Exemple,

Canon renversé et rétrograde.

Ces canons ne se font ordinairement que renversés, et d'une certaine longueur.

Ce canon peut encore se faire en renversant le cahier pour les deux parties en même temps; Ex.

On exécute d'abord ce canon tel qu'il est écrit; puis on renverse le cahier, sens dessus dessous, et on l'exécute ainsi; mais alors il ne faut pas oublier, en le composant qu'on ne doit se servir que des consonnances. Cette seconde manière de faire ce canon est moins intéressante que la première.

On pourrait composer ces canons à trois et quatre parties; mais il est inutile de s'arrêter plus longtemps sur un genre de musique qui n'a aucun résultat utile pour l'étude de la véritable composition.

CHAPITRE QUATRIÈME.

DE LA FUGUE.

(SS. 190.) Le mot FUGUE vient du latin FUGA qui signifie FUITE; on donne ce nom à un genre de musique dont toutes les parties semblent se poursuivre et se fuir continuellement. La fugue, chez les vieux compositeurs, était une espèce de contre-point fait en imitations ou en canons sur un plain-chant; aujourd'hui, l'on a donné le nom de fugue à un morceau de musique, où l'on traite, d'après certaines règles, un MOTIF (ou sujet), en le faisant passer sans cesse d'une partie à l'autre, soit en entier, soit par fragment. Ainsi, LA FUGUE REPRÉSENTE UN DISCOURS MUSICAL, DANS LEQUEL ON REPRODUIT SANS CESSE, ET DANS PLUSIEURS TONS UN MOTIF PRINCIPAL, QU'ON NOMME SUJET LES PHRASES QUI SERVENT À LIER LA TRANSPOSITION DU SUJET DANS CES DIFFÉRENTS TONS, S'APPELLENT ÉPISODES.

Les Épisodes se font avec des fragments du sujet: on les traite en imitations, en canons, en progressions, et en contre-points libres ou renversables; d'après cela, la matière principale de la fugue se compose de toutes les combinaisons scientifiques qu'on peut faire avec l'harmonie et la mélodie.

La Fugue peut être considérée comme la transition entre la musique d'étude et la composition libre; elle nous enseigne à tirer parti d'un motif; à le développer sous toutes les formes, en conservant toujours à chaque partie de ce TOUT un caractère d'unité: elle renferme toutes les règles de la Poétique musicale, et doit être regardée, pour ainsi dire, comme le type de tout morceau de musique qui demande de l'extension, et par conséquent des développements: il faut donc pour qu'une composition soit régulière, bien conçue, et conduite avec art, que, sans avoir précisément la forme et le caractère de la fugue, elle en ait l'esprit.

La Fugue ancienne, et telle qu'on l'enseigne encore dans nos écoles, est une production toute scientifique, dont la forme a été inventée dans un temps où la musique était dans l'enfance: elle est formée de phrases qui se poursuivent, se heurtent, s'entrelacent, sans jamais s'arrêter; la mélodie, dont on ignorait le vrai langage, n'y est jamais rhythmée; aussi, elle ne produit que de la confusion, parcequ'elle n'y marche jamais de phrases en phrases, de périodes en périodes, et qu'au lieu de suivre les principes d'un discours bien fait par la symétrie de ses repos, (ou cadences,), elle ne cesse de courir. Dans cette composition, toutes les combinaisons naissent du travail, du calcul, et jamais de l'inspiration.

Ce n'était sans doute pas là le but de celui qui le premier imagina la Fugue. Son idée fut grande et belle alors; et si les fugues de ces premiers compositeurs pèchent par la mélodie, c'est qu'on ne connaissait pas encore toute la richesse, toute la puissance du chant. Aujourd'hui que la musique a reçu de si grands développements, surtout pour la mélodie, il est surprenant que nos classiques modernes aient voulu maintenir la fugue dans toute la pureté de sa création, surtout lorsque Hændel, Corelli, Marcello, Durante, Iomelli, Léo, Bach, Haydn, Mozart, ont composé leurs fugues les plus estimées, les plus célèbres dans un autre style, celui enfin que nous avons enseigné dans notre cours d'harmonie.

Nous conseillons donc à l'élève de travailler longtemps la fugue qui lui apprendra à développer une idée musicale, et à donner de l'unité à toutes les parties de son discours. Il pourra, s'il le veut, traiter son harmonie d'après les règles suivantes; ou bien, ce que nous lui conseillons surtout, il réalisera ses accords comme il l'a fait jusqu'à présent : il fera marcher aussi quelquefois son harmonie EN UNISSONS OU EN OCTAVES, parceque c'est encore un moyen de la varier.

RÈGLES DE LA FUGUE ANCIENNE.

1° On défend strictement tous les intervalles augmentés et diminués, et ceux qui sont plus grands que la sixte mineure. L'octave est permise; on peut faire aussi un saut de 7me, 9me, 10me etc. lorsqu'il est coupé par l'octave. Le style de la fugue doit toujours être sévère.

2° Parmi les notes accidentelles, on ne se sert que des SUSPENSIONS, des BRODERIES, des NOTES DE PASSAGE, et de la PÉDALE.

3° On y défend toujours la quarte juste à la basse, à moins qu'elle ne dérive d'une Suspension, d'une Broderie, ou d'une note de Passage.

4° Il faut préparer toutes les dissonnances formées avec les notes réelles de l'harmonie.

5° Les accords dont on se sert sont ceux de trois sons, la 7me dominante, la 7me de 2de espèce, et rarement les septièmes de troisième et quatrième espèce, si ce n'est dans une marche harmonique.

6° Il ne faut jamais sortir des tons relatifs, ni faire des transitions trop fortes.

7° On évite les cadences rompues, et les résolutions par exceptions des accords dissonnants. Une partie ne peut rentrer que sur un accord consonnant.

8° On proscrit toutes les phrases chromatiques, et celles qui marchent en unissons ou en octaves; toutes les parties doivent avoir le même degré d'importance.

9° Le sujet de la fugue doit commencer et finir par la tonique ou la dominante.

10° On n'emploie que la pédale sur la dominante du ton principal, et l'on ne se sert pour les valeurs des notes que de rondes, de blanches, de noires, et rarement de croches, si ce n'est dans un mouvement lent.

REMARQUE. *Tout ce qui n'est pas écrit dans ce style n'appartient plus à la Fugue Ancienne.*

L'élève pourra travailler la fugue d'après ces règles, ou bien en suivant l'harmonie telle que nous l'avons traitée jusqu'à présent.

DES FUGUES EN GÉNÉRAL.

Il y a plusieurs espèces de fugues: les deux princales sont la FUGUE DU TON, ET LA FUGUE LIBRE, OU RÉELLE. Il existe encore des fugues d'imitations régulières et irrégulières, des fugues en mouvement contraire, inverse, ou rétrograde, et des compositions dans le style fugué; elles dérivent toutes de la fugue du ton, ou de la fugue réelle. Les fugues se font à deux, trois, quatre, et plusieurs parties; on les écrit dans tous les tons.

DE LA COMPOSITION DE LA FUGUE

Une fugue quelconque se compose DU SUJET, DE LA RÉPONSE, DU CONTRE-SUJET, DE LA STRETTA, et quelquefois DE LA PÉDALE.

Toute la matière de la fugue doit être tirée DU SUJET, ou des CONTRE-SUJETS; aucun motif étranger, soit par le chant, soit par la valeur des notes, ne peut y être introduit. On la compose des sujets transposés dans les tons relatifs, de toutes sortes de contre-points, imitations, canons et marches harmoniques; du renversement du sujet par mouvement inverse ou contraire; de STRETTA de plus en plus intéressantes; du sujet naturel et de son renversement par mouvement contraire, ou en augmentation, et en diminution, employés simultanément, et de la PÉDALE, sur la quelle on entrelace le SUJET, le CONTRE-SUJET, et la STRETTA.

Le mérite d'une fugue d'étude dépend de l'emploi plus ou moins heureux de toutes ces combinaisons; on n'y observe ni le RHYTHME, ni la MÉLODIE, ni les CADENCES: rarement une même note y est frappée deux fois de suite; on l'unit par une liaison, lorsqu'elle appartient à deux mesures différentes.

Pour donner plus d'intérêt à la répercussion du sujet ou de la réponse, et pour éviter de les confondre avec les notes accompagnantes, on fait précéder ordinairement leur entrée de quelques pauses de courte valeur, surtout dans le courant de la fugue. Lorsque ces silences sont dûs à d'autres circonstances, il faut que la partie qui s'est reposée rentre par un sujet, ou sa réponse, ou par une parcelle de l'un des deux; ou bien en attaquant une imitation nouvelle, ou déjà proposée par une autre partie; on n'est plus tenu d'observer cette règle, lorsque le silence n'est que d'un soupir.

Pour éviter la monotonie, il faut avoir soin de ne pas employer dans deux épisodes différents les mêmes fragments tirés du sujet, ou du contre-sujet; comme aussi, de ne pas reproduire les imitations sous le même aspect: on évite encore ce défaut en variant avec adresse les modulations.

Les imitations qu'on fait dans le courant de la fugue doivent être toujours à la distance que la réponse aura indiquée: ainsi, lorsque la réponse se fait à la 2de, à la 4te etc, les imitations, dans le courant de la fugue, doivent se faire à la 2de, à la 4te etc. Mais on est libre d'employer des imitations à l'octave ou à l'unisson dans tous les genres de fugue, et quel que soit l'intervalle par le quel on réponde au sujet.

Il faut aussi, pour entretenir le mouvement entre les parties, que les temps de la mesure soient constamment frappés ou attaqués, n'importe dans quelle partie: le sujet et la réponse, quand ils ne sont pas accompagnés, font exception à cette règle.

Quelquefois aussi on ne reproduit qu'un fragment du sujet dans le courant de la fugue, surtout lorsqu'on le transpose du majeur au mineur, et qu'il ne chante pas d'une manière facile et élégante.

DES ÉPISODES,

OU: ANDAMENTI,

Appelés, par quelques Classiques, DIVERTISSEMENTS.

Un ÉPISODE en fugue est une phrase composée de fragment du sujet ou des contre-sujets, qu'on traite en contre-points, en canons, en imitations, ou en marches harmoniques. L'Épisode donne plus de variété à la fugue, en laissant reposer le sujet et la réponse; il sert aussi à lier les sujets reproduits dans différents tons. Il est ordinairement écrit dans le ton primitif; ou bien, il participe des deux tons qu'il doit unir. (I).

On fait un épisode partout où l'on n'emploie pas le sujet, la réponse, les contre-sujets, les stretta, soit par mouvement semblable ou par mouvement contraire, soit en augmentation ou en diminution.

Pour les premiers épisodes, on doit prendre ce qu'il y a de moins heureux dans les sujets; on garde ordinairement les imitations les plus intéressantes, qu'on a faites avec la tête du sujet, pour la fin du morceau, où la fugue doit avoir de la chaleur, et marcher rapidement vers son denoûment.

Une fugue, dont les épisodes ne seraient pas tirés de ses sujets, ne serait plus une fugue d'étude, mais bien une fugue libre.

DES MODULATIONS.

Nous avons déjà dit qu'on ne pouvait moduler que dans les cinq tons relatifs, tant en majeur qu'en mineur.

Dans une fugue, écrite dans le mode majeur, on module d'abord dans LE TON DE LA DOMINANTE, (mode majeur,), ensuite dans celui du SIXIÈME DEGRÉ, (mode mineur,); on module après à la SOUS-DOMINANTE, (mode majeur,), À LA SECONDE ET À LA TIERCE, (modes mineurs,); puis, on revient dans le TON DE LA DOMINANTE, pour attaquer ensuite la fin de la fugue.

EXEMPLE EN PARTANT D'UT MAJEUR,

UT Majeur. SOL Majeur. RÉ Mineur. FA Majeur RÉ Mineur. MI Mineur SOL Majeur. UT Maj.

On peut, comme exception, dans le courant d'une fugue écrite dans le mode majeur, transformer

---

(I) Les épisodes se font ordinairement en imitations et en progressions harmoniques qui ne modulent pas.

en mineur le mode principal; cette licence n'est tolérée que pour amener un repos sur la DOMINAN-
TE, et faire entendre ensuite la STRETTA dans le mode majeur.

Dans le mode mineur, les modulations doivent suivre l'ordre suivant:

EXEMPLE EN LA MINEUR. LA ____ Mineur. ____ UT ____ Majeur. ____ MI ____ Mineur ____

On peut Moduler à volonté dans ces trois tons.

FA ____ Majeur. ____ RÉ ____ Mineur. ____ SOL ____ Majeur. ____ LA ____ Majeur

Nous ne conseillons pas ici, comme nous l'avons fait dans la fugue, mode majeur, de transformer le
MODE PRINCIPAL en MODE MAJEUR; parceque l'effet irait en diminuant; on en trouve pourtant des exemples.

Il n'est pas de rigueur d'introduire toutes ces modulations dans la Fugue, ni de transposer le sujet dans tous ces relatifs.

REMARQUE. Rien ne serait plus difficile que de créer un morceau de musique de longue haleine, sans
le secours du développement. Il faudrait alors entasser idées sur idées, ou bien répéter sans cesse la même idée dans une simple transposition de ton, ce qui serait fort peu intéressant; dans le premier cas, il
faudrait une imagination des plus fécondes, pour ne rien produire de durable; car il existe une quantité prodigieuse de compositions, dont les idées étaient heureuses, et qui pourtant ont cessé de nous intéresser et sont tombées dans l'oubli, parcequ'elles manquaient de développements; tandis que d'autres œuvres
musicales sont toujours restées comme le modèle de l'art, parceque leurs auteurs avaient su développer
leurs idées, et imprimer ainsi un cachet d'originalité à leurs compositions.

LA FUGUE SEULE PEUT NOUS APPRENDRE 1°. à développer nos idées, et à en tirer tout le parti possible; 2°. à bien moduler; 3°. à conserver l'unité de tout un morceau; mais on ne doit pas tout y soumettre au calcul; il faut que les idées naissent aussi de l'inspiration. Nous allons poser les premiers principes de ce genre de composition sur une FUGUE D'ÉCOLE, sans nous embarrasser du rhythme ni des coupes
mélodiques; nous regarderons seulement ce travail comme une étude qui doit nous enseigner LES DÉVE-
LOPPEMENTS D'UNE IDÉE PRINCIPALE. Nous passerons ensuite à la COMPOSITION LIBRE.

DE L'ORDRE DE LA FUGUE.
PLAN GÉNÉRAL.

	FUGUE EN MAJEUR.	FUGUE EN MINEUR.
EXPOSITION,	En UT Majeur.	Ou LA Mineur.
ÉPISODE,	Dans le ton de la tonique ou de la dominante.	
CONTR'EXPOSITION,	Ton principal.	Ton principal.
ÉPISODE,	Ordinairement dans le ton principal.	
SUJET,	En LA Mineur.	Ou UT Majeur.
ÉPISODE,	Ordinairement dans le ton principal.	
SUJET,	En FA Majeur.	Ou MI Mineur.
ÉPISODE OU STRETTA,	STRETTA dans le ton principal.	
SUJET,	En RE Mineur ou MI Mineur.	FA Majeur ou RE Mineur.
STRETTA,	Ton principal.	Ton principal.
PÉDALE,	Sur la dominante du ton principal.	Sur la dominante du ton principal.
DERNIÈRE STRETTA CANONIQUE,	Ton principal.	Ton principal.
CONCLUSION,	Ton principal.	Ton principal.

1.° *DE L'EXPOSITION*,

ou EXORDE DU DISCOURS MUSICAL.

On appelle ᴇxᴘᴏsɪᴛɪᴏɴ la manière de faire entrer chaque partie au commencement d'une fugue, et l'ordre dans lequel ces parties doivent se présenter et se suivre.

Il faut que dans une exposition tout soit clair, élégant, et facile à retenir. On cherche à captiver son auditoire, en le flattant par des idées heureuses, neuves et chantantes.

2.° *DU SUJET*,

(*nommé aussi PROPOSITION, ANTÉCÉDENT, THÈME ou GUIDE*.)

ʟᴇ sᴜᴊᴇᴛ est le chant principal d'une fugue; il reste ordinairement dans le même ton, ou bien il module seulement de la tonique à la dominante, et de la dominante à la tonique; il doit être écrit avec franchise, et ne pas dépasser huit mesures dans un mouvement ᴀʟʟᴇɢʀᴏ, et quatre mesures dans un mouvement lent, afin qu'il se grave facilement dans la mémoire, et que l'oreille puisse le reconnaître dans les différents tons et les différentes parties où on le transpose. (1)

Il faut avoir soin de bien choisir son sujet, car c'est de ce premier motif que dépend tout l'intérêt de la fugue. Comme un sujet se reproduit sans cesse dans ce genre de composition, il s'en suit aussi qu'il communique à la fugue toutes ses qualités. Prenons, pour exemple, le sujet suivant,

ᴇxᴇᴍᴘʟᴇ,

3.° *DE LA RÉPONSE*,

(*ou CONSÉQUENT*.)

ʟᴀ ʀᴇᴘᴏɴsᴇ est une transposition du sujet dans un autre ton: cette transposition dépend du genre de fugue dont on se sert: nous allons adopter, pour cette analyse la ꜰᴜɢᴜᴇ ᴅᴜ ᴛᴏɴ, celle qui est le plus en usage, et la seule qu'on propose aux concours du conservatoire, et de l'Institut.

Avant le 18.ᵐᵉ siècle, la fugue se faisait dans l'esprit du plain-chant; le sujet avec sa réponse ne devaient pas surpasser les limites de l'octave; on ne pouvait pas y moduler, puisque les anciens tons d'église ne recevaient aucun accident, si ce n'est dans l'accord pénultième, ou l'accord final de quelques tons; ainsi, la fugue entière devait être écrite dans les cordes primitives du ton; voilà pourquoi on l'appelait ꜰᴜɢᴜᴇ ᴅᴜ ᴛᴏɴ.

---

(1) Lorsqu'un sujet va ᴅᴇ ʟᴀ ᴛᴏɴɪǫᴜᴇ ᴀ ʟᴀ ᴅᴏᴍɪɴᴀɴᴛᴇ en descendant, on le place ordinairement dans le sᴏᴘʀᴀɴᴏ ou le ᴛᴇɴᴏʀ; lorsqu'il monte de la ᴛᴏɴɪǫᴜᴇ ᴀ ʟᴀ ᴅᴏᴍɪɴᴀɴᴛᴇ, on l'écrit ᴀᴜ ᴄᴏɴᴛʀ'ᴀʟᴛᴏ ᴏᴜ ᴀᴜ ᴛᴇɴᴏʀ: cependant, l'on peut choisir la partie qu'on voudra pour proposer le sujet. On peut commencer le sujet en levant, mais on doit toujours le finir en frappant.

Aujourd'hui on permet de moduler dans les cinq tons relatifs; mais le sujet et la réponse ne doivent pas sortir des limites de l'octave, ni des tons de la tonique et de la dominante.

AINSI, LORSQUE LE SUJET COMMENCE PAR LA TONIQUE, ET MONTE OU DESCEND VERS LA DOMINANTE, LA RÉPONSE DOIT COMMENCER PAR LA DOMINANTE, ET MONTER OU DESCENDER VERS LA TONIQUE:

Exemple,

SI AU CONTRAIRE LE SUJET COMMENCE PAR LA DOMINANTE, ET QU'IL MONTE OU DESCENDE VERS LA TONIQUE, LA RÉPONSE DOIT COMMENCER PAR LA TONIQUE, ET MONTER OU DESCENDRE VERS LA DOMINANTE:

EXEMPLE,

RÈGLE GÉNÉRALE. Lorsque le sujet module de la Tonique à la Dominante, la Réponse doit moduler de la Dominante à la Tonique; lorsque le Sujet va de la Dominante à la Tonique, la Réponse passe au contraire de la Tonique à la Dominante. Cette règle est sans exception (1)

Ainsi, la Tonique et la Dominante doivent toujours se correspondre exactement; cette règle est inviolable au commencement et à la fin d'un sujet, où l'on doit répondre, par exemple, (dans le ton d'UT) à un UT par un SOL, et à un SOL par un UT.

Ainsi, en SOL, par Exemple, au 1.er dégré de RÉ dominante, on doit répondre par le premier dégré de SOL tonique; au second dégré de RÉ dominante, on doit répondre par le second dégré de SOL tonique, ainsi de suite: ce n'est qu'à la première, et à la dernière note du sujet, qu'il faut répondre À LA NOTE DE LA TONIQUE PAR CELLE DE LA DOMINANTE, ET À CELLE DE LA DOMINANTE PAR LA NOTE DE LA TONIQUE:

EXEMPLE,

(1) On ne peut augmenter ou diminuer un intervalle de plus d'une seconde, ni altérer la valeur des notes du sujet dans la réponse.

Il s'est élevé de grandes contestations dans nos écoles pour la véritable solution d'une répon_se, mais rarement les maîtres ont été d'accord; voici ce que Reicha nous a raconté un jour à la classe: il avait donné à ses élèves, pour sujet de fugue d'examen, le motif suivant, tiré d'un quatuor de Mozart ; Ex.　la réponse que les élèves présentè_rent fut celle-ci, Ex.　elle fut désapprouvée; Reicha la soutint avec cha_leur, et fut assailli de reproches par le noble jury qui donnait la réponse suivante, Ex.

et décidément Reicha allait être honni, lorsqu'il fit apporter le quatuor de Mozart, et leur prouva que le grand maître, qu'ils adoraient tous, l'avait faite comme les élèves. Ce fut alors à Reicha de jouir de leur défaite, et un bonheur sans doute pour lui d'humilier une troupe de savants infaillibles, qui n'ont cessé de le poursuivre, même après sa mort. Néanmoins, nous n'approuvons pas Reicha lorsqu'il donne plusieurs réponses à un même sujet. Dans une **FUGUE DU TON**, il ne doit y avoir qu'une seule réponse; et c'est à celui qui la cherche de bien s'assurer du ton dans lequel le sujet est écrit, pour faire exactement sa transposition.

RÉSUMÉ.

1°. *Lorsque la mélodie du* **SUJET** *appartient à l'accord ou au ton de la* **TONIQUE**, *celle de la* **RÉPONSE** *doit appartenir à l'accord ou au ton de la* **DOMINANTE**.

2°. *Si la Mélodie du* **SUJET** *appartient à l'accord ou au ton de la* **DOMINANTE**, *celle* *de la* **RÉPONSE** *doit appartenir à l'accord ou au ton de la* **TONIQUE**.

Cette règle est immuable.

Une **FUGUE DU TON** est réputée mauvaise, lorsque la réponse n'est pas régulière. Cette fureur de la réponse est si grande, que certains compositeurs passent encore leur vie à chercher la solution de réponses difficiles à trouver. Nous conseillons à l'élève de ne pas les imiter; ce n'est pas là la véritable composition.

SUJETS CHROMATIQUES.

Les anciens se sont quelquefois servi pour motif de fugue d'un **SUJET CHROMATIQUE**; alors, pour trouver la réponse, on le change en **SUJET DIATONIQUE**, ce qu'on obtient en ôtant les **DIÈSES**, les **BÉMOLS**, ou les **BÉCARRES**; et l'on répond à ce sujet, ainsi transformé, d'après les règles que nous venons de donner; puis, on rend au sujet tous les accidents qu'il avait primitivement, et dont on la dépouillé, et l'on combine la réponse de manière à ce qu'elle imite autant que possible le sujet par les demi-tons; Exemple,

REMARQUE: Quelquefois un sujet commence ou finit par une autre note que la tonique, ou la dominante; alors, on répond en général à la tonique par des dégrés correspondants de la dominante, et à la dominante par les dégrés correspondants de la tonique; ainsi, si on commençait ou si on finissait le sujet par le second dégré de la tonique, il faudrait commencer ou finir la réponse par le second sujet de la dominante; ainsi de suite: Exemple,

Sujet.	MI	FA	LA	RÉ	SI
Réponse.	SI ou LA	UT	MI ou RÉ	LA ou SOL	MI ou FA?

DES CONTRE-SUJETS.

On appelle **CONTRE-SUJET** le chant que l'on invente pour accompagner le sujet et la réponse. Il doit être en **CONTRE-POINT RENVERSABLE**, parcequ'en le reproduisant, on le renverse dans tous les sens. Lorsqu'on l'écrit sous la réponse, il faut le transposer aux mêmes intervalles que cette dernière, par rapport au CONTRE - SUJET qui accompagne le SUJET; on peut pourtant, dans cette transposition, et dans ses renversements, en changer quelques notes, si la pureté de l'harmonie l'exige.

Il faut toujours que le SUJET et le CONTRE - SUJET aient un caractère différent, pour qu'on puisse bien les distinguer l'un de l'autre; d'ailleurs, c'est un moyen de donner de la variété à la fugue, et de la rendre plus riche, puisqu'on peut aussi se servir des fragments du contre-sujet pour les développements.

Dans une fugue à deux parties, il ne peut y avoir qu'un seul sujet; à trois et quatre parties, on peut faire deux ou trois contre-sujets; il est facile de comprendre qu'il peut y avoir autant de contre - sujets qu'il y a de parties, moins celle pourtant qui fait entendre le sujet ou la réponse. Les parties qui accompagnent le sujet, la réponse ou les contre - sujets, se nomment PARTIES. *Ad Libitum*

On doit les varier chaque fois qu'elles accompagnent la répercussion des sujets, soit au grave, soit à l'aigu.

Reprenons maintenant le sujet que nous avons choisi, et accompagnons le de deux contre-sujets, en CONTRE - POINT RENVERSABLE; Exemple, ...

Nous avons choisi ici le contre - point renversable à l'octave, parceque c'est le plus riche et le plus naturel de tous; on peut néanmoins traiter les contre-sujets en contre - points à la 10me, à la 12me, etc.

DE LA MANIÈRE
DONT LES SUJETS DOIVENT ÊTRE PRÉSENTÉS
DANS L'EXPOSITION.

1°. Dans une fugue à deux parties, on fait entendre le sujet dans la partie qui entre la première, et la réponse dans l'autre; le premier accompagnement qu'on crée sous la réponse peut être en contre - point renversable, et servir de CONTRE - SUJET, ou bien simplement en contre-point libre, que nous appellerons alors accompagnement AD LIBITUM.

2°. Lorsque la fugue est à trois parties, on fait entendre deux fois le sujet, et une fois la réponse; ou bien le sujet, la réponse, et le sujet; ou enfin une fois le sujet, et deux fois la réponse.

3°. Lorsqu'elle est à quatre parties, on fait entendre le sujet, la réponse, puis encore le su jet et la réponse, ou bien deux fois le sujet de suite, et deux fois la réponse, mais plus rarement.

Le soprano correspond au ténor, la basse au contralto; et *vice versâ*, le ténor au soprano, et le contralto à la basse.

Si le sujet est au soprano ou au ténor, la réponse doit être à la basse ou au contralto; et si le sujet est placé au contralto ou à la basse, on écrit la réponse au soprano ou au ténor. Il en est de même des contre-sujets qu'on invente sous le sujet, et qu'on transpose sous la réponse.

4.° Pour une fugue à 5, 6, 7, et 8 parties, on suit les mêmes principes.

Une partie quelconque ne peut entrer que par le sujet, la réponse, ou l'un des contre-sujets; lorsque la basse entre par le sujet, il faut autant que possible que sa 1.re note soit fondamentale de l'accord.

REMARQUE. Lorsqu'on ne fait pas entendre les contre-sujets au commencement de l'exposition, on peut les altérer chaque fois qu'ils se présentent dans le courant de la fugue; si on les présentent en même temps que le sujet, il faut alors les reproduire exactement par les mêmes intervalles.

(1) On ajoute souvent dans l'exposition une ou deux mesures après le sujet ou la réponse pour préparer leur entrée, et amener le contre-sujet; cette mesure ajoutée s'appelle **CONDUIT   CODA, ou COMPLÉMENT.**

Lorsque les CONTRE-SUJETS entrent comme ici avec le SUJET, il faut les reproduire exactement dans le courant de la fugue, sans changer aucune de leurs notes.

La fugue, dont nous venons de donner l'exposition, s'appellera FUGUE À QUATRE PARTIES, À UN SUJET ET DEUX CONTRE-SUJETS, ou bien simplement FUGUE À TROIS SUJETS.

DE LA MATIÈRE DES ÉPISODES,

OU DÉVELOPPEMENT PARTIEL DU SUJET.

Nous avons déjà dit qu'un épisode doit être formé avec les fragments du sujet, ou des contre-sujets; on divise, sous ce rapport, les sujets en plusieurs parcelles: Ex

puis, on peut faire, avec chaque parcelle, des imitations, des canons, ou des progressions. On doit aussi, avant de mettre en ordre sa fugue, en préparer tous les matériaux.

DE LA CONTR'EXPOSITION.

LA CONTR'EXPOSITION n'est qu'une imitation de L'EXPOSITION; elle se compose de la réponse, et du sujet qu'on ne fait entendre qu'une fois en commençant par la réponse, et en les plaçant, si on le peut, dans des parties où ils produisent plus d'effet que dans l'exposition; d'ailleurs, c'est encore un moyen d'obtenir de la variété.

la Contr'exposition n'est pas obligatoire; elle ne s'emploie jamais dans une fugue à deux parties, et rarement dans une fugue à trois parties.

DE LA STRETTA ou STRETTO.

La STRETTA, ou STRETTO est un mot italien qui signifie SERRÉ. On se sert de ce mot pour désigner une nouvelle exposition dans laquelle une partie attaque la réponse avant que

l'autre ait terminé le sujet; Exemple,

Ainsi, pour composer une STRETTA, il faut rapprocher l'entrée de la réponse de celle du sujet. Mais comme ce rapprochement peut se faire à des distances plus ou moins grandes, on peut obtenir par conséquent plusieurs STRETTA; les plus serrées sont aussi les plus intéressantes, et l'on doit les garder pour la fin de la fugue, afin d'en augmenter l'effet et la chaleur. Il faudra donc, chaque fois qu'on ramènera une stretta, rapprocher de plus en plus les notes initiales de la réponse des premières notes du sujet: l'effet que l'on produit ainsi est toujours surprenant.

Il est permis quelquefois, dans un cas difficile, de commencer la stretta par la réponse: ce moyen s'emploie rarement.

EN FAISANT DES STRETTA, ON OBSERVE EN GÉNÉRAL LES RÈGLES SUIVANTES:

1. Quand le sujet commence sur un TEMPS FORT de la mesure, la réponse doit entrer également sur un TEMPS FORT.

2. Lorsque le sujet commence par un TEMPS FAIBLE, la réponse entre aussi sur un TEMPS FAIBLE.

3. Quand il y a deux temps forts dans une mesure, on peut imiter le 1.er par le 2.d ou le 2.d par le 1.er Il en est de même des temps faibles.

4. Le sujet, dont la première note occupe la moitié de la mesure, exige qu'on l'imite sur le même temps.

5. Dans la mesure à trois temps, il faut imiter le sujet sur le même temps; cette règle a fort peu d'exceptions.

On observe les mêmes règles lorsqu'on imite la réponse par le sujet.

Il existe aussi des stretta, où la réponse se fait par MOUVEMENT CONTRAIRE; d'autres dans lesquelles le sujet ou la réponse sont en AUGMENTATION, OU EN DIMINUTION.

Des Stretta Canoniques.

On dit qu'une STRETTA, EST CANONIQUE lorsque le sujet et la réponse s'imitent exactement jusqu'à la fin; Exemple,

STRETTA CANONIQUE.

Un sujet de fugue bien fait doit toujours avoir une STRETTA CANONIQUE; c'est même par cette stretta qu'on trouve souvent la véritable réponse; pour obtenir cette stretta, il faut la combiner d'avance en composant son sujet, comme on le ferait pour un canon. (1)

Mais tout les sujets ne se prêtent pas à cette combinaison heureuse; alors on se contente d'imiter la tête du sujet par le commencement de la réponse; et dès que celle-ci est entrée, on crée à la partie du sujet un accompagnement AD LIBITUM; la stretta n'en existe pas moins, puisqu'il suffit, pour en faire une, de rapprocher la réponse du sujet, ou le su-

(1) Quand le sujet et la réponse ne donnent pas de Stretta régulière, on peut faire une entrée serrée avec la tête du sujet à la 4.te à la 5.te, ou à l'octave.

jet de la réponse; Exemple,

Mais il est toujours facile de convertir une **stretta** quelconque en canon, en reproduisant

L'ACCOMPAGNEMENT AD LIBITUM dans la partie qui imite, comme nous l'avons fait aux CANONS D'ÉTUDE, (Page 215, SS. 181.) Ex.

Il ne faut pas confondre les **stretta** avec les imitations qu'on fait avec la tête du sujet ou de la réponse; dans une **stretta**, on doit toujours imiter le sujet par la réponse, ou la réponse par le sujet; tandis que dans l'imitation dont nous parlons, on reproduit le sujet par le sujet; ou la réponse par la réponse, Exemple,

De la manière d'employer la stretta.

On doit traiter la **stretta** comme une nouvelle exposition plus serrée que la première; dans une fugue à deux parties on fait entendre le **sujet** et la **réponse**; dans une fugue à trois, le **sujet**, la **réponse**, et le **sujet**; et dans une fugue à quatre parties, le **sujet**, la **réponse**, le **sujet**, et la **réponse**, comme dans l'exposition. (Voyez la page 238).

Il faut que la seconde fois, la réponse imite le sujet au même intervalle que la première fois; mais, entre la réponse et la répercussion du sujet, la distance est arbitraire; Exemple,

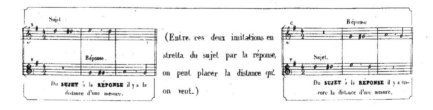

(Entre ces deux imitations en stretta du sujet par la réponse, on peut placer la distance qu'on veut.)

On ajoute quelquefois, dans les stretta, les contre-sujets au sujet et à la réponse; il faut que leur entrée soit franche et harmonieuse.

De la Stretta en mineur.

On peut aussi altérer les notes du sujet ou de la réponse dans la STRETTA; cela se fait surtout en mineur, lorsque dans une stretta serrée, les premières notes de la réponse contrarient le ton principal; on les altère alors de manière à lier franchement le sujet et la réponse;

Exemple,

Dans une stretta serrée il faudrait écrire la réponse de la manière suivante pour rester dans le ton de RÉ mineur, Ex..

On emploie les STRETTA avant et sur la PÉDALE; et l'on réserve la STRETTA CANONIQUE pour la fin de la fugue.

DE LA PÉDALE.

Les règles de la PÉDALE que nous avons données dans la 3me partie. (Page 159, SS. 155.) doivent être observées, lorsqu'on l'emploie dans la fugue; seulement, on la fait toujours sur la dominante du ton principal, et vers la fin de la fugue.

On peut placer sur la PÉDALE toutes sortes de canons, d'imitations, de stretta, et de progressions. Souvent aussi on supprime la pédale, surtout dans les fugues à deux et trois parties.

DES MODULATIONS SUR LA PÉDALE.

RÈGLE GÉNÉRALE. Lorsque le ton principal, auquel appartient la pédale, a des DIÈSES à la clef, il vaut mieux moduler dans des tons qui AUGMENTENT EN DIÈSES. Ainsi, sur RÉ, pédale de SOL majeur, il vaut mieux moduler en RÉ majeur, qu'en UT majeur.

Si le ton principal a des BÉMOLS à la clef, on module de préférence dans les tons qui DIMINUENT EN BÉMOLS; ainsi sur le FA, pédale de SI ♭ majeur, on module plutôt en FA, qu'en MI ♭. Ordinairement on reste dans les gammes de la tonique et de la dominante.

DE LA PÉDALE EN MINEUR.

La pédale en mineur est extrêmement difficile à traiter: lorsqu'on l'emploie, il faut avoir soin que l'accord de dominante du ton primitif soit autant que possible un accord majeur; ce n'est que dans quelques progressions qu'il devient naturellement mineur. Mais on peut frapper sur cette pédale tous les accords qu'on trouve dans le ton primitif; ainsi, en RÉ mineur, sur la

pédale LA, il vaudra mieux frapper l'accord LA, UT, MI majeur, que mineur; Ex:

mais l'accord de la tonique primitive doit être mineur autant que possible. (1)

Ainsi dans la pédale de RÉ mineur, on est naturellement ou en RÉ mineur, ou en LA majeur.

DE LA CONCLUSION.

Après la PÉDALE, on peut finir avec trois ou quatre accords: mais en général c'est là qu'on place la STRETTA CANONIQUE, ou le CANON. Puis, on fait entendre quelquefois le sujet en augmentation ou en diminution, de manière à faire contraste, et on les accompagne, si on le peut, avec le sujet naturel.

Après la cadence parfaite, on fait ordinairement la CADENCE PLAGALE sans renversement.

VOICI UN EXEMPLE

D'UNE FUGUE DU TON À 4 PARTIES,

À UN SUJET ET DEUX CONTRE-SUJETS. (2)

(1) Les élèves ont toujours beaucoup de peine à accompagner la 2ᵈᵉ note de la gamme mineure; Exemple,

voici quels accords on peut placer sous le SI ♮; Exemple,

(2) Dans cette fugue, nous n'avons jamais employé la quarte à la basse; nous l'avons traitée exactement comme une fugue ancienne.

(1) Il faut que l'accompagnement que l'on fait **AD LIBITUM** se conforme au caractère de la fugue; ainsi dans un morceau où les notes les plus petites seraient des noires, il ne faudrait pas introduire des croches.

(2) Nous avons choisi de préférence une fugue à quatre parties, parceque c'est celle qui offre le plus de ressources.

246

(1) Les vieux classiques regardent ce passage comme irrégulier, parcequ'ils n'admettent pas les accords de 7.ᵐᵉˢ et qu'alors, en enlevant la suspension, il y a une suite de quintes entre la basse et le ténor.

(1) Dans une **FUGUE DU TON** les imitations doivent se faire à la 4.te ou à la 5.te parceque la réponse se fait à ces intervalles; nous devons nous rappeller que dans toutes sortes de fugues les imitations à l'octave et à l'unisson sont permises.

(2) Il faut continuellement entretenir du mouvement dans toutes les parties.

248

Nous allons tracer sur une seule portée le plan d'une fugue que l'élève réalisera à **4** parties, à peu-près comme il l'a fait pour un chant dans la 1re partie de ce traité, (Page 37, SS.31.)

FUGUE DU TON à **4** parties, à un sujet et à deux contre-sujets....................

On placera dans chaque partie le chant qui lui convient, ainsi que nous l'avons fait à la page 39 puis, on complétera la fugue, en ayant soin d'emprunter tous les développements aux sujets et aux con‑tre‑sujets.

DE LA FUGUE LIBRE

NOMMÉE PAR LES ANCIENS FUGUE RÉELLE.

LA FUGUE LIBRE est celle où la réponse se fait à la quinte supérieure; ou, ce qui revient au mê‑me, à la 4.te inférieure; cette fugue est plus naturelle que la fugue du ton, puisque la réponse imite exac‑tement le sujet; tandis que dans la fugue du ton, on le dénature presque toujours pour ne pas sortir des tons de la tonique et de la dominante, et pour ne pas dépasser les limites de l'octave: dans la fugue libre, le sujet commence ordinairement par la tonique, et module arbitrairement; nous ne pouvons mieux faire comprendre la différence qui existe entre une FUGUE LIBRE et une FUGUE DU TON qu'en donnant les exemples suivants:

Dans la fugue **du ton**, la réponse diffère tout-à-fait du sujet par la première mesure; tandis que dans la fugue **libre**, le sujet et la réponse sont exactement semblables; cette mutation qu'on est obligé de faire dans la fugue **du ton**, pour ne pas sortir des cordes de la tonique et de la dominante, défigure presque toujours le sujet dans la réponse, et le rend souvent douteux et peu chantant; (1) aussi, nous n'hésitons pas à préférer la fugue libre, dans laquelle la réponse imite le sujet sans aucun changement, et devient par conséquent plus franche et plus naturelle; d'ailleurs, il est facile de ramener le sujet dans le ton principal, en ajoutant un conduit après la réponse;

Dans une **fugue libre** à quatre parties, on peut faire entendre, dans l'exposition, le sujet deux fois de suite, et puis la réponse de même; ou bien, comme dans la **fugue du ton**, le **sujet**, la **réponse**; le **sujet**, et la **réponse**. Ou bien encore, on peut répéter deux ou trois fois le sujet sans le transposer; enfin, on est libre de moduler dans tous les tons, et de suivre tous les caprices de l'imagination, pourvu qu'on produise de l'effet, et que la fugue ait de la chaleur et de la nouveauté; il faut aussi que la mélodie soit bien rhythmée, que les phrases et les périodes soient régulières, et que les cadences s'y correspondent à des distances égales. C'est ce genre de fugue qu'on appelle **style fugué**, et c'est aussi la seule dont se soient servi les grands maîtres anciens et modernes. Elle se prête à toutes les coupes, à tous les genres, à toutes les combinaisons, et c'est par elle seule qu'on compose tous les morceaux qui demandent de grands développements, surtout dans la musique instrumentale; on la retrouve dans tous les quatuor, et toutes les symphonies de Haydn, Mozart, et Béethoven.

DE LA FUGUE D'IMITATION.

Les anciens donnaient le nom de **fugue d'imitation** à un canon ou à un morceau canonique; la réponse s'y faisait à tous les intervalles, et l'on pouvait y admettre quelques changements, ou la tronquer à volonté; l'entrée de la réponse se faisait d'une manière arbitraire; nous ne donnons pas d'exemple de cette fugue, qui n'est qu'une imitation le plus souvent canonique et qu'on emploie seulement aujourd'hui dans le courant de la fugue.

Il existe aussi des fugues en augmentation, et en diminution, et par mouvement contraire, mais elles offrent trop peu d'intérêt pour que nous en donnions un seul exemple; en voici la définition;

FUGUE EN AUGMENTATION.

Pour faire une **fugue en augmentation**, on donne aux notes de la réponse une valeur double

(1) En suivant strictement les règles de la **FUGUE DU TON**, il serait presque impossible de trouver une réponse régulière au sujet suivant, à moins de le changer à chaque mesure, Exemple ......

tandis que par la fugue libre, la réponse serait exactement semblable au chant, et par-conséquent plus naturelle, Exemple ......

(2) Quelquefois aussi on termine la réponse d'une *Fugue Libre* suivant les règles de la fugue du ton.

de celles du sujet. Il faut que dans le courant de cette fugue les imitations et les canons se fassent souvent en augmentation, et que le sujet en augmentation s'y reproduise au moins autant de fois que le sujet naturel. (Dans cette fugue, il faut que le motif soit d'un mouvement vif)

Ces sortes de fugues ne se font bien que dans les mesures à deux et quatre temps.

FUGUE EN DIMINUTION.

La FUGUE EN DIMINUTION est l'inverse de la fugue en augmentation; elle se fait en diminuant de moitié dans la réponse la valeur des notes du sujet. (Le motif doit être ici d'un mouvement plus lent.)

DE LA FUGUE EN MOUVEMENT CONTRAIRE.

Dans cette fugue, la réponse doit se faire par mouvement contraire; il faut que les imitations et les strettos se fassent aussi par mouvement contraire.

On peut, dans le courant de la fugue, employer la réponse par mouvement semblable, et le su_jet par mouvement contraire.

Nous allons analyser maintenant le discours musical.

DU DISCOURS MUSICAL.

Un DISCOURS MUSICAL est un cadre plus ou moins grand, dans lequel on fait entendre une ou plusieurs idées plus ou moins développées, soit par des voix, soit par des instruments, ou bien par des voix et des instruments réunis. Ce discours doit avoir un commencement, un milieu, une fin.

1°. Le commencement s'appelle EXORDE, ou EXPOSITION des idées. Il doit être clair, simple, élégant, et correct; on cherche à captiver la bienveillance du public, en lui faisant entendre des chants neufs, mélodieux, et faciles à retenir.

2°. Dans le milieu, on invente L'INTRIGUE; c'est là que doit briller le talent du véritable compositeur par la richesse des modulations, par la variété des développements, des imitations et des ca_nons. C'est dans cette seconde partie du discours qu'on emploie surtout la matière fuguée.

3°. A la fin, on invente le dénoûment du morceau. C'est la péroraison du discours musical. On y reproduit d'une manière serrée la plupart des idées premières; il faut être rapide, déployer tou_tes les ressources de l'instrumentation, et finir avec chaleur, enthousiasme, en créant les effets les plus surprenants.

Le discours musical se compose de PÉRIODES; les périodes, de PHRASES; les phrases, de MEMBRES DE PHRASES; les membres de phrase, d'un ou plusieurs DESSINS, qui sont formés eux-mêmes par le RHYTHME.

DU RHYTHME.

Nous avons dit déjà dans la 1re partie que le rhythme était la différence d'un son à un au_ tre, (voyez page 51, SS. 45.). le Rhythme est ce qu'il y a de plus difficile dans la compo_ sition musicale. Rossini me disait qu'il cherchait dans la mesure à $\frac{6}{8}$ un rhythme nouveau, élégant, et que rien n'était plus difficile à trouver, surtout dans un mouvement rapide; nous conseillons à l'élève de chercher continuellement des rhythmes, qui seuls donnent la vie et le mouvement à la musique, en imprimant le plus souvent un cachet d'originalité aux grandes compositions musicales. Tout ce qui n'est pas rhythmé se retient difficilement; voilà pourquoi les récitatifs qui souvent produisent beaucoup d'ef_ fet au théâtre ne frappent pas le souvenir, tandis qu'un air, une chanson, une romance deviennent bientôt populaires, parcequ'on a observé, en les créant, toutes les règles du rhythme, de la phrase, et de la pé_ riode. Au théâtre, c'est une loi; et malheur au compositeur qui, après avoir imprimé un mouvement dans la salle, viendrait le rompre à chaque instant par des rhythmes qui ne se lieraient pas fran_ chement entr'eux!

Dans la musique instrumentale, les quatuor, les simphonies; dans les fugues, où les phrases pro_ cèdent avec irrégularité, et sans observer les lois du rhythme, on rencontre rarement un motif qu' on retienne, ou qui puisse devenir populaire; voilà pourquoi une infinité d'airs à peine rhythmés d'an_ ciens compositeurs célèbres ne sont plus d'aucun intérêt pour nous.

DU DESSIN.

Nous avons aussi parlé du dessin, à la page 171; il se compose ordinairement d'une ou deux me_ sures; il peut être harmonique et mélodique: le dessin harmonique est formé par les accords, et le dessin mélodique par le rhythme;

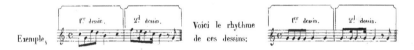

Exemple,   Voici le rhythme de ces dessins:

DU MEMBRE DE PHRASE.

LE MEMBRE DE PHRASE se compose le plus souvent de deux dessins, ou d'un seul dessin de deux mesures; il peut avoir aussi trois ou quatre mesures; il se termine par un repos bien faible, qu'on nomme QUART DE CADENCE: Exemple,

DE LA PHRASE..

La PHRASE est la réunion de deux membres de phrase; le repos qu'elle fait doit être une demi_ cadence. En général, les deux membres d'une phrase ont le même nombre de mesures; ils peuvent dif_ férer quant au dessin. On cons_ truit aussi des phrases d'un seul membre; mais c'est plus rare: Ex:

DE LA PÉRIODE.

La **période** se compose ordinairement de deux phrases; elle se termine par une cadence parfai_
te ou imparfaite; en général, les deux membres correspondants des deux phrases s'imitent par le rhyth_
me, les dessins, le nombre des mesures et les cadences: néanmoins, les phrases peuvent s'y correspon_
dre d'une manière irrégulière, suivant les passions qu'on veut rendre. Voici l'exemple d'une période;

(I)

Un discours musical est composé d'une ou plusieurs périodes, la plupart écrites dans des tons
différents. Voici un exemple composé de deux périodes:

DISCOURS MUSICAL COMPOSÉ DE DEUX PÉRIODES.

(2)

Le discours musical est soumis à plusieurs dimensions, ou coupes, suivant le nombre de pério_
des dont il est composé, et le genre de musique auquel il appartient.

---

(1) On nous pardonnera la régularité que nous sommes obligé d'imprimer à la plupart de nos exemples. Nous l'avons dit plusieurs fois, et
nous le répétons encore, nous n'écrivons ici qu'un traité pour guider ceux qui commencent; plus tard, ils pourront s'abandonner à leur inspiration et
créer les choses les plus fantasques, les plus hardies, et suivre en tout leur génie, leur caprice, ou la mode.

(2) Il n'est pas toujours nécessaire que les membres de phrases se correspondent par 2, 4, ou 8 mesures; c'est sans doute le cas le plus
régulier et le plus usité, mais on ne doit s'y soumettre qu'en exposant une idée dont tout l'intérêt est mélodique, afin qu'on puisse la compren_
dre et la retenir facilement. Dans les développements de la musique instrumentale, on n'a d'autres règles que son caprice: il faut pourtant qu'il
y ait toujours une espèce de symétrie qui satisfasse l'oreille; le plus souvent ce sont de petites phrases qui marchent de 2 en 2 mesures, de 3
en 3, de 4 en 4, de 5 en 5, de 6 en 6, rarement de 7 en 7, et quelquefois de 8 en 8, de 10 en 10, ou de 12 en 12. On mêle aussi
quelquefois un nombre pair à un nombre impair, ou un nombre impair à un nombre pair, mais de manière à arriver toujours à un nombre

DES DIFFÉRENTES DIMENSIONS

DU DISCOURS MUSICAL.

Il serait difficile et sans doute impossible de produire des données fixes et précises sur les différentes coupes d'un morceau de musique; chaque compositeur adopte une coupe qui lui est propre, et il la modifie selon le sujet qu'il traite: ainsi, les périodes que Rossini emploie dans sa musique ne ressemblent pas à celles de Weber; les ouvertures des ouvrages d'Auber ont un cadre bien différent de celles que Meyerbeer emploie sous le nom d'introduction; et pourtant chacun de ces auteurs a obtenu les plus grands succès. Ce qu'il importe surtout, c'est de connaître l'ordre de la fugue, ses modulations, ses développements, et de se baser sur cette coupe. Presque toujours, lorsqu'on compose, on est soumis au caprice de son imagination; au motif qu'on invente, et qui produit plus d'effet, lorsqu'on l'enchaîne de certaine manière; au hasard, qui souvent vous inspire des idées sublimes, et qui viennent renverser tous les plans que vous aviez tracés d'avance. Quoi qu'il en soit, il faut toujours exposer ses idées avec netteté, les développer avec art, et finir avec chaleur.

Nous allons parler de toutes les coupes qui existent, et de quelques combinaisons qu'il est essentiel de connaître pour bien accompagner une mélodie, et pour développer avec art un motif quelconque..

VOICI LES COUPES QUI CONVIENNENT

A LA MUSIQUE INSTRUMENTALE.

Le nombre 3 est celui qui convient à toutes ces coupes; elles se divisent donc en trois parties: ce qui les fait différer les unes des autres, c'est la manière de combiner la matière qui les compose, de terminer chacune d'elles dans tel ton plutôt que dans tel autre, de créer des chants, de les enchaîner, et de les présenter sous des formes plus ou moins heureuses.

---

pair. Ainsi, un nombre de phrase de trois mesures et l'autre de cinq font le nombre pair (8); une phrase de deux mesures et une de six font huit; le plus important c'est de répondre à une phrase quelconque par une autre phrase qui ait le même nombre de mesures; ou bien encore, on entrelace les phrases; ainsi, on fait une phrase de deux mesures, puis une de trois, ensuite on leur répond par une phrase de deux et de trois mesures; toujours il faut qu'il y ait de la symétrie, et une intention de la part du compositeur.

PREMIÈRE COUPE À TROIS PARTIES.

Première Partie, ou EXPOSITION DES IDÉES.

	1ᵉʳ MOTIF.	CONDUIT.	2ᵈ MOTIF.	Conclusion de la 1ʳᵉ Partie
En UT Majeur.	EN UT MAJEUR. Période complète finissant en UT Majeur. On peut moduler dans le courant de cette Période, mais il ne faut pas la reproduire en UT Mineur.	Idées accessoires et modulations finissant en RÉ, qui est Dominante du ton dans lequel on compose le second Motif. (durée arbitraire.) Ce Conduit appartient plus spécialement à la gamme de SOL.	En SOL. Période complète finissant en SOL Majeur, et pouvant se répeter en SOL Mineur.	Modulations passagères finissant en SOL Majeur, Dominante d'UT.
En UT Mineur.	EN UT MINEUR Période complète en UT Mineur.	Conduit finissant en Si♭ Majeur.	Second motif en MI♭ Majeur, et très rarement en SOL Mineur.	Conclusion en MI♭ Majeur, et très rarement en SOL.

Première partie écrite dans la mesure à QUATRE-TEMPS, et dans un mouvement ALLEGRO. Dans cette partie, il faut tout créer; elle est donc le fruit de l'inspiration; et c'est de là que dépend tout l'intérêt du morceau.

	Seconde Partie, ou INTRIGUE.	Troisième Partie, ou DÉNOUEMENT.			
	DÉVELOPPEMENTS.	1ᵉʳ MOTIF.	CONDUIT.	2ᵈ MOTIF.	CODA.
En UT Majeur.	Cette seconde partie peut commencer dans tous les tons, excepté dans celui de SOL. elle module dans les tons éloignés; c'est ici qu'on emploie la matière fuguée, les imitations, les progressions, enfin toutes sortes de développements. On doit finir en SOL Majeur, Dominante d'Ut. On fait ordinairement une Pédale sur cette Dominante; on y développe les deux premiers motifs; on peut introduire une idée nouvelle.	On reprend le 1ᵉʳ motif en UT Majeur; quelquefois on l'accourcit. on peut commencer aussi par le second motif en UT Majeur.	On reproduit ordinairement le 1ᵉʳ conduit dans un autre ton; ou le second, si l'on commence par le second motif: l'on finit en UT ou en SOL.	On le transpose en UT Majeur, ou Tonique primitive; si on prend ici le second Motif, on peut le transposer à la sous-dominante (FA Majeur.)	On reproduit en UT Majeur les idées de la Conclusion de la première partie, et l'on finit avec chaleur.
En UT Mineur.	La seconde partie commence dans tous les tons, mais rarement dans celui d'UT Mineur; pour éviter l'uniformité, on s'arrête sur la Dominante d'UT, (SOL), en faisant souvent une Pédale.	On peut commencer en UT Mineur; ou en UT Majeur, et finir de même.	Il se fait dans le ton d'UT Mineur ou d'UT Majeur, suivant ce qui précède et ce qui suit. Il doit terminer sur la Dominante SOL.	On transpose en UT Majeur et rarement en UT Mineur. le second Motif de la 1ʳᵉ Partie qui est en MI♭, avec des modifications. Il finit dans le ton d'UT.	On termine en UT Mineur, et le plus souvent en UT Majeur; ordinairement cette dernière partie est écrite dans le mode Majeur. (En UT Majeur)

On change quelquefois de mouvement dans cette seconde partie, et l'on convertit l'ALLEGRO en ADAGIO, avec des idées nouvelles. — Lorsque la seconde Partie a changé de mouvement, on reprend celle-ci dans le même mouvement que la première. Si la première et la seconde restent dans le même mouvement, on prend quelquefois dans celle-ci un mouvement PRESTO à $\frac{2}{4}$ ou à 3 temps. Quelquefois aussi on ne fait ce changement qu'à la CODA.

Cette coupe convient aux ouvertures, aux CONCERTO d'instruments, aux premiers mor_
ceaux, aux FINALES, et quelquefois aux adagio des symphonies et des quatuor, lorsque
ces adagio ont une grande étendue. Les grands airs, les grands chœurs, peuvent aussi rece_
voir cette coupe.

Dans les ouvertures, on supprime souvent la seconde partie, parcequ'au théâtre, ces développements finiraient par fatiguer l'auditeur indolent, qui s'ennuie de tout ce qui est beau. C'est
ainsi que Mozart et Rossini surtout ont fait toutes leurs ouvertures. Alors, on transporte les
développements dans la 5.ᵐᵉ partie qui doit toujours commencer par le ton principal. On peut supprimer aussi les conduits, mais rarement; quelquefois le second motif est si court, qu'il
se confond avec le premier; c'est ce qu'il faut éviter avec soin.

Dans les premiers morceaux des SONATES, des QUATUOR, des QUINTETTI, des SEXTUOR, des SYM-
PHONIES, on répète souvent la 1ʳᵉ partie, mais rarement dans les FINALES, et jamais dans les ouvertures.

La seconde partie peut commencer aussi par une idée neuve, mais brillante.

Lorsqu'on reproduit les motifs de la première partie dans la seconde, il faut y introduire quelques modifications: alors on change l'harmonie, et les dessins d'accompagnements; on varie
les nuances en exécutant fort ce qui était piano, et VICE VERSÂ, piano ce qui était fort. L'on
intervertit l'ordre des idées. L'étendue de chacune de ces parties est arbitraire.

Les deux motifs de la première partie peuvent avoir deux petites reprises; Ex: ‖: 1ᵉʳ motif: ‖
‖: 2ᵈ motif: ‖ cela ne se pratique ordinairement que dans les derniers morceaux de quatuor, quintetti, et symphonies. (Tout ce que nous disons ici s'applique au majeur et au mineur) (1)

La coupe dont nous venons de parler est la plus riche, la plus noble, la plus usitée,
et celle qui sert de type à toutes les autres. Nous conseillons à l'élève de bien l'étudier. Nous
allons avant de passer à la SECONDE COUPE À TROIS PARTIES, parler de L'INTRODUCTION, qui joue un
rôle si important dans la musique.

DE L'INTRODUCTION.

On fait souvent précéder d'un ANDANTE une ouverture, le morceau initial d'une symphonie,
d'un quatuor, etc; c'est ce qu'on appelle INTRODUCTION. Le but principal de l'introduction est de
préparer l'auditeur à bien écouter ce qui va suivre, et à faire ressortir le caractère souvent
léger ou rapide du morceau qu'elle précède, en établissant un contraste par la solennité du début; mais les morceaux majestueux ou graves doivent se passer d'introduction, afin d'éviter l'uniformité de caractère; en effet, il serait mal de donner à une composition d'un caractère large,
une introduction d'un caractère léger.

L'introduction n'a souvent que quelques accords qui modulent arbitrairement, et qui finissent

_____

(1) Quoiqu'en disent RAMEAU, D'ALEMBERT, et TARTINI, le mode mineur n'est pas donné par la nature; il ne se trouve que
par analogie, et sert à modifier le mode majeur sans le détruire.

toujours sur la dominante du ton principal. Dans les ouvertures, c'est ordinairement un ANDANTE composé d'un chant complet. Quelquefois, on poursuit une ou plusieurs idées qu'on développe plus ou moins; souvent les idées se renouvellent à chaque instant, sans développement. L'introduction peut aussi remplacer l'ouverture, comme dans l'opera de ROBERT LE DIABLE, dans celui des HUGUENOTS, et dans le MOÏSE de Rossini; mais alors on y introduit un chœur par lequel on termine. En général, lorsque le morceau est majeur, (UT majeur), l'introduction peut être dans le même ton majeur ou mineur, (UT majeur ou mineur.) Si le morceau est en mineur, (UT mineur), l'introduction peut être dans le même ton mineur, rarement majeur; (UT mineur ou majeur:) elle pourrait être aussi dans le ton de la médiante majeure, (MI ♭ majeur); mais il faudrait avoir soin de la terminer sur la dominante du dernier ton, (SOL.)

Il ne faut pas que l'introduction soit trop longue, parcequ'elle finirait par fatiguer l'attention du spectateur, au-lieu de la captiver. L'introduction peut prendre tous les caractères qu'on veut lui imprimer; on y module arbitrairement; mais elle doit toujours finir sur la dominante du ton dans lequel le morceau suivant est écrit.

SECONDE COUPE A TROIS PARTIES.

PREMIÈRE PARTIE.	DEUXIÈME PARTIE.	TROISIÈME PARTIE.
Exposition des Idées.	Exposition de nouvelles Idées.	Récapitulation de la 1re Partie.
En UT Majeur. En UT Majeur. On invente une ou deux périodes qui finissent dans le même ton (Ut Majeur), et qui ne modulent pas sensiblement que dans leurs phrases intermédiaires. Cette partie peut avoir de vingt à quarante mesures. On ne s'y sert pas de développements.	Nouvelles périodes commençant et finissant à la sous-dominante, (FA Majeur,), mais sans développements. On peut aussi écrire cette seconde partie en UT Mineur, ou en LA Mineur: il est essentiel qu'elle ne soit pas dans le ton de la dominante, (Sol), pour ne pas la confondre avec la première coupe.	Cette partie commence et finit dans le même ton que la première, en reproduisant les mêmes idées; on peut moduler dans la CODA, et développer les idées de la seconde partie, pourvu que ce soit d'une manière intéressante.
En UT Mineur. EN UT MINEUR. On commence et l'on finit dans le même ton, (UT Mineur.)	Cette seconde partie peut se faire en MI ♭, en LA ♭, et plus rarement en UT Majeur.	La troisième partie doit commencer et finir en UT Mineur, on pourrait, par exception, la faire finir en UT Majeur.

Cette seconde coupe appartient plus spécialement aux mouvements lents, (Andante, ADAGIO etc.) On peut aussi s'en servir pour les FINALES. Elle est moins intéressante que la première.

DE LA COUPE LIBRE.

Cette coupe dépend tout-à-fait de l'inspiration, du sentiment ou du caprice; elle n'a point de plan régulier; on y module arbitrairement; on invente autant de chants qu'on veut, et on les développe à volonté : on peut y reproduire la 1ʳᵉ ou la 2ᵈᵉ coupe par un mélange arbitraire; rien n'y est déterminé; mais on doit finir par le ton primitif.

Cette coupe convient principalement aux ANDANTE et aux ADAGIO: on peut néanmoins s'en servir dans tous les genres de musique.

DES COUPES DÉRIVÉES.

Les coupes dérivées sont celles dont on se sert pour les VARIATIONS, les RONDEAUX, les PRÉLUDES et les MENUETS. Elles se composent du mélange des trois coupes précédentes.

COUPE DU RONDEAU.

	PREMIÈRE PARTIE.		
En UT Majeur.	1ᵉʳ Motif en **UT** Majeur.	CONDUIT.	Récapitulation du 1ᵉʳ motif en **UT** Maj:
	Il doit être assez long; on le fait avec ou sans reprises. Il commence et finit en **UT** Majeur.	On y expose de nouvelles idées en **SOL** Majeur, ou **LA** Mineur, avec quelques développements, mais on doit finir en **SOL** Majeur.	On l'exécute sans reprises, et on le raccourcit, s'il est long. Il doit finir en **UT** Majeur.
En UT Mineur.	En **UT** Mineur.	En **MI** ♭ Majeur.	En **UT** Mineur.

	DEUXIÈME PARTIE.		TROISIÈME PARTIE.		
En UT Majeur.	Conduit. En **FA** Majeur. On y expose de nouvelles idées qui finissent sur la dominante primitive (**SOL**); on évite les tons d'UT et de SOL Majeurs.	Récapitulation du 1ᵉʳ motif en **UT** Majeur. On répète encore le 1ᵉʳ motif raccourci, et l'on finit en **UT** Majeur.	Conduit. En **UT** Mineur. On y expose de nouvelles idées, en évitant de moduler dans les tons qu'on a déjà employés. On finit également à la domⁿᵗᵉ **SOL**.	Récapitulation du 1ᵉʳ motif en **UT** Majeur. On peut le reproduire en entier, mais sans reprises. Il doit finir en **UT** Majeur.	Conduit. En **UT** Majeur. On développe ici toutes les idées qu'on a fait entendre, en ayant soin de choisir les plus saillantes, et de faire prédominer le ton d'**UT** Majeur.	CODA. En **UT** Majeur. L'on finit par une CODA intéressante. On peut introduire une ou deux idées nouvelles, ou bien tout ensemble à ce qu'on a fait entendre.
En UT Mineur.	En **UT** Mineur.	En **LA** ♭ Majeur.	En **SOL** Majeur.	En **UT** Mineur.	En **UT** Majeur.	En **UT** Majeur.

Cette coupe convient aux rondeaux qu'on trouve dans les symphonies, les quatuor etc. On peut l'abréger en ne prenant de la seconde partie que le second conduit.

COUPE DU MENUET.

	PREMIÈRE PARTIE.	DEUXIÈME PARTIE.	TROISIÈME PARTIE.
En UT Majeur.	1re période en **UT MAJEUR** avec reprise. 2de période en **SOL** Majeur avec reprise. Récapitulation de la 1re période sans reprise.	On appelle cette partie le **TRIO** du menuet. On l'écrit dans le ton de **SOL** Majeur, ou de **FA** Majeur, ou de **LA** Mineur, ou bien en **UT** Mineur: il est composé aussi de trois périodes qui finissent ordinairement sur le ton de la dominante primitive (Sol Majeur.)	On prend ici toute la première partie sans reprises, et dans le même ton (Ut Majeur). Quelquefois, on développe un peu les idées dans cette 3me partie.
En UT Mineur.	En **UT** Mineur.	En **UT** Majeur, ou en **MI**♭ Majeur, ou en **FA** Mineur, ou en **SOL** Mineur.	On finit en Ut Mineur, et rarement en **UT** Majeur.

On voit que chaque partie de ce menuet peut appartenir à la 1re coupe à 3 parties raccourcie; tandis que la coupe entière se conforme à la 2de coupe à 3 parties.

Le caractère particulier de ce menuet doit être la légèreté et la symétrie des idées, la vivacité du mouvement, et l'ordonnance de ses coupes.

REMARQUE. On fait quelquefois des morceaux d'une grande étendue et qui ressemblent au menuet par le mouvement. On ne doit pas les confondre: ces morceaux appartiennent à une des trois premières coupes, et servent à varier les différentes parties d'un quatuor, ou d'une symphonie.

COUPE DES VARIATIONS.

	PREMIÈRE PARTIE.		DEUXIÈME PARTIE.	TROISIÈME PARTIE.
Variations avec un seul motif ou thème.	Motif principal formant une ou deux périodes, dont la dernière doit finir dans le ton par lequel on a commencé.	On fait trois variations dont la première doit être très simple, et dans le ton primitif. Les autres peuvent moduler dans les tons relatifs.	On fait ici un épisode dans lequel on module arbitrairement; souvent on y change de mesure. Le développement n'y est qu'accidentel. On y expose aussi de nouvelles idées. Cette partie doit avoir de vingt à trente mesures; elle sert à faire reposer le motif.	On fait encore trois variations avec le motif principal; on peut moduler dans quelques tons relatifs. Quelquefois, au lieu de la dernière variation, on invente une **CODA**, dans laquelle on développe le motif principal, en modulant rapidement dans les tons éloignés, et qu'on n'a pas encore entendus. Quelquefois aussi on change de mesure.
Variations avec deux motifs, ou thèmes.	Les deux motifs doivent avoir la même tonique. Ut Majeur. Ut Mineur.	On fait 5 variations avec les 2 motifs, de cette manière: 1er motif, 2d motif. 1er motif, 2d motif. 1er motif, 2d motif.	On invente un épisode de trente à quarante mesures avec de nouvelles idées, pour laisser reposer les deux premiers motifs.	On fait encore trois variations en alternant chaque motif; puis, on invente une coda en développant la tête du motif majeur, et l'on finit toujours en majeur. (Ici, **UT** Majeur).

Cette coupe convient surtout au genre de variations qu'on trouve dans les quatuor d'Haydn; celles qu'on fait pour les instruments suivent le caprice du compositeur; néanmoins, leur coupe la plus régulière est celle que nous venons de donner.

Le motif, ou thème est l'objet principal de cette coupe: il importe donc de choisir un chant qui se prête aux développements. Ordinairement on dit le motif et chaque variation deux fois; mais ces reprises ne sont pas nécessaires, surtout si le motif est d'une certaine longueur. Dans les variations pour instruments SOLO, on fait précéder le thème d'une introduction. Le motif qu'on choisit, ou qu'on invente, est ordinairement écrit dans un mouvement lent, afin qu'on puisse composer les variations avec toutes les sortes de valeurs dans les notes: les développements se font 1°. en brodant un motif avec les notes accidentelles, sans rien changer à son harmonie; 2°. en variant les accompagnements sans rien changer au chant; 3°. en changeant les accords; 4°. en variant le chant, les accords et les accompagnements.

REMARQUE. Il faut prendre garde de ne pas trop multiplier les variations, afin de ne pas fatiguer l'attention du public.

DU PRÉLUDE.

LE PRÉLUDE EST UNE ESPÈCE D'IMITATION CONTINUE, FAITE AVEC UN SEUL MOTIF, QU'ON PROMÈNE DANS TOUTES LES PARTIES, EN MODULANT TRÈS FRÉQUEMMENT. Le trait de chant qu'on choisit doit offrir assez d'intérêt sous le rapport de l'harmonie et de la mélodie, pour que sa reproduction ne devienne pas fatigante: on ne suit aucun plan régulier, et l'on termine toujours le morceau par le ton dans lequel il a commencé. Le prélude peut avoir de 40 à 50 mesures. On évite autant que possible d'altérer le chant principal.

Ces préludes ne se font ordinairement que sur l'orgue, ou sur le piano; Sébastien Bach est celui qui nous a laissé les plus beaux modèles dans ce genre. L'introduction du 1er acte du Moïse (de Rossini) peut être regardée comme un prélude: voici le trait de chant qui sert au prélude; Exemple......................

DES COUPES QUI CONVIENNENT.
À LA MUSIQUE VOCALE.

Les coupes qui conviennent à la musique vocale sont les mêmes que celles que nous venons de donner pour la musique instrumentale; mais comme au théâtre on bannit tout ce qui sent trop le travail, ou la science, on supprime aussi tous les développements. Nous n'avons donc aucune coupe nouvelle à donner pour la mélodie; il appartient au compositeur d'allonger plus ou moins ses périodes, suivant le genre de musique qu'il traite: voici les chances différentes que peut subir la 1re coupe à 3 partie : Exemple..............................

PREMIÈRE COUPE À TROIS PARTIES.		
PREMIÈRE PARTIE.	DEUXIÈME PARTIE.	TROISIÈME PARTIE.
En UT Maj. UT Majeur. 1er motif finissant en **SOL**.	SOL Majeur. Nouvelles idées avec des modulations; arrêt sur la dominante. (Sol.)	UT Majeur. Répercussion du 1er motif avec une **CODA** finissant en **UT** Majeur.
En UT Mineur. En UT Mineur. 1er motif finissant en UT mineur, ou en SI♭, ou en SOL.	En Mi♭, ou UT Majeur, en finissant sur la dominante **SOL**.	1er motif en UT mineur, ou UT majeur.

PREMIÈRE COUPE À TROIS PARTIES.		
PREMIÈRE PARTIE.	DEUXIÈME PARTIE.	TROISIÈME PARTIE.
En UT Maj. En UT Majeur. 1er motif en UT Majeur finissant en SOL Majeur, ou en MI Mineur.	En SOL Majeur. 2d motif commençant en UT Majeur, et finissant en SOL Majeur.	En UT Majeur. 3me motif en UT Majeur appelé **LE REFRAIN**. On finit en UT majeur.
En UT Mineur. En UT Mineur, 1er motif finissant en SOL, ou en SI♭.	2d motif en MI♭ majeur ou en Ut mineur finissant en Sol, ou en Si♭.	3me motif en UT Majeur, ou en Mi♭ Majeur.

Il existe aussi des airs de deux périodes, dont la première finit à la dominante, et la seconde dans le ton primitif; telles sont les coupes des romances, ou des petits **ANDANTE**. La se_conde coupe à trois parties, adaptée à la musique vocale, ne subit aucun changement: Exemple,

SECONDE COUPE À TROIS PARTIES.		
PREMIÈRE PARTIE.	DEUXIÈME PARTIE.	TROISIÈME PARTIE.
En UT Majeur.	En UT Min. en FA Majeur en LA Min.	En UT Majeur.
1er Motif.	Nouvelles idées.	Récapitulation du 1er motif.

REMARQUE. Souvent on fait précéder un grand air d'une introduction écrite aussi avec l'une de ces coupes; quelquefois encore on compose un air **ALLEGRO** pour la 1ère partie, on attaque la seconde partie par un andante, et l'on finit la 3me partie par le premier motif; ou bien en_core, on réunit deux coupes différentes dans un seul morceau: ainsi l'introduction est dans la 2de coupe, et l'allegro dans la première, ou **VICE VERSÂ**. On compose aussi dans la coupe libre; tout cela dépend du sujet, des paroles, du caprice et de l'imagination. On fera bien d'étudier les par_titions des grands maîtres, tels que Mozart, Paësiello, Cimarosa, Sacchini, Gluck, Rossini, etc. où l'on trouvera de beaux modèles de toutes ces coupes.

MANIÈRE DE S'EXERCER DANS LA MÉLODIE,
ABSTRACTION FAITE DE L'HARMONIE.

Un des plus grands vices dans nos écoles, c'est qu'on n'enseigne que le contre-point, sans jamais parler aux élèves de la mélodie; aussi leurs dispositions naturelles pour le chant sont presque toujours étouffées ou paralysées par l'étude de l'harmonie; ils travaillent pendant 7 à

8 ans le contre-point et la fugue, de sorte qu'ils sont déjà de grands maîtres dans ce gen_
re suprême de composition, tandis qu'ils ne savent pas encore accompagner même une romance par u_
ne harmonie convenable. En effet, dans les classes du conservatoire, qu'on appelle classes de com_
position, on ne songe qu'à passer d'un intervalle à un autre d'après les règles du vieux contre_
point, et jamais on ne vous apprend à accompagner une phrase entière par un seul accord; aus_
si les élèves, ignorants dans la vraie composition, abusent de l'harmonie, et tourmentent ou dé_
truisent leur mélodie en l'accompagnant comme ils le feraient pour un motif de fugue; et pour_
tant sans la mélodie, que deviendrait l'harmonie! ce qui prouve la puissance de la mélodie, c'est
que dans tous les concerts, au théâtre surtout, les ouvrages qui ont le plus de succès, sont ceux
qui ont le plus de chants, de naturel, et de simplicité. D'ailleurs, un avantage de la mélodie,
c'est qu'elle indique toujours son harmonie, tandis que l'harmonie mal employée en paralyse sou_
vent les plus beaux effets. Mais en composition, l'harmonie est aussi importante que la mélodie,
et si elle étouffe quelquefois le chant, c'est, comme nous venons de le dire, qu'on ne sait pas s'en
servir: car les compositeurs les plus célèbres sont ceux qui ont le mieux réussi dans ces deux
genres; et sans la découverte sublime de l'harmonie, la musique, qui rivalise avec tous les beaux
arts, ne se serait jamais élevée à ce dégré de gloire, et serait toujours restée, sans contredit,
dans les domaines de la triste et monotone psalmodie, que les anciens qualifiaient du nom de
mélodie.

Il y a deux manières d'accompagner la mélodie, l'une par une harmonie savante, l'autre par des
accords simples et naturels. C'est au goût, au jugement, à savoir faire un choix convenable de ces
deux moyens. Mais c'est une folie d'inventer sans cesse de nouvelles idées, et de les entasser les
unes sur les autres; on nuit ainsi à l'unité du morceau, en composant des chants hétérogènes;
il faut au contraire savoir tirer parti d'une idée, et la développer sous toutes les formes: c'est
par ce moyen que Haydn, Mozart, Beéthoven, nous ont laissé tant de chefs-d'œuvre.

Pour qu'une idée puisse être développée, il faut qu'elle soit chantante, et facile à re_
tenir, afin qu'on puisse la reconnaître chaque fois qu'on la reproduit, même par fragment.
Elle doit appartenir aussi à une même gamme, et ne moduler passagèrement qu'à la do_
minante, ou à la Tierce supérieure; mais il faut toujours qu'elle commence et finisse dans
le ton principal. (I)

Il faut encore pour que les sons se lient bien entr'eux, et conservent leur unité, que
le motif soit exécuté par un seul instrument; car si on le faisait entendre, pour la pre_
mière fois, en le partageant entre plusieurs voix ou plusieurs instruments, de timbre dif_
férent, les sons en paraîtraient décousus, et l'on aurait de la peine à le reconnaître.

Nous allons présenter quelques exercices sur la mélodie, nous parlerons ensuite de la ma_
nière d'unir l'harmonie à la mélodie.

---

(1) En frappant une note sur le piano, **UT**, par exemple, il en sort l'enharmonique **SI** ♭, qui prédomine sur tous les autres; si on frappe ensuite le **FA**, ou entend distinctement la tierce **LA** ♮; d'après cela, la note **UT**, indique le ton de **FA**, et la note **FA** le mode majeur

264

1ᵉʳᵉ Leçon.

EXERCICES SUR LES RHYTHMES.

Prenons, pour exemple, l'air si connu,

Nous savons déjà que, pour trouver le rhythme de cet air, il n'y aura qu'à écrire sur
une seule ligne la valeur de chaque note; Ex:

Puis l'on cherche sur ce rhythme plusieurs
mélodies qui ne se ressemblent que par le rhythme;

L'élève continuera cet exercice en décomposant par le rhythme plusieurs morceaux de musique connue, puis il en composera qui lui appartiennent. Il ne doit pas oublier que souvent le
succès d'un morceau dépend de son rhythme. Tels sont les galops, les contredanses, les pas redou-
blés, les boléros, les barcarolles etc.

2ᵐᵉ Leçon.

DE LA MANIÈRE DE MODULER DANS LE COURANT D'UNE PÉRIODE.
QUI FINIT PAR LE TON DANS LEQUEL ELLE A COMMENCÉ.

On peut moduler arbitrairement dans le milieu d'une période, mais sa 1ʳᵉ phrase, lorsqu'elle
en a deux, module ordinairement à la dominante, ou à la tierce supérieure, ou inférieure; ou bien,
on fait une demi-cadence sur le 5ᵐᵉ dégré du ton principal; ainsi, en UT majeur, nous pourrons faire, au milieu de la période, une demi-cadence sur l'accord de SOL, ou bien une modulation en SOL.
majeur, en MI mineur, et plus rarement en LA mineur. Dans le ton d'UT mineur, on pourra moduler en SOL mineur, ou en MI ♭ majeur.

Lorsqu'une période a plus de deux phrases, l'une peut terminer en **mi**, l'autre en **sol**, ou en **la**, et la dernière dans le ton primitif.

(L'élève créera des Périodes avec ces modulations.)

3me Leçon.

MANIÈRE DE MODULER AU COMMENCEMENT ET À LA FIN DES PÉRIODES

1.° Une période peut commencer et finir dans le même ton, et la suivante commencer et finir dans un nouveau ton: cela s'appelle **CHANGER DE TON**. (voyez page 76, SS. 87.)

2.° On commence une période dans un ton, et on la termine dans un autre: cela s'appelle **MODULER**. (voyez page 76, SS. 87,)

3.° La nouvelle période peut commencer dans le ton qui à terminé la période précédente, ou dans un nouveau ton.

4.° La moitié de la période peut être dans un ton, et l'autre moitié dans un autre.

(Faire créer des Périodes avec toutes sortes de modulations.)

4me Leçon.

DES PHRASES ET DES PÉRIODES
DE DIFFÉRENTES MESURES.

Nous avons déjà dit que la phrase la plus naturelle était celle de quatre mesures, qu'on appelait vulgairement **PHRASE CARRÉE**; nous avons dit encore que lorsqu'on exposait un chant, au théâtre surtout, il était essentiel de se servir de phrases marchant en nombre pair. Mais il arrive souvent qu'on fait suivre un chant d'une petite ritournelle dans l'instrument qui accompagne; cette addition ne compte pour rien dans le nombre de mesures du motif principal. Souvent aussi, on répète à un autre intervalle, ou dans un autre instrument, les dernières mesures d'un motif, comme si on imitait un écho; cette répétition, qui se fait **PIANO** si le motif est **FORT**, ou **FORT** si le motif est **PIANO**, n'ajoute rien au nombre de mesures du motif. Quelquefois encore, dans un duo, la seconde voix entre au moment où la première termine ses 4 ou 8 mesures; alors cette dernière mesure compte pour deux. Lorsqu'on remplit par un motif de quelques notes une mesure restée vide après une cadence, on fait un complément, qui ne compte pas pour le rhythme, et le nombre de mesures de la phrase ou de la période. Voici des Exemples de tout ces cas:

REMARQUE. Sans se soumettre à un nombre déterminé de mesures pour les phrases, il faut que l'o_
reille y trouve toujours de la symétrie. Sans doute les phrases qui produisent le plus d'effet, et qu'on retient
le mieux sont les **PHRASES CARRÉES**; mais il serait absurde de tout soumettre à cet exigence; car alors il en
résulterait une monotonie fatigante, et l'on aurait l'air de composer des quadrilles.

Les sentiments calmes ou héroïques marchent ordinairement en phrases carrées, exactes par le
rhythme et les cadences.

Dans le style passionné il faut que tout dérive de la passion. Presque toujours les phrases y sont
courtes, entrecoupées, et les mesures en nombre impair; il faut en un mot que tout se sente de l'a_
gitation du personnage qu'on met en scène, et des sentiments qu'on veut rendre.

5ᵐᵉ Leçon.

DE LA MANIÈRE D'ENCHAINER LES PÉRIODES. (2)

En musique, comme en littérature, un discours est formé de périodes; mais il ne suffit pas pour qu'
un morceau de musique soit complet que chaque période soit correcte, élégante, et d'une mélodie neuve et
agréable, il faut encore que les périodes s'enchaînent bien entr'elles, et que l'ensemble qui en résulte ne
pèche point par l'unité; ce qui arriverait, si on unissait des idées hétérogènes.

RÈGLE. TOUTE PÉRIODE PEUT SUCCÉDER À UNE AUTRE, SI LE DERNIER ACCORD DE LA PREMIÈRE, S'ENCHAÎ_
NE RÉGULIÈREMENT AVEC LE PREMIER DE LA PÉRIODE SUIVANTE, ET SI LES RHYTHMES, LES DESSINS, LES PHRASES,
LES MEMBRES DE PHRASES ET LES CADENCES, SE CORRESPONDENT AVEC SYMÉTRIE DANS LES DEUX PÉRIODES.

6ᵐᵉ Leçon.

DE LA MANIÈRE D'ACCOURCIR ET D'ALLONGER UNE PÉRIODE.

Lorsque dans la seconde ou la troisième partie d'un morceau on reproduit un chant, ou qu'on
veut approprier un motif déjà créé à des paroles, on est souvent obligé de raccourcir ou d'allonger u_
ne période; cela se fait des deux manières suivantes: 1°. On raccourcit une période en retranchant un
membre de phrase, et en changeant en cadence une demi-cadence; 2°. On allonge une période en rom_
pant sa cadence parfaite, ou bien en la changeant en demi-cadence.

---

(1) Nous ne parlons pas du **POINT D'ORGUE** qu'on fait arbitrairement sur la pénultième d'une cadence parfaite, parcequ'il ne comp_
te pas dans le rhythme.

(2) À chaque leçon, l'élève devra composer des chants d'après ce que nous lui disons.

7ᵐᵉ **Leçon**.

DE LA MANIÈRE DE S'EXERCER A CRÉER DES CHANTS AVEC UN NOMBRE DÉTERMINÉ DE SONS.

On prend d'abord trois notes (**UT, RÉ, MI**, par exemple,), et l'on cherche plusieurs phrases de chants avec ces trois notes, ou dans cette étendue de **TIERCE**; Exemple.

puis on en prend 4, 5, 6, 7, 8 etc, et l'on s'exerce ainsi à créer des mélodies en se renfermant dans l'intervalle que l'on aura choisi.

Cette étude devient d'une grande utilité, surtout lorsqu'on veut écrire pour certains instruments, ou pour des voix dont l'étendue est très restreinte.

8ᵐᵉ **Leçon**.

DE LA MANIÈRE DE CRÉER DES PHRASES ET DES PÉRIODES AVEC UN SEUL DESSIN.

On choisit un dessin chantant qu'on reproduit dans plusieurs tons, ou sur d'autres dégrés d'une même gamme; c'est surtout par les progressions qu'on peut développer ce dessin; il est à remarquer aussi que toutes ces **MARCHES MÉLODIQUES** peuvent fournir en même temps des **MARCHES HARMONIQUES** très neuves et très intéressantes.

Ce travail est du plus grand intérêt, en ce qu'on peut, avec un seul dessin, composer des morceaux entiers de 60 à 100 mesures, et leur imprimer un caractère extraordinaire d'unité: quoiqu'on puisse employer ce moyen en écrivant pour des voix, on en fait un usage bien plus fréquent dans la musique instrumentale. Ce développement offre des ressources inépuisables, et nous conseillons vivement à l'élève de s'y exercer sans cesse.

9ᵐᵉ **Leçon**.

DE LA MANIÈRE DE CRÉER DES PHRASES ET DES PÉRIODES AVEC LES PARCELLES D'UN MOTIF.

On choisit un chant qui renferme plusieurs dessins chantants, distincts les uns des autres, et faciles à reconnaître.

puis on fait avec chacune de ces parcelles le travail que nous avons déjà indiqué dans la 8ᵐᵉ leçon. Que de ressources, que de richesses ne trouve-t-on pas dans un seul motif, puisqu'en développant tous les dessins qu'il présente, on peut, avec un chant de quelques mesures, composer des morceaux de la plus grande étendue!

REMARQUE. En reproduisant un dessin, on peut l'altérer légèrement.

10ᵐᵉ Leçon.

DE LA MANIÈRE DE VARIER UN CHANT.

Les variations mélodiques se font en changeant simplement le rhythme d'un chant par des notes accidentelles, ou par de nouvelles notes réelles qui ont des valeurs différentes. Mais il faut que la durée des idées, leurs mesures, leurs accords et leurs cadences, restent toujours les mêmes.

Un motif quelconque (ou thème) peut avoir de 10 à 12 variations. Ainsi que nous venons de le dire, les unes se font avec les notes de passage, les broderies, les appogiatures, les autres avec les syncopes, les retards, ou en changeant la valeur des notes, ou bien encore en se servant de pauses, et en mélangeant toutes ces versions. On trouve dans les EXERCICES POUR LA VOIX, de Garcia, (1) d'excellents modèles de variations vocales; dans les quatuor et les symphonies d'haydn, on peut étudier la manière de varier un thème; quand aux variations qu'on fait pour un instrument SOLO, il n'est pas un seul instrumentiste distingué qui n'en ait écrit par milliers. Voici quelques exemples pris dans l'ouvrage de Garcia;

(1) Manuel Garcia dit dans le discours préliminaire de ses exercices ((qu'il est nécessaire de ne jamais porter la voix d'une note à une autre avec la syllabe par laquelle on commence, Exemple ......

comme dans la composition la mélodie est un objet de la plus grande importance; nous conseillons à l'élève, lors même qu'il n'a qu'une voix très faible, de travailler le chant; les exercices de Garcia, de Crescentini, les vocalises de Mʳ Bordogni sont des ouvrages que nous lui recommandons.

11.me Leçon,

DE LA MANIÈRE DE DIALOGUER LA MÉLODIE.

Lorsqu'on distribue un chant entre deux ou plusieurs parties différentes, on DIALOGUE la mélodie ; cela peut se faire de plusieurs manières. 1.º chaque partie exécute à son tour une période entière ; mais a-lors, il faut que les périodes soient courtes et rapides. 2.º on distribue les phrases d'une période entre plusieurs parties ; cette seconde manière de dialoguer a plus de chaleur et d'entraînement : 3.º on fait dia-loguer la mélodie en imitant dans une seconde partie tous les dessins de la première, mais il faut alors qu'en retranchant toutes les phrases qui imitent, il reste dans la première partie une mélodie régulière et suivie : 4.º une phrase commence dans une voix, et finit dans une autre ; cette quatrième manière ne peut s'employer que dans une musique dramatique, dans un duo, par exemple, et lorsque les paroles l'exigent.

Tous ces dialogues sont d'un grand intérêt dans un duo, un trio, un chœur, etc. mais il est im-portant qu'on ne module que par phrases, et que la partie qui imite reproduise exactement le rhythme qu'aura indiqué celle qui propose. Il faut encore, dans ce dialogue, observer les conditions suivantes : 1.º la seconde phrase peut être une répétition simple ou variée du motif qu'elle imite ; 2.º elle peut avoir un caractère différent, changer de rhythme, et n'imiter que par le nombre de mesures ; on peut employer ce moyen dans une musique dramatique, lorsqu'on veut rendre les sentiments opposés de deux personnages : cela peut se faire en changeant de mouvement, ou de rhythme, ou en allant du majeur au mineur, et VICE VERSÂ, du mineur au majeur : 3.º on peut varier la seconde phrase qui imite exactement la première, mais il faut toujours qu'on reconnaisse le chant ; il est essentiel aussi que la phrase ne module pas, afin qu'elle soit plus facile à attaquer ; ce n'est pourtant pas de rigueur.

(L'élève s'exercera longtemps dans tout ce que nous venons de dire, car c'est de la plus grande importance dans tous les genres de compositions musicales.)

12.me Leçon,

DE CE QU'ON DOIT COMPOSER DES MORCEAUX DANS TOUTES LES COUPES.

Maintenant que nous avons vu à peu près tout le parti qu'on pouvait tirer d'un dessin, d'une phra-se, ou d'une période, nous recommandons à l'élève de composer des morceaux dans toutes les coupes ; il pourra d'abord choisir des modèles dans les ouvrages des grands maîtres ; puis, il se livrera à son inspira-tion, et il s'exercera à créer des coupes nouvelles. Il nous semble qu'un moyen sûr de produire de l'ef-fet, et de ne pas trop ressembler à tout ce qu'on a fait jusqu'à présent, serait d'opposer des phrases tou-tes mélodiques, à d'autres phrases dont tout l'intérêt serait harmonique. C'est à ce moyen peut-être que Weber et Meyerbeer doivent leurs grands succès. (1)

(1) D'après ce que nous avons dit au NOTA de la page 265, un morceau de musique devrait toujours commencer par la dominante du ton ; car si en UT on frappe d'abord l'accord UT, MI, SOL, on décidera le ton de FA, puisque la note UT engendre le si♭, et ce n'est qu'en faisant entendre ensuite l'accord de SOL, SI ♮, RÉ, FA, que nous redescendrons réellement en UT.

MANIÈRE D'UNIR LA MÉLODIE ET L'HARMONIE.

La mélodie, comme l'harmonie, procède par intervalles consonnants et dissonnants; dans l'harmonie, on les fait entendre simultanément; dans la mélodie, ils marchent successivement.

Une mélodie faite d'inspiration indique toujours son harmonie, tandis que les compositeurs qui cherchent le chant par l'harmonie restent toujours de pauvres mélodistes, parceque l'harmonie indique rarement sa mélodie. En général, l'harmonie est unie à la mélodie dont elle dépend; car le chant naît de l'inspiration, et l'harmonie des combinaisons enseignées et approuvées par l'art. Voilà pourquoi quelques auteurs ont dit que la mélodie était plus vague que l'harmonie: il nous semble au contraire que la mélodie est plus positive, et l'harmonie plus vague: en effet, il est difficile de saisir, d'apprécier l'harmonie qui frappe nos organes auditifs d'une manière vague, indéterminée, tandis que la mélodie, qui s'adresse au cœur, a un sens positif pour notre sentiment; elle est plus facile à comprendre, parcequ'elle est toujours l'expression animée des sensations de l'âme ou des pensées de l'esprit. Ce qui le prouve mieux encore, c'est que l'oreille la moins exercée comprendra, retiendra, redira une mélodie bien faite, tandis qu'un musicien même ne pourra saisir une harmonie, si elle n'accompagne pas naturellement un chant facile à comprendre.

Reicha prétend que l'harmonie n'agit sur nous que physiquement, parcequ'elle exige un certain nombre de voix et d'instruments pour l'exécuter, et que cette masse de sons, mettant une grande quantité d'air en mouvement, nous cause les mêmes sensations, que le passage d'un appartement chaud, dans un endroit dont la température est plus froide. Il ajoute que la mélodie ne peut pas exercer sur nous la même influence physique, parcequ'elle ne peut-être exécutée que par une seule voix, ou un seul instrument. Cette opinion nous paraît fausse; car une suite d'accords, joués le plus piano possible, nous électrisent souvent; écoutez, si vous le pouvez, la prière de la muette de Portici sans vous sentir ému, transporté! n'est-ce-pas une preuve que l'harmonie peut aussi produire sur nous des effets moraux; c'est facile à prouver: que tous les musiciens de l'opéra jouent ensemble et le plus fort possible, chacun d'après son caprice, il en résultera un bruit, une cacophonie insupportables; qu'ils fassent entendre, après, le chœur final du second acte de la Vestale, celui de Guillaume Tell, la conspiration des Huguenots, ou bien le chœur de révolte de la Muette, et vous serez transportés d'enthousiasme. Ce n'est donc point par le bruit que la musique produit ses effets les plus grands, les plus sublimes, mais bien par la beauté de ses accords, et la force d'expression de sa mélodie imitative; et quelle que soit l'opinion de Reicha, on guérirait plutôt un malade par une musique dont l'expression, suivant son tempérament serait âpre ou suave gaie ou mélancolique, que par le bruit matériel qui résulte d'une certaine quantité d'air qu'on met en mouvement. D'où nous pouvons conclure que, lorsqu'une musique cause en nous des impressions plus ou moins vives, c'est plutôt par un effet moral, que par un effet physique.

La musique est vague par elle-même; mais elle devient, pour ainsi dire, un art positif, dès qu'on la présente avec ordre et symétrie, parcequ'alors elle est l'ouvrage de la pensée et non du hasard.

La musique me paraît plus noble que la peinture et la sculpture, puisqu'elle rend nos sentiments avec des accents animés, tandis que le peintre se sert de couleurs, et le sculpteur de matière inanimée.(I)

Sans le secours des paroles, la musique nous présente des images générales de la tristesse, de la joie, du bruit, du silence, de l'amour, de la colère; elle peint physiquement, lorsqu'elle imite le tonnerre la tempête, enfin tout bruit sensible à notre oreille; elle peint moralement, lorsqu'elle devient l'expression vivante de nos sensations.

En musique il existe trois genres de productions: 1º. celles où la mélodie est prédominante, et l'harmonie secondaire, (Romances, Duo, Airs d'opéra, airs de danse, solo d'instruments, etc.) 2º. celles où l'harmonie est prédominante, et la mélodie secondaire, (Chœurs, morceaux d'ensemble, fugues, etc.) 3º. celles où l'harmonie et la mélodie jouent un rôle de même importance, (Ouvertures, Symphonies, Quatuors, etc.) jusqu'à présent nous avons presque toujours parlé de l'harmonie et de la mélodie prises isolément, nous allons les réunir maintenant, afin d'enseigner à l'élève la manière d'accompagner la mélodie par l'harmonie.

1ère Leçon.

DE LA MANIÈRE DE MARIER LES CADENCES MÉLODIQUES
AVEC LES CADENCES HARMONIQUES.

Nous avons déjà dit dans la seconde partie (Page 85, SS. 96.) que la mélodie avait aussi ses cadences, il importe de savoir maintenant comment on peut unir les cadences mélodiques aux cadences harmoniques.

RÈGLE. LORSQUE LA MÉLODIE FAIT UNE CADENCE LÀ, OÙ LE SENS DE LA PHRASE OU DE LA PÉRIODE L'EXIGE, IL FAUT QUE L'HARMONIE Y FASSE AUSSI UN REPOS DE MÊME NATURE.

Si on n'observait pas cette règle, on détruirait infailliblement l'intérêt de la mélodie en contrariant ses repos par l'harmonie. Ainsi, là, où la mélodie fait une cadence parfaite, il serait mal que l'harmonie fît une cadence interrompue; il est donc bien important d'observer les rapports des cadences mélodiques avec les cadences de l'harmonie. Lorsque le sens de la phrase exige, par exemple, une cadence parfaite, il faut que l'harmonie et la mélodie fassent un repos complet: car si la mélodie, au lieu de s'arrêter sur la tonique, allait sur une autre note, la tierce par exemple, elle n'aurait pas de fin, lors même que l'harmonie ferait sa cadence parfaite d'une manière régulière, Ex:

on sent facilement dans cet exemple que la mélodie n'est pas terminée, et qu'elle exige une nouvelle phrase pour finir.

Il ne faut pas oublier que les cadences mélodiques doivent toujours être placées dans

(1) La musique est à la fois une science et un sentiment: le chant dérive surtout du sentiment, et l'harmonie plutôt de la science.

la partie la plus haute, et les cadences harmoniques dans la partie la plus grave. (1)

Quelques auteurs ont pensé aussi qu'il n'était pas de rigueur qu'une mélodie fît une caden-ce parfaite, lorsqu'elle était suivie d'une ritournelle; ils ont cru qu'il suffisait alors de faire la caden-ce parfaite dans la ritournelle. Ils se sont étrangement trompés, car il arrive alors que la mélodie n'a pas de fin, comme on pourrait s'en convaincre en faisant suivre l'exemple ci-dessus d'une ritour-nelle instrumentale.

La cadence interrompue est la seule qu'on puisse faire par l'harmonie ou la mélodie isolé-ment, parcequ'on l'obtient, dès qu'on évite, n'importe comment, la cadence parfaite dans la mélodie ou dans l'harmonie.

Ainsi, il ne faut jamais contrarier les cadences mélodiques par celles de l'harmonie, ni celles-ci par les cadences de la mélodie. Voilà pourquoi, lorsqu'on fait une cadence sur une pédale, il est es-sentiel que la pédale frappe la fondamentale de l'accord. Il serait donc impossible de frapper une de-mi-cadence sur la pédale de la tonique, comme aussi une cadence parfaite sur la pédale de la do-minante, parcequ'on ne peut faire un repos sur la pédale que lorsqu'elle est note réelle de l'accord;

Exemples,

REMARQUE. Il faut, lorsqu'on finit un morceau par une pédale sur la tonique, que l'har-monie et la mélodie aient déjà fait une cadence parfaite régulière; on peut alors sur cette pédale de la tonique faire des cadences par-faites par la mélodie seule, Ex.....

(L'élève composera des chants, et en les accompagnant par la basse, il aura soin de bien marier les cadences harmoniques avec celles de la mélodie.)

2me Leçon,

DE LA MANIÈRE D'ACCOMPAGNER LA MÉLODIE PAR UNE HARMONIE SIMPLE ET FACILE.

Pour accompagner une mélodie prédominante, il faut employer peu d'accords, et placer le

(1) Nous savons depuis longtemps que l'harmonie n'a que deux sons sur lesquels elle puisse faire la cadence parfaite et sa demi-cadence, et

la mélodie trois notes, pour la demi-cadence, Exemple....

plus souvent possible les accompagnements dans les instruments à cordes. On doit se servir aussi de **MEZZO FORTE**, de **RINFORZANDO**, des **FORTÉ PIANO**, des **PIANO**, et ne faire jouer les instruments à vent que très rarement, et presque jamais dans les sons aigus, parcequ'ils couvriraient le chant, et finiraient par l'étouffer; on réserve ces masses pour les ritournelles, les grands chœurs, et la **CODA** des airs.

Il est plus difficile qu'on ne pense d'accompagner ces sortes de mélodies, où tout l'intérêt est dans la partie vocale; le but principal est de laisser briller le chanteur, et l'harmonie n'est que secondaire. Rossini, Auber, Boïeldieu, Bellini, ont excellé dans ce genre; l'élève pourra consulter leurs ouvrages.

Il faut aussi que l'harmonie soit toujours en rapport avec la mélodie qu'elle accompagne. Ainsi, pour une mélodie simple, on choisira les accords primitifs; on fera entendre peu de dissonances et quelques modulations largement amenées: pour une mélodie triste, on se servira plus souvent des accords mineurs, diminués, et de quelques septièmes dérivées: pour une mélodie passionnée, on choisira des mouvements vifs, des traits qui peignent le désordre, l'énergie des passions, on emploiera tous les accords dissonnants, en les mêlant aux accords consonnants.

Il est important aussi de connaître le caractère des différentes gammes; ainsi, moins une gamme a de bémols à la clef, et moins elle est sombre, plus elle a de dièses, et plus elle devient brillante:

Exemple,	SOL♭, RÉ♭, LA♭, MI♭, SI♭, FA,	UT	SOL, RÉ, LA, MI, SI, FA♯,
	Gammes De moins en moins sombres.		Gammes De plus en plus brillantes.

REMARQUE. **SOL♭** et **FA♯** se font avec les mêmes notes sur le piano, mais dans les orchestres il y a une grande différence; **SOL♭** est triste, et **FA♯** brillant: cette remarque est nécessaire pour les **TRANSITIONS ENHARMONIQUES**.

Nous conseillons donc à l'élève d'accompagner le plus souvent ses phrases mélodiques par des sixtes, des tierces, placées sur une basse fort simple; nous l'engageons à faire un grand emploi des **DOUBLES NOTES** accidentelles; toutes ces modifications d'un accord par les notes étrangères à l'harmonie lui donnent plus de nouveauté, plus de charme, et le même accord ainsi modifié produit souvent l'effet à notre organe auditif d'un accord différent, chaque fois qu'on le frappe. Mais dans un mouvement lent, il faut se servir avec réserve des notes accidentelles, parcequ'elles peuvent y produire de la dureté, à cause de leur durée.

(L'élève créera des mélodies dans tous les genres; puis, il cherchera à les accompagner, en se conformant à toutes ces observations.)

5ᵐᵉ Leçon,
DE L'HARMONIE QU'ON DOIT PRÉFÉRER
EN ACCOMPAGNANT UNE MÉLODIE QUELCONQUE.

Nous venons de dire que dans un morceau purement mélodique, lorsqu'on accompagne un chant, il faut que la mélodie plane au-dessus de l'harmonie, et qu'elle fasse beaucoup de notes réelles ou passagères sur peu d'accords, excepté dans les ANDANTE, les ADAGIO, les LARGO, où la mélodie supporte un plus grand nombre d'accords, parceque l'oreille a le temps de les saisir: nous savons aussi que sous un chant donné on peut créer plusieurs accompagnements qui diffèrent non seulement par le rhythme, mais encore par les accords; on doit alors choisir ceux qui sont les plus naturels et qui permettent de faire entendre les mêmes gammes et les mêmes cadences par L'HARMONIE ET LA MÉLODIE. Rien n'est plus facile en effet que d'accompagner une mélodie (en UT, par exemple,) par des accords qui appartiennent à la gamme de LA mineur, ou de FA majeur, mais il ne faut employer ces moyens que dans un morceau qu'on peut développer largement, et dans lequel le motif principal se reproduit à chaque instant, parcequ'alors on est obligé de rendre ces répétitions intéressantes par la variété du rhythme, des accompagnements et de l'harmonie; il est sans doute permis d'employer quelquefois des modulations passagères, empruntées même à des tons éloignés, mais il faut les faire très courtes, et jamais aux cadences, ou bien l'on s'expose à nuire au charme et à l'intérêt de la mélodie la plus agréable. Ces modulations sont d'un heureux effet à la CODA d'un morceau, auquel elles donnent plus d'éclat et de chaleur.

Voici un exemple d'une harmonie en UT accompagnée en LA mineur

4me Leçon.

DE LA MANIÈRE D'ACCOMPAGNER UNE MÊME MÉLODIE PAR DIFFÉRENTS DESSINS D'ORCHESTRE.

On peut donner à une même mélodie des caractères différents, suivant les mouvements d'orchestre dont on l'accompagne; c'est un travail de la plus grande importance, et nous conseillons à l'élève de s'y exercer fréquemment: il prendra garde de ne pas détruire le charme de la mélodie par cette variété de mouvements; il en trouvera de beaux modèles dans Gluck, Méhul, Hérold, Auber, et Rossini.

RÉSUMÉ.

POUR QU'UNE MÉLODIE SOIT BONNE ET PRODUISE DE L'EFFET, IL FAUT:

1°. *Créer des dessins neufs, expressifs et chantants;*

2°. *Inventer des Rhythmes nouveaux, et les écrire avec symétrie;*

3°. *Disposer les idées avec clarté et précision;*

4°. *Éviter la monotonie, en variant les sons, les gammes, les diapasons et les Rhythmes;*

5°. *Conserver de la liaison entre les idées, pour ne pas détruire l'unité;*

6°. *Éviter les phrases et les périodes trop longues, et qu'on aurait de la peine à retenir;*

7°. *Employer des accompagnements qui se rapportent à la mélodie sans l'étouffer;*

8°. *Consulter le timbre de l'instrument ou de la voix qui doivent rendre cette mélodie;*

9.° *Que l'harmonie et la mélodie fassent entendre la même gamme, et les même cadences, et qu'elles aient le même caractère;*

10.° *Que les accords ne se succèdent pas trop rapidement, et que les accompagnements soient faciles à exécuter.*

REMARQUE. Comme les préceptes que nous venons de donner s'appliquent à tous les genres de musique, nous n'exposons pas ici des exemples qui seraient trop longs, et qu'on trouvera dans quelque partition qu'on veuille étudier. D'ailleurs, ces dernières règles appartiennent tout-à-fait à la rhétorique musicale, et c'est au goût, au jugement, à guider l'élève désormais. Nous allons donner maintenant le Diapason et l'étendue des instruments à vent; nous parlerons aussi des instruments de percussion. Nous diviserons les instruments à vent en deux classes. Dans la première classe, nous rangerons ceux qui sont en bois, comme les Flûtes, les Hautbois, les Clarinettes, et les Bassons: dans la seconde classe, nous comprendrons les instruments de cuivre, tels que: les Trompettes, les Cors, les Trombones, et les Ophicléides: nous parlerons ensuite des instruments dont on ne se sert que dans la musique militaire.

1.° DE LA FLUTE.

La flûte, qu'on appelle aussi grande flûte, est le plus doux de tous les instruments à vent; elle joue dans tous les tons, et sur la clef de SOL, seconde ligne. Comme tous les instruments à vent, elle ne peut pas faire de doubles notes; mais il n'est pas de musique, aussi difficile qu'elle soit, qu'un bon joueur de flûte ne puisse exécuter. C'est à la flûte que l'on donne les notes les plus hautes dans l'orchestre; elle joue plus facilement avec des DIÈSES qu'avec des bémols.

Soit que le mécanisme des clefs de la flûte soit mal combiné, soit qu'on veuille jouer dans tous les tons avec le même doigté, il est certain qu'il est presque impossible à cet instrument de jouer juste dans un orchestre. Pour nous, nous avons entendu un célèbre joueur de flûte dire à une répétition de l'Opéra qu'il était impossible à deux flûtes de jouer juste à l'unisson: d'après toutes ces remarques, nous conseillons à l'élève de ne jamais écrire le même chant pour deux flûtes jouant à l'unisson; il pourra les doubler à l'octave l'une de l'autre. Nous devons le prévenir aussi qu'à l'orchestre, lorsqu'on donne un SOLO à la flûte, on double ordinairement ce chant par le Hautbois, la Clarinette, le Basson, ou enfin par un des instruments à cordes, parceque les sons de la flûte ne sont pas assez puissants pour faire ressortir un motif saillant. Nous ne voulons pas parler ici des SOLO de flûte qui ne sont composés que pour faire briller l'instrument, comme dans l'opéra du ROSSIGNOL, mais bien de ces phrases chantantes qui servent à rendre une pensée dramatique. Voici qu'elle est l'étendue de la flûte; elle fait tous les tons et les demi-tons renfermés entre les notes extrêmes que nous écrivons ici:

Exemple,

2º *DU HAUTBOIS.*

Le Hautbois est très doux; il joue dans tous les tons, et sur la clef de sol seconde ligne; il ne faut pas lui donner des traits trop difficiles; un chant simple et gracieux, doux et mélancolique, lui convient surtout. Pour ne pas fatiguer celui qui joue de cet instrument, on évite de le faire chanter dans les forté. On double par un autre instrument les solo qu'on lui donne à l'orchestre, comme pour la flûte. Voici son étendue; il fait tous les tons et les demi-tons renfermés entre les notes extrêmes que nous écrivons ici, mais il faut le faire chanter le plus souvent dans son médium:

3º *DE LA CLARINETTE.*

La Clarinette est un instrument fréquemment employé dans les orchestres; elle joue dans tous les tons, et sur la clef de sol seconde ligne. Le timbre de cet instrument est sonore, et pourrait étouffer une mélodie suave; il faut donc alors le traiter en solo, ou bien l'écrire dans les notes du médium; on l'emploie souvent dans les forté. Il fait tous les tons et les demi-tons renfermés entre ses deux notes extrêmes. Il est remarquable par son timbre, qui varie suivant les notes qu'on lui donne. Voici son étendue:

On se sert dans les orchestres de trois Clarinettes différentes, qu'on appelle Clarinettes en ut, en si♭, et en la; celle dont nous venons de parler est la Clarinette en ut; elle exécute les notes telles qu'elles sont écrites; la Clarinette en si♭ rend une seconde majeure plus bas les notes écrites en clef de sol 2ᵈᵉ ligne. La Clarinette en la rend ces notes une tierce mineure plus bas; Exemple,

Avec la Clarinette en ut, il est presque impossible de jouer dans les tons qui ont plus de deux

bémols, ou deux dièses à la clef; on choisit alors une de ces trois clarinettes, selon le ton dans lequel on compose, et l'on tache, par ce choix, de n'avoir tout au plus que deux accidents à la clef. Ainsi, la Clarinette en si ♭ sert à diminuer le nombre des BÉMOLS, et la Clarinette en LA à diminuer le nombre des DIÈSES. Dans la musique militaire, on ne se sert ordinairement que de la clarinette en si ♭, et rarement de celle en LA.

4º DU BASSON.

Le Basson joue dans tous les tons; on l'écrit ordinairement sur la clef de FA quatrième ligne, et sur la clef d'UT quatrième ligne, quand il monte. On l'emploie très souvent; il sert de basse aux instruments à vent, ou bien il double la basse des instruments à cordes; dans les notes hautes, il double souvent les solo des Flûtes, Hautbois, ou Clarinettes; il fait tous les tons et demi-tons contenus entre ses deux notes extrêmes; voici son étendue:

des sons prolongés en accords, et exécutés PIANO, produisent toujours beaucoup d'effet sur cet instrument. Il n'est plus usité dans la musique militaire.

INSTRUMENTS A VENT DE 2ᵐᵉ CLASSE.

1ᵉ DE LA TROMPETTE.

Les parties de Trompettes s'écrivent toujours en UT sur la clef de SOL, seconde ligne, dans quelque ton que soit un morceau, on indique en tête le ton dans lequel on doit jouer, sans écrire à la clef ni dièses, ni bémols. l'on doit éviter les notes piquées en doubles et triples crochets.

L'étendue de la Trompette dépend des différents tons dans lesquels on l'écrit. Plus les tons sont bas, plus on peut la faire monter, plus ils sont hauts, et plus on peut la faire descendre.

Les Trompettes ne s'emploient ordinairement qu'en UT, RÉ, MI ♭, et quelquefois MI ♮. Les autres tons de LA ♮ bas, SI ♭ bas, FA, SOL, LA ♭ 8ᵛᵉ et SI ♭ 8ᵛᵉ sont moins usités, surtout dans l'orchestre; voici le tableau de tous ces tons avec leur étendue et leur diapason. Nous indiquerons par une noire la note qui est rendue par chaque ton; Exemple,

Le fa ♮ qu'on trouve presque dans tous les tons, se fait en bouchant le pavillon avec la main; il est sourd et difficile. Il ne faut pas faire commencer la Trompette par une note trop haute, par ce que l'exécutant ne peut attaquer franchement les notes élevées que lorsqu'elles sont précédées de quelques notes du médium.

Les tons de LA♭ haut, et de SI♭ haut sont trop durs pour être employés à l'orchestre; on ne s'en sert que dans les fanfares. (2) À l'orchestre, on les remplace par les tons de LA♭ bas, et SI♭ bas. On doit éviter d'écrire des SOLO avec les tons de MI♮, FA, SOL, LA♭ 8ᵛᵉ, et SI♭ 8ᵛᵉ.

Dans les masses d'orchestre, les Trompettes doublent ordinairement les Cors une octave plus haut.

On peut se servir quelquefois, dans les SOLO de Trompettes, des notes qui ne sortent qu'en bouchant le pavillon avec la main; mais il faut le faire avec modération, et surtout dans l'orchestre; voici le tableau des notes qu'on peut faire en bouchant le pavillon; Exemple,

(1) On ne dit pas MI dièse, ni MI grand dièse, mais simplement MI, ou bien encore MI bécarre, ou MI naturel, pour distinguer ce ton de celui de MI♭; mais il vaut mieux dire MI pour le ton de MI♮, comme on dit SI pour celui de SI♮.

(2) On ne fait ordinairement les fanfares qu'avec les trompettes et les timbales; les accords dont on se sert sont ceux de tonique et de dominante.

Les notes noires sont celles qu'on appelle NOTES BOUCHÉES; les blanches se jouent en sons ouverts, et sont par conséquent plus sonores, et plus faciles à faire.

DU COR.

Comme les Trompettes, les Cors s'écrivent toujours en UT, et sur la clef de SOL seconde ligne; on indique à la tête du morceau le ton dans lequel on doit jouer, sans écrire aucun accident à la clef.

Il y a deux sortes de Cors: le COR-ALTO, ou 1ᵉʳ Cor; et le COR-BASSE, ou 2ᵈ Cor; le 1ᵉʳ Cor ne descend que jusqu'à l'UT 🎵, et le second Cor ne monte que jusqu'au MI 🎵, mais dans les tons graves, les Cors jouent dans les 12 tons suivants: UT et SI ♮ AIGUS, LA ♮, LA ♭, SOL, FA, MI ♮, MI ♭, RÉ, UT, SI ♮ et SI ♭ graves.

Nous allons présenter le tableau de tous ces tons avec leur diapason et leur étendue dans l'orchestre; nous écrirons à côté des notes marquées en UT par des blanches celles qu'elles rendent réellement: Exemple,

TONS AIGUS.
UT aigu (peu usité) éclatant.
SI ♭ bruyant.
(SI ♭ ALTO.)
LA ♮ (Cor Vil.)
LA ♭ (Peu usité) Vil.

TONS INTERMÉDIAIRES.
SOL. Moins éclatant.
FA. Moins bruyant.
MI ♮. Doux et bruyant.
MI ♭. Doux et sonore.

TONS GRAVES.
RÉ. Majestueux.
UT. Grave, religieux.
SI ♮ (peu usité) Grave, sévère.
SI ♭. Grave, plus sévère.

Ce ton est fréquent dans la musique militaire.

Les notes qui ne portent aucun signe se font à pavillon ouvert; Exemple,

Les fractions ¼, ½, ¾, désignent le plus ou le moins de fermeture du pavillon. Moins le pavillon est fermé, et plus les notes sortent sonores.

L'unité (1) indique une note factice, qui ne peut être juste qu'en fermant le pavillon tout-à-fait.

(1) On peut écrire aussi pour les Cors en SOL ♭ et en RÉ ♭; lorsque les artistes n'ont pas ces tons, ils trouvent le moyen de les composer avec d'autres tons.

Dans l'orchestre on n'emploie que les notes ouvertes; dans un **SOLO**, le Cor peut faire toutes les notes suivantes; Ex:

Dans un **SOLO**.

Toutes les notes sous lesquelles nous avons écrit un zéro sont ouvertes, et se font sans le secours de la main dans le pavillon: toutes celles que nous avons marquées d'une croix sont bouchées, et par conséquent moins sonores et plus difficiles à attaquer. Souvent les notes dissonnantes se résolvent en sautant.

Plus les tons sont aigus, moins il faut les écrire haut: plus il sont graves, moins on doit les écrire bas: lorsqu'on fait changer le ton des cors, des trompettes, et des clarinettes, dans le courant d'un morceau, il faut qu'elles se taisent pendant quelques mesures, afin de laisser le temps aux instrumentistes de faire ce changement. Les notes bouchées dans le Cor doivent s'appuyer sur les notes ouvertes.

Lorsqu'on emploie deux cors on peut les écrire dans le même ton, ou dans deux tons différents, suivant les modulations qu'on introduit dans la musique qu'on compose. On se sert souvent aujourd'hui de 4 cors; alors, deux cors sont dans un ton, et deux dans un autre.

DU TROMBONE.

Les trombones jouent dans tous les tons sans transposer. On doit les écrire comme les basses, les altos, en mettant les accidents à la clef. Ils servent à donner plus d'éclat et de force aux grandes masses; les anciens ne les employaient que pour rendre une situation lugubre et terrible.(1)

Il y a trois espèces de trombones; le **TROMBONE BASSE**, le **TROMBONE TAILLE**, et le **TROMBONE ALTO**. Ils peuvent faire tous les tons et les demi-tons renfermés entre les deux notes extrêmes que nous indiquons; il faut leur donner une harmonie toujours pure et complète, et les faire chanter dans leur médium avec des notes tenues ou coupées. On les écrit sur une ou deux portées, en clef de ténor ou de basse:

Ex:

Trombone basse, inusité en France, et remplacé par un Trombone ténor. / Buccin, ou Trombone taille, ou Ténor. / (Rare dans la musique militaire.) Trombone Alto.

DE L'OPHICLÉIDE.

Il y a deux ophicléides; l'ophicléide basse et l'ophicléide alto. Cet instrument double ordinairement le trombone; il fait tous les tons et demi-tons renfermés entre les deux notes extrêmes que nous donnons; voici son étendue;

Ophicléide Basse. / Ophicléide Alto.

(L'ophicléide alto ne s'emploie que dans la musique militaire. Il faut rester dans le médium.)

TIMBALES.

Les timbales n'ont que deux sons: la **TONIQUE** et la **DOMINANTE**; elles peuvent se transposer dans tous les tons: on les écrit toujours sur la clef de **FA**, et dans le ton d'ut; mais on indique au commencement le ton dans lequel elles doivent jouer; quelquefois aussi on leur donne la tonique et la dominante du ton dans lequel on écrit, en indiquant ce ton, et les dièses, ou bémols à la clef.

(1) On fait maintenant en France des Trombones à pistons; ils sont plus faciles à jouer, et plus justes.

Les deux notes des timbales doivent être employées comme **NOTES RÉELLES**, ou comme **PÉDALE** de l'harmonie; elles jouent **PIANO** et **FORTE**. Leur roulement s'indique par un *tr~~~*, ou par le mot italien, **TRÉMOLO**. Quelquefois on l'indique de la manière suivante; Ex:

Lorsqu'on les fait changer de ton dans le courant d'un morceau, il faut les faire taire pendant quelques mesures.

DU COR ANGLAIS.

On se sert quelquefois dans l'orchestre du **COR ANGLAIS**. Cet instrument remplace ordinairement le hautbois ou la clarinette; un duo de cor anglais dans un style religieux, ou mélancolique est toujours d'un bel effet, par la différence de son timbre, qui produit un contraste heureux avec tous les autres instruments de l'orchestre. Cet instrument est joué ordinairement par ceux qui jouent du hautbois; il faut le traiter en **SOLO**, parcequ'il ne serait pas entendu dans les **FORTÉ** d'orchestre. Il fait tous les tons et les demi tons renfermés entre ses deux notes extrêmes, et joue une quinte plus bas les notes écrites; tout ce qui a été dit pour le Hautbois est applicable au Cor anglais dont le doigté est à peu près le même. Il faut se servir rarement des notes basses, et choisir des chants faciles; Exemple:

ainsi, dans le N.° 1, le cor anglais, en jouant ces notes en **SOL**. Ex: [musical notation], rend les notes suivantes en **UT**, Ex: [musical notation] etc. On fera bien de l'écrire toujours une quinte plus haut que son diapason réel.

(Le Hautbois, le Cor anglais, et le Basson, appartiennent à la même famille.)

DE LA PETITE FLUTE
A L'OCTAVE, (OU OCTAVIN.)

On se sert très souvent dans les orchestres de la petite flûte à l'octave; elle peut jouer dans les **FORTÉ** comme dans les **PIANO**. Elle rend toujours une octave plus haut les notes écrites. Rarement on emploie en même temps deux grandes flûtes, et une petite flûte. Comme la grande flûte, la petite flûte joue dans tous les tons, s'écrit sur la clef de **SOL**, seconde ligne, et peut faire tous les tons, et les demi-tons renfermés entre ses deux notes extrêmes: voici son étendue;

Dans les forté d'orchestre.

(1) L'étendue des timbales est comprise entre ces deux **FA** [musical notation] à est bien d'écrire la tonique la première.

DE LA HARPE.

On se sert aussi très souvent de la harpe dans les orchestres; elle joue presque toujours en ar_pèges; on ne l'emploie qu'en SOLO. À l'Opéra, il y a très souvent 4 ou 8 harpes; la musique de PIANO convient ordinairement à la harpe. Elle joue dans tous les tons, et s'écrit sur deux portées, la premi_ère en clef de SOL seconde ligne, la seconde en clef de FA, quatrième ligne, comme le PIANO. Elle est en MI ♭; il ne faut jamais écrire en même temps une note naturelle, et la même note diésée ou bémolisée, ce qui serait inexécutable. Elle fait tous les tons et les demi-tons renfermés entre ses deux notes extrêmes; voici son étendue:

(1)

DE LA TROMPETTE À PISTONS,

(ou Cornet à Pistons.)

On emploie aussi la trompette à pistons dans les orchestres; on l'écrit et on la joue comme la trompette ordinaire; mais elle est plus douce, et plus facile que cette dernière.

Voici toutes les notes qu'elle peut faire:

(2)

Il ne faut pas oublier que dans les tons hauts, il ne faut pas la faire monter, et qu'on ne doit pas la faire descendre lorsqu'on l'écrit dans les tons bas.

DE LA MUSIQUE MILITAIRE.

Voici les instruments dont on se sert dans la musique militaire en france: Deux PETITES FLÛTES EN MI ♭, ET EN FA; deux PETITES CLARINETTES EN MI ♭, ET EN FA; le SERPENT; les TROMBONES; les TROM_PETTES ordinaires; les TROMPETTES À PISTONS et les TROMPETTES À CLEFS; les CORS ordinaires, et les CORS À PISTONS; les 3 GRANDES CLARINETTES, dont nous avons déjà parlé; le BASSON; L'OPHICLEÏDE; puis le TAMBOUR; la GROSSE CAISSE; les CYMBALES; le TRIANGLE; le PAVILLON CHINOIS, et la CAISSE ROULANTE.

(1) En général, on ne peut faire que huit notes à la fois sur la harpe, parcequ'on ne se sert pas des deux petits doigts. Il ne faut écrire aussi le chromatique et les modulations que dans un mouvement lent, parceque la harpe est accordée diatoniquement, et qu'on ne peut moduler qu'au moyen des pédales.

(2) Il existe des Trompettes à deux, et à trois pistons; celles à trois pistons font tous les tons et les demi-tons renfermés entre l'UT le plus grave et le SOL le plus aigu; nous devons prévenir aussi que la Trompette à Pistons rend les notes telles qu'elles sont écrites ici. En France, on les écrit une octave plus haut qu'elles ne sont rendues par cet instrument. Dans les tons aigus, on peut faire ce qui suit, Exemple ....

DE LA PETITE FLÛTE EN MI ♭.

La petite flûte en MI ♭ est d'un demi-ton plus haut que
la petite flûte à l'octave; le ton le plus facile et le plus sonore est
celui de RÉ, lorsque le morceau est en MI ♭; voici son étendue. Exemple,

DE LA PETITE FLÛTE EN FA.

La petite flûte en FA est une tierce mineure plus haut que
la petite flûte à l'octave; elle joue en RÉ quand le morceau est en
FA: voici son étendue; Exemple,..............................

REMARQUE CRITIQUE. Il nous semble qu'on a tort d'appeler ces Flûtes en MI ♭ et en FA; mais avant, il existe un autre abus à
combattre pour la Flûte ordinaire qu'on joue dans les orchestres, et dont nous avons parlé à la page 275; on l'appelle Flûte en RÉ, parceque sa première note c'est un RÉ; il nous semble au contraire que la Flûte est en UT, puisqu'un UT représente un UT, un RÉ un RÉ, un
MI un MI, etc, tandis que si la Flûte était réellement en RÉ, l'UT représenterait un RÉ, le RÉ un MI, etc, enfin, elle transposerait d'un ton
plus haut les notes écrites sur la clef de SOL seconde ligne; il faudrait donc l'appeler Flûte en UT, (1) parcequ'un UT représente un UT, un
RÉ un RÉ, etc. Il en est de même pour les petites Flûtes en FA et en MI ♭, les seules qu'on emploie dans la musique militaire. On devrait
appeler celle en FA petite flûte en MI ♭, parcequ'elle rend les notes une tierce mineure plus haut qu'elles ne sont écrites, et qu'alors un UT devient un MI ♭, un RÉ un FA, etc, par la même raison, celle en MI ♭ devrait s'appeler petite flûte en RÉ ♭, parcequ'au lieu de partir de la
note RÉ, qui est la première note de la Flûte, on devrait au contraire partir de la note UT, qui est le type naturel de tous les tons; et comme un UT devient un RÉ ♭, le RÉ un MI ♭, etc, on doit par conséquent l'appeler petite Flûte en RÉ ♭. En effet, n'est-il pas plus simple, lorsque la Flûte joue en RÉ ♭ les notes écrites en UT, de l'appeler petite Flûte en RÉ ♭, (au lieu de petite Flûte en FA,), puisqu'on le
fait pour les Trompettes, les Cors et les Clarinettes.

Toutes les Flûtes dont se servent les Allemands peuvent aussi être remplacées par la Flûte ordinaire, ou les deux petites Flûtes dont
nous venons de parler; on ne les a inventées que pour ne pas avoir la peine de jouer dans tous les tons avec le même instrument.

Voici maintenant comment on écrit les instruments bruyants dont le son n'entre point dans les
combinaisons harmoniques, et qui ne sont employés que pour augmenter les masses, marquer la mesure,
ou bien pour produire quelques effets particuliers. Ces instruments sont: la GROSSE CAISSE; la CAISSE ROU-
LANTE; le TRIANGLE; le PAVILLON CHINOIS; le TAMBOUR; les CYMBALES; et quelquefois la CLOCHE et le TAM-TAM.

---

(1) D'ailleurs, il vaut mieux l'appeler simplement Flûte. On ne dit pas Violon en Sol, Alto en Ut; je ne comprends pas, lorsqu'il n'y a
qu'une seule grande Flûte, pourquoi on l'appelerait Flûte en RÉ, ou en UT.

DU COR À PISTONS.

Le cor à pistons joue comme le cor ordinaire; il peut descendre jusqu'au SOL qui se trouve une

quarte au-dessous du dernier UT; Exemple, [notation] de plus, au moyen des pistons, il fait tous les

tons et les demi-tons renfermés entre ce SOL grave et l'UT le plus haut; Exemple, [notation] Par une

découverte toute nouvelle, le COR à pistons conserve les mêmes sons que le cor ordinaire, et les sons bou-

chés sortent avec plus de justesse et de facilité; on s'en sert en France. Toutes les notes sortent avec

plénitude.

DE LA TROMPETTE À CLEFS,
OU BUGLE.

On remplace peu à peu le bugle à clefs par la trompette à pistons; cette dernière est beaucoup plus sonore;

elle a les mêmes avantages; le bugle se joue comme la trompette ordinaire, voici son étendue pour le bugle en

UT: les autres bugles sont ceux en SI♭, (très usité); en MI♭, haut et bas; en RÉ, haut; et LA♭.

[notation]

le BUGLE rend ces notes telles que nous les avons écrites: on ne se sert de cet instrument que

dans la musique militaire, et à peu près comme des trois espèces de Clarinettes.

(Chaque bugle est un instrument différent; il ne faut pas en changer souvent.)

DE LA CLARINETTE BASSE. (En SI♭.)

La CLARINETTE BASSE est à peu près une fois plus grosse que la clarinette ordinaire; el- Elle joue une octave plus bas que la clari-nette ordinaire en Si♭.

le s'écrit et se joue de la même manière; elle descend jusqu'au RÉ et même jusqu'à l'UT; Exemple, [notation]

DE LA VIOLE D'AMOUR.

La VIOLE D'AMOUR est un ALTO d'une plus grande dimension; elle a sept cordes accordées comme il suit; la plus gra-

ve est LA: elle s'écrit et se joue de la même manière que l'ALTO ordinaire, mais les sons qu'elle rend sont tristes, mé-

lancoliques, amoureux. Meyerbeer s'est servi de cet instrument dans les HUGUENOTS. [notation] Cordes à vides. Étendue.

DU CONTRE-BASSON.

Le CONTRE-BASSON est au basson, ce que la CONTRE-BASSE est au VIOLONCELLE; cet instrument se joue et s'é-

crit comme le basson ordinaire; voici son étendue:

il rend les notes suivantes une octave plus bas; Exemple, [notation] Difficile.

DE LA PETITE CLARINETTE EN MI♭.

La petite clarinette en MI♭ est une tierce mineure plus haut que la clarinette en ut; elle s'écrit et se joue de la même manière; voici son étendue; Exemple..................

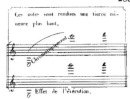

Ces notes sont rendues une tierce mineure plus haut.

Effet de l'exécution.

DE LA PETITE CLARINETTE EN FA.

La petite clarinette en FA est une quarte plus haut que la clarinette en UT; voici son étendue; Exemple.......

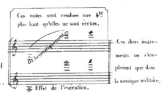

Ces notes sont rendues une 4te plus haut qu'elles ne sont écrites.

Ces deux instruments ne s'emploient que dans la musique militaire.

Effet de l'exécution.

Tout ce que nous avons dit pour les grandes clarinettes est applicable ici.

DE LA FLÛTE TIERCE.

On se sert dans la musique militaire de la FLÛTE TIERCE, qui rend une tierce mineure plus haut les notes écrites pour la flûte ordinaire. Ses tons les plus usités sont ceux d'UT, FA, SI♭, MI♭, LA♭, RÉ♭, maj., et LA, SOL, UT, FA, SI♭, mineurs, on n'emploie ordinairement qu'une seule FLÛTE TIERCE, et quelquefois même on s'en passe: voici son étendue.......

Notes écrites.

Exécution.

DU FLÛTET. (1)

Le FLÛTET est à l'octave de la petite flûte, il s'écrit sur la clef de SOL, seconde ligne; ses tons les plus favorables sont ceux de RÉ majeur, LA majeur et mineur, SOL majeur, UT majeur, MI mineur et majeur; il n'est usité que dans la musique militaire: voici son étendue, Exemple.........

Notes telles qu'elles sont écrites.

Flûtet.

Pet. Flûte.

Effet de l'exécution.

DU FLAGEOLET.

Les sons du flageolet sont à l'unisson de ceux de la petite flûte; il faut éviter de l'écrire dans les tons qui ont beaucoup de dièses ou de bemols; voici son étendue,.....

Nouveaux Flageolets.

On se sert pour la musique de danse d'un flageolet en LA, qui rend les notes une quinte juste plus haut qu'elles ne sont écrites; voici son étendue,.............

Notes telles qu'elle sont écrites.

Effet de l'exécution.

il peut parcourir cet intervalle chromatiquement.

(1) On se servait autrefois du FIFRE; cet instrument n'a pas de clefs, et joue une 2de majeure plus haut que la petite Flûte.

DU. COR DE BASSETTE,

(OU CLARINETTE SOURDINE).

On l'appelle ordinairement COR DE BASSETTE EN FA, parcequ'il est d'une quinte plus bas que la clarinette en UT; on l'écrit sur la clef de SOL, seconde ligne. Il joue la musique écrite pour la clarinette; le son qu'il rend est suave, plein, et convient aux sentiments de tendresse; voici son étendue,

En général, on doit faire chanter cet instrument dans le médium; il ne faut employer les sons hauts et les sons graves qu'avec précaution, et dans des passages d'un mouvement lent; enfin tout ce qui peut s'exécuter sur la clarinette convient au cor de bassette. On s'en sert très rarement dans l'orchestre, et toujours en SOLO. Mozart l'a employé dans son fameux RÉQUIEM. On écrit quelquefois une octave plus haut les passages bas notés sur la clef de SOL, seconde ligne, et on l'indique par le mot CHALUMEAU, comme pour la clarinette.

Les notes de la portée supérieure représentent celles de la portée inférieure,

Ses tons les plus favorables sont MI♭, SI♭, FA, UT, et SOL, majeurs; malgré cela cet instrument peut s'écrire dans les tons les plus difficiles, ses sons inférieurs ressemblent à ceux du cor; il peut être joué par ceux qui jouent de la clarinette.

DU COR DE CHASSE, ou Trompe.

Il s'écrit, comme le cor, sur la clef de SOL, seconde ligne; il n'a que les

notes suivantes :....................................

En france, dans les chasses royales, les cors de chasse sont ordinairement en RÉ, les autres tons les plus ordinaires sont UT, RÉ, et MI♭. Le cor de chasse n'a pas de corps de rechange; pour chaque tons différent, il faut un nouvel instrument.

DU COR DE SIGNAL.

Il ressemble à la trompette, et ne joue ordinairement que dans les tons de mi♭, et si♭; il est à l'unisson de la trompette en mi♭; on s'en sert en Allemagne; voici son étendue, et les notes qu'il peut faire;

Exemple:

DU TAMBOUR DE BASQUE.

Le tambour de basque s'indique ordinairement sur la clef de sol par la note ut; lorsqu'on doit frôler avec le doigt, on écrit au-dessus (Glissez avec le doigt.)

Exemple:

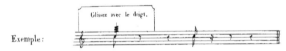

DES CASTAGNETTES.

Les castagnettes n'ont pas de ton déterminé; elles accompagnent ordinairement le Boléro espagnol; on les écrit de la manière suivante, en désignant les notes sur lesquelles on doit exécuter une espèce de TRILLE par les lettres tr:

Exemple:

DU CARILLON.

Le carillon est un instrument dont on se sert dans la musique de danse; il est formé par de petites cloches qui s'échelonnent par degrés successifs, diatoniquement et chromatiquement; il y a des carillons de 2, 3, et 4 octaves, et de plusieurs espèces.

Nous ne parlons pas d'une foule d'instruments inusités, tels que: la Harpe déole, le Luth, le Théorbe, la Mandore, le Psaltérion, le Tympanon, la Vielle, l'Harmonica, la Cornemuse, le Chalumeau, etc. nous allons pourtant donner l'étendue du Contre-trombonne, dont on se sert en Allemagne.

DU CONTRE-TROMBONE.

Ce que nous avons dit du contre-basson par rapport au basson, nous le dirons du contre-trombone par rapport au trombone basse, voici son étendue;

Il est inusité en France.

DE L'ORGUE.

L'orgue se joue et s'écrit comme le piano sur deux portées, la 1re en clef de **sol**, (seconde ligne) et l'autre en clef de **fa**, (quatrième ligne.). Voici son étendue: (1)

TABLEAU DU DIAPASON DES INSTRUMENTS A VENT

COMPARÉS AU VIOLON.

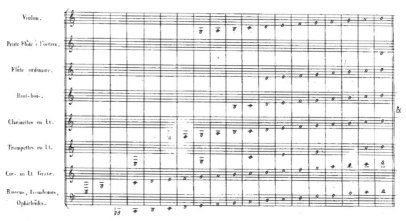

Toutes les notes enfermées dans une même colonne sont à l'unisson.

DE L'INSTRUMENTATION.

Il ne faut pas confondre l'INSTRUMENTATION avec ce qu'on appelle ORCHESTRER; pour savoir instrumenter, il suffit de connaître l'étendue et le diapason de chaque instrument, ce qu'on peut acquérir facilement en en faisant soi-même un tableau général, et en consultant les méthodes de ces instruments; d'ailleurs, les ren_ seignements que nous venons de donner doivent suffire: mais pour savoir orchestrer ce n'est point assez de connaître l'étendue ou le doigté de chaque instrument, il faut savoir tirer parti de ses idées, pouvoir les é_ crire avec clarté, et les accompagner d'une harmonie riche, correcte et naturelle; là, le talent de l'ins_ trumentiste n'est plus rien; pour être compositeur, il faut savoir OBSERVER; on doit avoir étudié ce qui peut flatter, émouvoir les passions des hommes, et bien connaître aussi le timbre et le caractère de chaque instrument: placez en effet, dans une même ouverture, des SOLO bien doigtés pour cha_ que instrument; ou bien créez des chants sublimes, et quelquefois difficiles à jouer, et vous ver_ rez lequel des deux morceaux le public accueillera le mieux? D'ailleurs, il n'est pas de difficultés que les instrumentistes ne puissent surmonter aujourd'hui.

(1) Les Pianos ont depuis cinq octaves jusqu'à six, et demi et même sept octaves; chaque main peut faire cinq notes à la fois dans l'é- tendue d'une octave, et plus rarement d'une dixième. On y joue dans tous les tons.

DE LA MANIÈRE D'UNIR LES INSTRUMENTS A VENT,

LES INSTRUMENTS A CORDES, ET LES VOIX,

ou, de ce qu'on appelle

ORCHESTRER.

Mon intention est ici de combattre par l'évidence quelques écrivains modernes, qui ont voulu critiquer notre maître Reicha, en disant que le seul et vrai compositeur est celui qui connaît à fond toutes les ressources d'un instrument: d'après cela, savoir développer un chant, l'accompagner avec art, sont des choses nulles en composition! mais peut-on être assez insensé pour croire que WEBER, en écrivant son FREYSCHÜTZ, a puisé ses idées plutôt dans ses instruments que dans son âme? pourriez-vous supposer qu'au milieu de ses inspirations, il venait essayer l'embouchure d'un cor, d'une trompette, d'un trombone, ou l'anche de la clarinette, pour trouver ses mélodies nasillardes, terribles, infernales? Mais alors, à quoi sert un traité d'instrumentation sans le secours de la composition? et d'où vient qu'une foule de musiciens, qui connaissent tous les instruments, ne peuvent pas produire une seule œuvre remarquable! est-ce avec le solfège, et les méthodes d'instruments qu'on compose, ou bien avec son âme? et ce qui règle, rectifie ces inspirations, est-ce la connaissance des instruments, ou bien la composition?

Pour savoir ORCHESTRER, il suffit de connaître l'harmonie, les contre-points, la fugue et surtout de savoir composer les doubles chœurs, ce qui est la double harmonie; nous avons donné à la fin de la seconde partie la manière de traiter ces doubles chœurs, et l'on peut s'en servir pour orchestrer. Dans une partition quelconque, l'harmonie réelle est ordinairement à 3 ou 4 parties, et rarement à 2 ou à 5, 6, 7 et 8 parties réelles; les instruments à cordes sont doublés ordinairement par les instruments à vent; ceux-ci font les notes simples, tandis que les instruments à cordes les brodent par les notes accidentelles.

Quelquefois les instruments à vent font des tenues et de petits traits étrangers à l'harmonie; mais alors le nombre des parties augmente accidentellement, et un bon harmoniste saura toujours écrire purement son harmonie, qu'elle soit plus ou moins nombreuse.

Lorsqu'on accompagne les voix chantant en chœurs par les instruments, on peut les doubler à l'unisson, ou à l'octave, en les brodant par les instruments; ou bien, on les accompagne par des dessins d'orchestres qui expriment ce qui se passe sur la scène: exemple,

(MORCEAU D'ENSEMBLE.)

FRAGMENT DE L'ABENCERAGE.

Opéra en deux actes, représenté le 15 Avril 1857 à l'hôtel de Monsieur le Comte Jules de CASTELLANE.

8a
Fautes de 5tes faites à dessein.
loco.
8a
moi l'a_na_thè_me tom_be, l'a_na_thè_me tom_be, mais lui sau_vez le de leurs coups.
_la qu'au de_là de la tom_be, l'a_mour dans le ciel est à nous.
l'arra_cher.... à leurs coups, à leurs coups.
is il suc_com_be, je l'a_ban_don_ne à leur cour_roux.
a_na_thè_me! a_na_thè_me! qu'il tom_be sous nos coups!
_tié! non, pi_tié! oh! pi_tié! oh! pi_tié!
_tié! non, pi_tié! oh! pi_tié! oh! pi_tié!
a_na_thè_me! a_na_thè_me! qu'il tom_be sous nos coups!
a_na_thè_me! a_na_thè_me! qu'il tom_be sous nos coups!

Les personnes qui ne connaissent pas les moyens qu'on emploie pour faire chanter tant d'instruments différents à la fois, s'imaginent que c'est une chose prodigieuse, inaccessible, et pourtant rien n'est plus simple. Ainsi que nous venons de le dire, on réalise son harmonie à deux, trois ou quatre parties par les instruments à cordes, aux quels on ajoute une partie vocale, ce qu'on peut écrire sur cinq portées seulement; on ajoute ensuite à cette première masse celle des instruments à vent, et l'on double, l'on triple ou l'on quadruple l'harmonie comme nous l'avons déjà fait à la fin de la seconde partie, page 113; voici les manières les plus usitées de faire ces combinaisons.

1. On crée son harmonie à 3 ou 4 parties qu'on place dans les instruments à cordes; puis, l'on double à l'unisson les violons par les flûtes, ou les hautbois, les altos par les clarinettes, et les violoncelles par les bassons.

2° On crée son harmonie pour les instruments à vent, et on les double de la même manière par les instruments à cordes.

3° On double à l'octave l'une des deux masses par l'autre, en ayant soin d'éviter les fautes de quintes, et les quartes non préparées et non résolues à la basse; on peut se servir du contre-point renversable.

4° Lorsque les instruments à cordes font beaucoup de notes, les instruments à vent les doublent en les simplifiant.

5° Les instruments à cordes doublent les instruments à vent en les brodant de plusieurs manières.

6° On double souvent les instruments à vent par les instruments à cordes, en donnant à ceux-ci plus de mouvement; ainsi, au lieu d'une blanche, ils font la même note en la répétant plusieurs fois par des croches, des triolets, des TRÉMOLO, des syncopes, sans jamais la changer.

7° On crée un chœur, puis l'on double le 1.er soprano par les 1.ers violons; le 2.d soprano par les 2.des violons; le ténor par les altos, et les basses par les violoncelles et les contre-basses.

8° On combine cette nouvelle proposition avec les six précédentes.

9° On ajoute ensuite à toutes ces masses celle des trompettes, trombones, ophicléides et timbales, en plaquant les accords. Ces derniers instruments servent à donner plus d'énergie aux masses, et à augmenter leur effet.

10° On crée un chant, un duo, un trio, un quatuor, et l'on suit les mêmes principes pour l'accompagner à grand orchestre.

Depuis longtemps, j'entends déclamer contre ce déploiement d'instruments, et pourtant nos plus célèbres compositeurs modernes puisent souvent leurs plus grands effets dans ces masses réunies, et le public accourt en foule applaudir à leurs ouvrages; l'on frémit de terreur, ou d'enthousiasme en entendant le beau final de Moïse, ou le chœur qui suit la bénédiction des drapeaux, dans le siège de Corynthe; les OPÉRA de Meyerbeer excitent partout l'exaltation et l'on s'endort aux OPÉRA de nos anciens compositeurs; qu'on accuse la bizarrerie de qui l'on voudra, la chose existe. Voici pourtant ce que nous pouvons conseiller à l'élève; il faut: 1° ménager les instruments à vent, surtout ceux de cuivre; 2° n'accompagner que par quelques instruments un chœur qui produit assez d'effet par lui-même; 3º. créer des accompagnements simples sous une mélodie prédominante. 4º. Réserver les grandes masses pour les **FINALES**; 5º. opposer souvent les *p* aux *f*, et les *f* aux *p*; 6º. se servir alternativement des instruments à cordes, des instruments à vent; quelquefois des instruments de cuivre seuls, des voix seules, ou réunies tour-à-tour à l'une de ces masses, ou à toutes en même-temps.

Ainsi, le génie, l'observation, la pratique, peuvent seuls nous apprendre à bien orchestrer; tout ce que nous pourrions ajouter à ce que nous venons de dire serait inutile, et de peu d'intérêt.

DE LA PARTITION.

La **PARTITION** est un tableau musical où le compositeur réunit tous les instruments qui accompagnent une mélodie, où un chœur, afin de bien se rendre compte de ses accords, et de leur réalisation par les différentes parties.

La partition se divise en trois parties; la partie **AIGUE**, la partie **INTERMÉDIAIRE**, et la partie **GRAVE**.

La partie **AIGUE** est la plus haute de la partition, et celle aussi qui fait presque toujours le chant; on doit l'isoler autant que possible des instruments qui l'accompagnent, afin de ne point l'étouffer.

La partie **INTERMÉDIAIRE** est celle qui complète les accords; elle reçoit ordinairement les dessins d'orchestre, qu'il faut écrire très correctement.

La partie **GRAVE** est faite par les basses; c'est une des parties les plus essentielles de la partition; il n'appartient qu'à un savant harmoniste, à un grand compositeur, de créer de belles basses; nous ne voulons pas parler ici des basses qui font du bruit, mais de celles qui expriment nos passions avec énergie, et qui donnent de la force à la mélodie.

REMARQUE. Lorsqu'un instrument grave fait un **CHANT**, il faut alors le traiter en **SOLO**, et l'accompagner **PIANO**; les accompagnements peuvent planer au-dessus de ce chant, pourvu qu'ils soient simples, légers; et qu'ils n'altèrent pas la pureté de la mélodie prédominante.

Il existe encore un ordre par lequel on doit présenter les instruments dans la **PARTITION**; chaque compositeur a sa manière; voici celle que nous préférons, parceque chaque instrument se suit par ordre de gravité, et se trouve rangé dans sa catégorie:

FLÛTES;	*HAUTBOIS,*	*CLARINETTES,*	*BASSONS.*
TROMPETTES;	*CORS;*	*TROMBONES;*	*OPHICLÉIDES.*
TRIANGLE,	*TAMBOUR;*	*TIMBALES;*	*GROSSE-CAISSE.*
PREMIERS VIOLONS,	*SECONDS VIOLONS;*	*ALTOS.*	
CHANTS, ET CHŒURS.			
VIOLONCELLES, ET CONTRE-BASSES.			

Nous avons placé les instruments à cordes à côté du chant, parcequ'ils font toujours ce qu'il y a de plus important dans la partition. Nous allons parler maintenant de la prosodie sous le rapport de la musique, et apprendre à l'élève ce qu'il doit observer pour mettre des paroles en musique.

DE LA PROSODIE
FRANÇAISE. (1)

Lorsqu'on veut mettre des paroles en musique, il faut d'abord se pénétrer du sujet, et créer des idées musicales qui soient en rapport avec les sentiments qu'on veut rendre; on doit ensuite observer scrupuleusement la prosodie de la langue dans laquelle on compose: il est vrai que des compositeurs célèbres l'ont violée quelquefois, mais ce n'est pas en cela qu'on doit les imiter. Voici d'abord ce qu'il faut bien se rappeler: chaque mesure se divise en temps forts, et en temps faibles, et chaque temps en deux parties, dont la première est forté, et la seconde faible. Une remarque, que nous n'avons pas encore faite, c'est que quatre mesures, composées d'une ronde chacune, correspondent, pour la

division des temps, à une seule mesure composée de quatre noires; Exemple,.............................

temps fort. faible. fort. faible.

Dans un mot composé de plusieurs syllabes, il y en a toujours une sur laquelle on s'arrête; ainsi dans RÉSONNE , la syllabe sur laquelle on s'arrête est celle du milieu (SON); dans IMMORTEL, c'est la dernière (TEL); nous appellerons cette syllabe ACCENT AUTHENTIQUE , parceque c'est la plus importante de toutes.

Ire RÈGLE.

Tous les mots qui ont plus d'une syllabe, et qui ne finissent pas par un E MUET, ont la dernière syllabe longue; exemple, (MONUMENT , L'accent AUTHENTIQUE tombe sur le mot, MENT.)

Tous ceux qui finissent par un E MUET ont l'avant dernière syllabe longue, et la dernière brève; exemple, (VENGEANCE); l'accent AUTHENTIQUE tombe sur la pénultième, (GEAN). d'après cela, dans les deux mots suivants, (pâte, et patte) l'accent AUTHENTIQUE tombe sur la première syllabe. (PÀ, ou PAT.)

(1) Pour mettre les paroles latines sous une fugue, il vaut mieux choisir de la prose que de la poésie; ainsi, il est plus facile de composer une fugue sur un CREDO un Kyrie, que sur une hymne.

2de RÈGLE.

La syllabe qui reçoit l'accent ᴀᴜᴛʜᴇɴᴛɪǫᴜᴇ doit toujours tomber sur un temps fort de la mesure, ou sur la partie forte d'un temps. (1)

Une croche, une noire, si elles se trouvent sur un temps fort de la mesure, peuvent recevoir la syllabe sur laquelle repose l'accent ᴀᴜᴛʜᴇɴᴛɪǫᴜᴇ, tandis qu'une blanche, frappée au temps faible, peut recevoir une syllabe brève.

3me RÈGLE.

Lorsqu'on syncope une note, la syllabe longue doit se placer sur la première partie de la syncope, qui est pourtant un temps faible, et la syllabe brève sur la seconde partie, qui est un temps fort; mais il faut que les deux notes syncopées restent liées, car autrement on devrait se conformer à la seconde règle.

4me RÈGLE.

Les mots d'une syllabe varient suivant le sens qu'ils expriment; lorsqu'ils rendent un sens complet, on peut les frapper sur tous les temps; exemple (ᴀᴄᴄᴇᴘᴛᴇꜱ-ᴛᴜ? ɴᴏɴ!) ce dernier mot peut se placer sur tous les temps.

S'ils se rapportent à un mot, ou à une phrase dont ils dépendent, ils se frappent alors sur un temps faible; exemple; (ʟᴀ ʟɪʙᴇʀᴛᴇ́); il ne faudrait pas s'arrêter sur le mot (ʟᴀ.)

Lorsque deux mots d'une syllabe se suivent et se lient l'un à l'autre, il faut s'arrêter sur le second; exemple (ʟᴇꜱ ᴍᴏɴᴛꜱ;) on ne peut s'arrêter que sur (ᴍᴏɴᴛꜱ.)

Si les deux monosyllabes étaient étrangères l'un à l'autre, on pourrait s'arrêter arbitrairement sur l'un des deux; exemple, (ᴏᴜɪ!.... ɴᴏɴ!....)

5me RÈGLE.

Lorsqu'on place plusieurs notes sous une syllabe, il faut que ce soit une syllabe longue, le plus souvent celle qui reçoit l'accent ᴀᴜᴛʜᴇɴᴛɪǫᴜᴇ; il faut aussi que cette syllabe se fasse avec une des voyelles suivantes plus propres au chant que les autres, (a, o, e, ouvert.)

---

(1) Ainsi, les mots de deux syllabes dont la dernière finit par un ᴇ ᴍᴜᴇᴛ (comme dans ᴍᴏɴᴅᴇ) doivent être prosodiés de cette manière, Ex: [notation musicale] le cas suivant serait faible, Ex: [notation musicale] Il faudrait dire, [notation musicale]
Le monde et le mon de   et le mon — de   le mon — de   le mon — de

lorsque le mot ne finit pas par un ᴇ ᴍᴜᴇᴛ (fierté) on doit l'écrire ainsi qu'il suit: Exemple .... [notation musicale]   Ces observations s'appliquent aussi à tous les mots qui ont plus de deux syllabes.
fier — té

Ces roulades se font ordinairement avec l'avant dernière syllabe d'un mot qui finit par un E MUET; (dans PROFONDE), ce serait sur la pénultième, (FON).

6me *REGLE*.

La syllabe longue se place ordinairement aux mêmes temps que les cadences: d'après cela, il serait mal de s'arrêter sur un mot qui suspendrait le sens de la phrase; exemple; (LE PRODIGE DES ARTS.) on ne pourrait pas s'arrêter sur la syllabe, (DES).

Ainsi, dans une phrase complète, on ne doit s'arrêter que sur la dernière syllabe longue qui termine un sens, ou qui le fait pressentir.

7me *REGLE*.

Quelquefois dans le courant d'une phrase, on s'arrête sur la syllabe longue d'un mot; il faut alors que le sens ne soit que suspendu, et l'on doit observer pour ce MOT ce que nous avons dit dans les règles précédentes.

8me *REGLE*.

On trouve souvent dans un vers un mot sans LEQUEL le sens de la phrase serait nul; on doit alors s'y arrêter; exemple, (LE CIEL MÈME PARDONNE) on doit s'arrêter sur le mot(MÈME.)

Comme nous venons de le démontrer, dans la prosodie musicale on ne doit s'arrêter que là où le sens finit, et sur la syllabe qu'on prolonge ordinairement en parlant; car la musique vocale est de la déclamation chantée; et l'on doit, pour ainsi dire, prononcer en chantant, comme un tragédien qui déclame. La prosodie grammaticale, qui fait des syllabes longues ou brèves, est donc tout-à-fait inutile en musique, tandis que la prosodie des autres langues est fixe; et les syllabes longues ou brèves restent toujours les mêmes, n'importe où on les place.

REMARQUE. Dans un morceau de musique mesuré, on peut répéter une ou plusieurs fois un mot, ou une phrase; alors: si on ne répète qu'un mot, il faut qu'il ait un sens par lui-même, et qu'il soit expressif, comme: VENGEANCE! lorsqu'on répète une phrase, il faut qu'elle ne soit pas longue, et qu'elle ait un sens complet, comme: L'ENFER TRIOMPHERA! .... Mais en général, lorsqu'on répète des vers, il faut, au moins la première fois, les dire tels que le poëte les a faits.

DU LIBRETTO,

OU

POËME D'OPÉRA.

Il y a deux espèces de LIBRETTO, l'un où tout est chanté, l'autre dans lequel, l'on chante et l'on parle alternativement; le premier se nomme OPÉRA, ou GRAND OPÉRA, ou bien OPÉRA SÉRIA; le second s'appelle OPÉRA COMIQUE, ou PETIT OPÉRA, ou bien OPÉRA BUFFA (opéra bouffon). Les morceaux dont un poëme d'opéra se compose sont: les Chœurs, les grands Airs, les Récitatifs, les Romances, les Duo, Trio, Quatuor, Quinque, etc. les morceaux d'ensemble; les airs déclamés; on ajoute à cela l'ouverture et les entr'actes.

DE L'OUVERTURE.

Les compositeurs introduisent souvent dans une ouverture les motifs les plus saillants de l'opéra; cela nous paraît mal-adroit, parcequ'on use d'avance ses idées, et l'on altère ainsi leur fraîcheur; il vaut mieux créer une ouverture, dont tous les motifs nouveaux peignent ce qui se passe dans l'ouvrage. Il faut toujours que le caractère principal du poëme fasse le fond de l'ouverture.

DE L'ENTR'ACTE MUSICAL

L'entr'acte musical est un morceau de musique qu'on joue entre deux actes; il doit être extrêmement court: comme le public ne se donne pas même la peine de l'écouter, on ferait bien de le supprimer.

DES GRANDS AIRS,
(Appelés CAVATINES par les Italiens.)

Les grands airs servent à faire briller le talent du chanteur; on ne peut les placer que là où la situation théâtrale permet de suspendre l'action: ils sont précédés ordinairement d'un Récit, d'un Andante, et finissent toujours par un Allégro ou un Maëstoso. On ne doit pas oublier qu'ils ne sont écrits que pour faire briller la voix du chanteur, et que l'orchestre n'est qu'accessoire.

DES AIRS DÉCLAMÉS. (I)

Les airs déclamés expriment toujours des sentiments passionnés, ou des situations désespérées; ils sont vagues, et rarement bien phrasés; de temps en temps ils font entendre un motif naturel,

---

(1) Nous avons déjà dit que les tons avec des dièses étaient brillants, sonores, et que ceux avec des bémols étaient sombres et mélancoliques; d'après cela, pour rendre des sentiments de tristesse, on doit choisir de préférence les tons avec des bémols, et l'on prend les tons avec des dièses pour exprimer la joie, le bonheur, l'enthousiasme; mais cette règle n'est pas absolue, car on peut créer des airs gais ou pathétiques avec tous les tons.

rhythmé; puis ils suivent le désordre des passions. Dans ces airs, la voix et l'orchestre jouent un rôle de même importance; on ne fait le plus souvent qu'une note sous chaque syllabe; le chant y est donc presque toujours syllabique; c'est même ce qui les distingue des grands airs.

DU DUO.

Dans un DUO, les deux acteurs chantent ensemble ou séparément; il est bien de les faire dialoguer d'abord, et de les réunir ensuite pendant huit ou seize mesures, en leur donnant des tierces et des sixtes. Quand ils chantent alternativement, il faut que le dialogue soit court, animé, que la mélodie, formée d'imitations serrées, passe rapidement d'une partie à l'autre, et que chaque acteur ait l'accent qui convient à sa situation.

Quand leurs sentiments sont opposés, et qu'ils chantent ensemble, il y a deux manières de créer la mélodie du Duo: la première et la plus facile, c'est de créer cette mélodie en lui donnant le caractère qui convient à la passion la plus forte; et l'acteur fait alors le reste par le plus ou moins d'expression dramatique qu'il sait donner à son rôle. La seconde, c'est de donner à chaque acteur le caractère et l'accent qui lui conviennent. Cette dernière manière de créer le duo est plus difficile, mais aussi elle est plus riche, plus entraînante: on en trouve de beaux modèles dans Gluck dans la Vestale de Spontini; il est facile en musique d'obtenir ces contrastes par la différence des rhythmes, des accompagnements, des accords, des dessins, des instruments; par l'opposition des FORTE et des PIANO; par les valeurs différentes qu'on peut donner aux notes; par les accords brisés.

Il existe encore deux espèces de DUO, l'un qu'on compose pour deux instruments, l'autre qui est destiné à la musique théâtrale; ce dernier est plus beau, plus dramatique, parcequ'il imite les passions de l'âme. Les duos qui produisent le plus d'effet sont ceux à deux voix égales, parceque les voix sont plus rapprochées, et se lient mieux ensemble: on les fait pourtant pour toutes sortes de voix. Les duos bouffes sont légers, gracieux, chantants; les autres sont plus dramatiques et plus entraînants: mais il faut toujours leur donner des chants bien accentués, et une harmonie purement écrite.

Au théâtre, il faut que ces Duos soient toujours accompagnés par l'orchestre.

DU TRIO.

Lorsque trois personnages sont en scène, et prennent part à l'action, ils doivent chanter, soit ensemble, soit alternativement. Le Trio se fait souvent sans accompagnement: toutes les observations que nous avons faites pour le Duo, s'appliquent au Trio.

DU QUATUOR.

Tout ce que nous venons de dire pour le Duo et le Trio s'applique au Quatuor; il en est de même pour le Quinque, le Sextuor, etc. Pour l'harmonie de ces morceaux, on doit consulter ce que nous avons dit à la fin de la seconde partie. (page 114, jusqu'à la page 120.)

DES CHŒURS.

Nous avons appris à écrire des chœurs à 2, 3, 4, 5, 6, 7 et 8 parties, on observera les mêmes règles, lorsqu'on composera pour l'église, les concerts ou le théâtre, en donnant à chaque chœur la couleur et le caractère qui lui conviennent. Il y a des chœurs pour des voix de femmes, des chœurs pour des voix d'hommes, des chœurs réunis pour des voix de femmes et des voix d'hommes.

Lorsqu'un chœur est chantant, et offre assez d'intérêt par lui-même, il ne faut pas l'accompagner par les grands TUTTI d'orchestre; on doit réserver ces grands effets pour les finales d'opéra, lorsqu'on veut émouvoir surtout par la puissance de l'harmonie, et que l'action théâtrale est portée à son comble de transports, de désordre ou d'enthousiasme; mais il faut que ces instants, ménagés avec art, soient rapides; si on les prolongeait trop, ils dégénéreraient en bruit, et finiraient par nous fatiguer: les voix alors accompagnent l'orchestre; on pourrait les appeler CHŒURS DÉCLAMÉS.

DES MORCEAUX D'ENSEMBLE.

Lorsqu'on réunit plusieurs acteurs sur la scène, on fait des morceaux d'ensemble; quelquefois il s'y mêle des chœurs. Tout ce que nous venons de dire pour les Duos, Trios, Quatuors, Quinques, Sextuors, Chœurs, s'applique aux morceaux d'ensemble.

OBSERVATION GÉNÉRALE.

Au théâtre, il faut éviter d'être long, et de trop développer ses idées musicales.

DE LA CHANSON,
ET DE LA ROMANCE.

La Chanson et la Romance ne diffèrent que par le caractère; la première est gaie, et l'autre mélancolique. Quelquefois on les accompagne d'un chœur faisant la ritournelle, ou le refrain. Il faut avoir soin de ne pas les étouffer par l'orchestre.

DU NOCTURNE.

Le Nocturne est une Romance chantée à deux, trois, ou quatre voix, ce morceau est ordinairement destiné aux Sérénades.

DES AIRS DE BALLET.

Lorsqu'on compose un ballet, on prend ordinairement de la musique déjà faite, et des airs connus qu'on varie; souvent ces airs, cette musique, sont fournis par le maître du ballet. Mais dans les airs de danse qu'on introduit dans un grand opéra, il faut tout créer, en ayant soin que les phrases qui servent à la danse soient bien écrites par le rhythme et les cadences. On n'est plus soumis à cette règle, dès qu'on a à peindre une scène muette d'amour, de désespoir; de joie ou de tristesse.

DU RÉCITATIF.

Il y a deux sortes de récitatifs, le RÉCITATIF SIMPLE, et le RÉCITATIF PASSIONNÉ. on se sert du récitatif simple, lorsque les vers doivent être déclamés rapidement et sans passion; c'est une narration chantée; en france, on les accompagne par les instruments à cordes; en italie, par la basse; ils sont alors écrits sur deux portées; la première, pour les voix; la seconde, pour la basse.

1°. Il faut toujours écrire ces RÉCITS à quatre temps, sans rien mettre à la clef; dans le récitatif simple, les modulations doivent être simples et naturelles: dans le récitatif passionné, il faut des transitions fortes et Dramatiques.

2°. Les accords se frappent par des croches, des noires, ou des blanches, chaque fois qu'ils changent; ou bien, on se sert de tenues en rondes, qui se prolongent d'un accord à l'autre.

3°. Tant que la voix récite seule, on ne doit pas changer d'accords; elle ne peut attaquer un accord nouveau, que lorsque l'accompagnement l'a déjà fait entendre: l'accompagnement et le chant peuvent aussi changer d'accords en même temps. Quelquefois encore on obtient plus de chaleur, en attaquant ces modulations par la voix seule; l'accompagnement entre après.

4°. On se sert très souvent des Broderies, Notes de passage, Appogiatures, des Retards appelés Anticipations, et de la Pédale. Les accords qu'on emploie ordinairement sont: les accords de trois sons, et la septième dominante.

5°. La syllabe longue qui reçoit l'accent AUTHENTIQUE doit toujours tomber sur un temps fort de la mesure, ou sur une partie forte du temps.

DU RÉCITATIF SIMPLE.

1°. Dans le récitatif simple, les voix doivent chanter dans leur médium; il ne faut pas oublier que le récitatif simple n'est qu'une déclamation musicale, où tout doit être dit naturellement et sans prétention.

2°. Il ne faut pas répéter deux fois un mot, ou une phrase, à moins que ce ne soit par une intention bien précise, et qu'on veuille faire ressortir une idée comique, ou un mot d'amour; on doit toujours bien prosodier.

3°. On n'emploie que des ritournelles de cinq à six notes pour laisser reposer le chanteur, ou pour mieux faire sentir la séparation qui existe entre deux phrases, ou deux périodes différentes.

4°. Quelquefois, au milieu de ces vers narratifs, il s'en rencontre un ou deux qui expriment un sentiment d'amour, de mélancolie, de joie ou de tristesse; on en fait alors un air mesuré, d'une période seulement; puis, on reprend le récit. On peut accompagner ces petits airs, que les italiens appellent ARIOSO, par tous les instruments, excepté pourtant la grosse caisse, le tambour, etc.

5. Il ne faut jamais rompre, par une ritournelle, une phrase dont le sens n'est pas fini.

DU RÉCITATIF PASSIONNÉ.

Dans le RÉCITATIF PASSIONNÉ, on coupe souvent le récit par des ritournelles qu'on peut faire dans toutes les mesures; on module continuellement; il doit être formé de phrases rapides, de réponses, d'exclamations vives et fréquentes. Les traits d'accompagnements doivent former des dessins courts, dramatiques, fortement coloriés, qui peignent les sentiments de l'acteur. Quelquefois on mêle le récit simple au passionné.

Le récit, en général, ne doit pas avoir des phrases, carrées, exactes par le rhythme et les cadences; c'est ce qui le distingue de l'air, où tout est bien phrasé. Dans le récit, les modulations doivent être fréquentes, afin de rendre avec vérité, énergie, les passions, les sentiments qui varient à l'infini, et d'imiter le plus possible les accents de la parole; il faut donc, pour les rendre d'une manière plus exacte, des modulations souvent chromatiques ou enharmoniques. Dans les airs, au contraire, les modulations doivent être larges, parcequ'il n'y a ordinairement qu'un sentiment à peindre, une image à rendre, et qu'il faut alors conserver l'unité d'expression. La basse doit rester le plus longtemps possible sur le même accord pour ne pas distraire l'auditeur, et ne pas gêner la déclamation récitante, si le récit est passionné, on l'accompagne par des dessins très courts, et qui arrivent après la phrase, ou après des exclamations qui forment un sens. Il ne faut changer d'accords que lorsque l'inflexion du récit devient plus vive, et que le sens de la phrase varie: on doit laisser la voix réciter souvent seule. Il ne faut pas que le récit soit trop long; il sert à séparer les airs, et à faire des contrastes.

Lorsqu'on fait un air dont les phrases sont coupées souvent par des pauses, et ne se répondent jamais exactement par le rhythme et les cadences, on appelle cet air, RÉCITATIF OBLIGÉ, ou AIR DÉCLAMÉ.

DU RÉCITATIF OBLIGÉ.

Le récitatif obligé est ce qu'on appelle air déclamé: il ne s'emploie que dans les moments les plus passionnés, les plus dramatiques; les phrases y sont irrégulières et arbitraires: elles doivent imiter le désordre des passions qu'elles expriment. On fait ordinairement l'orchestre, et l'on compose le RÉCIT OBLIGÉ sur ce premier travail; tout l'intérêt est donc dans l'orchestre; il dépend de l'harmonie, et des dessins plus ou moins dramatiques qu'on invente.

DES ROULADES.

Les roulades se divisent en deux espèces; les premières servent à faire briller le talent du chanteur, les autres peignent l'agitation de l'âme; les anciens compositeurs, tel que Gluck, Grétry, etc. ne se servaient que de ces dernières; les italiens prodiguent les autres; cela vient de ce que, dans leur langue, presque tous les mots finissent avec les voyelles A, O, E ouvert; tandis qu'en français, les syllabes trop sèches sont peu favorables aux roulades.

DES SONS HARMONIQUES,

OU SONS FLUTÉS.

On peut tirer de grands effets de ces sons harmoniques; ils se font sur le Violon, l'Alto, ou le Violoncelle, en appuyant légèrement le doigt sur la corde, et en l'effleurant près du chevalet avec l'archet.

OBSERVATION. nous ne donnons pas des exemples pour tout ce que nous venons de dire dans ces dernières pages, parceque nous avons voulu analyser et faire connaître tous les genres de musique; ainsi, pour étudier l'instrumentation, il existe une foule de partitions que l'élève pourra consulter; nous allons seulement lui donner un exemple d'un chœur religieux (que nous avons écrit pour 4 voix seules sur des vers d'Athalie), pour mieux lui faire comprendre ce qu'on entend par une musique pure et sévère, qu'on rencontre si rarement dans nos partitions modernes.

CHŒUR D'ATHALIE À 4 VOIX.

DES TONS D'ÉGLISE.

Les anciens ne connaissaient pas nos sept syllabes,	Ut,	Ré,	Mi,	Fa,	Sol,	La,	Si.

pour les exprimer, ils se servaient des sept lettres suivantes,	a,	b,	c,	d,	e,	f,	g.
	La,	Si,	Ut,	Ré,	Mi,	Fa,	Sol,

Ils n'écrivaient pas sur des portées, mais ils plaçaient ces lettres au-dessus des mots ; ainsi, les sons graves é-taient désignés par des majuscules, (A , B , C . D , E . F . G .), et les sons aigus par des minuscules (a , b , c , d , e , f , g .), qu'ils doublaient quand il fallait exprimer des sons plus élevés encore, Ex : (A , B , C , D , E , F , G . a , b , c , d , e , f , g . aa , bb , cc , dd , ee , ff , gg .) cette manière de noter la musique était extrê-mement difficile.

Sous le règne du roi Robert, vers l'an 1028, et vers la fin du XI siècle, après la venue des barbares en Europe, un moine Bénédictin nommé GUY D'AREZZO, remplaça ces lettres par les syllabes UT, RÉ, MI, FA, SOL, LA, qu'il représenta par des points sur une échelle. Le nom de cette échelle, sur laquelle il écrivait sa gamme fut déterminée par une lettre qu'on nomma CLEF ; il tira les six syllabes UT, RÉ, MI, FA, SOL, LA, des six premiers vers de l'hymne de S^t. JEAN BAPTISTE :

UT quéant laxis,	RÉsonore fibris,	MIra gestorum,
FAmuli tuorum,	SOlve pollutum,	LAbii reatum.

Le chant de cette hymne, plus ancien que GUY, a été trouvé dans la bibliothèque du chapitre de SENS ; il offre une progression de six cordes sur les syllabes UT, RÉ, MI, FA, SOL, LA, en forme de gamme : le SI ne fut inventé qu'après GUY D'AREZZO.

Les anciens avaient autant de MODES que la position des demi-tons pouvait changer de place dans la progression diatonique des six premiers intervalles de la gamme ; voici dans quel ordre ils étaient établis :

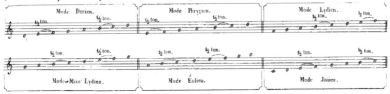

Vers la fin du 4me siècle, S^t. Ambroise, évêque de Milan, choisit les quatre premiers tons, auxquels S^t. Grégoire ajouta, au 6me siècle, quatre modes moins principaux ; les quatre premiers, qu'on appela TONS AUTHEN-TIQUES (supérieurs.), devaient commencer par la tonique ; les quatre derniers, qui devaient commencer par la do-minante ou cinquième degré furent nommés TONS PLAGAUX, (inférieurs.).

Les Dièses et les Bémols n'existaient pas encore ; et les gammes, telles qu'on les faisaient, apparte-naient réellement à celles d'UT ; elles ne différaient que par la position des demi-tons, et par la note qui commençait. Les chants composés dans chacun de ces tons, devaient rester renfermés entre les deux toni-ques, ou les deux dominantes ; ce qui permettait de composer dans le même ton pour des voix différentes.

Chaque mode porta le nom de la province dans laquelle il avait pris naissance; et chaque TON PLAGAL tirait son nom du TON AUTHENTIQUE dont il dérivait: ainsi, le TON PLAGAL du MODE DORIEN s'appelait MODE HYPO-DORIEN, (ce qui signifie Sous Dorien); le TON PLAGAL était toujours inférieur au TON AUTHENTIQUE, voilà pourquoi on l'appelait SOUS :

Exemple :

VOICI LE TABLEAU
DES 4 TONS AUTHENTIQUES, ET DES
4 TONS PLAGAUX, APPELÉS LES HUIT TONS D'EGLISE.

Dans les tons PLAGAUX, comme dans les tons Authentiques, le chant devait toujours terminer par la tonique; c'est ce qui empêche de confondre le huitième ton d'église, qui doit finir sur la tonique SOL, avec le premier qui termine sur la tonique RÉ . (I)

Dans la suite, plusieurs tons ont subi des changements; Exemple:

Les chants d'église qu'on compose avec ces tons s'appellent PLAIN-CHANT . On ne se sert plus que des quatre derniers tons transposés, et des tons DORIEN, ÉOLIEN, PHRYGIEN, IONIEN. On sera libre de choisir les huit premiers, ou bien ceux que nous venons d'énumérer; voici les règles qu'on suivra :

1re RÈGLE.

1. On invente un PLAIN-CHANT composé de rondes. On a soin de ne pas dépasser les limites de l'octave, et de terminer toujours par la tonique.

2. Ce PLAIN-CHANT doit procéder diatoniquement par des intervalles qui ne soient ni diminués,

(1) Ainsi, la tonique d'un ton PLAGAL est la même que celle du ton authentique dont il porte le nom.

ni augmentés, et qui ne dépassent pas celui de sixte mineure, l'octave excepté.

3°. Il ne faut employer que les accidents qui sont à la clef, et ne pas en introduire dans les tons qui n'en n'ont pas à la clef.

4°. le PLAIN-CHANT doit toujours commencer par la tonique, et terminer par la tonique précédée de la seconde du TON; Exemple..............

Ton Dorien, ou Hypo-dorien.

Fin.

2ᵈᵉ REGLE.

1°. Les seules consonnances qu'on doive employer sont: les intervalles de 5ᵗᵉ JUSTE, OCTAVE, UNISSON, et ceux de 3ᶜᵉ MAJEURE et MINEURE, et de 6ᵗᵉ majeure et mineure.

2°. Les dissonances dont on peut se servir sont: les intervalles de 2ᵈᵉ 7ᵐᵉ 9ᵐᵉ majeures ou mineures, et de 4ᵗᵉ juste. Ces dissonances ne peuvent s'employer que préparées et résolues par une consonnance, à moins de les employer comme notes passagères, frappées par degrés conjoints sur le temps faible, entre deux consonnances.

3°. La 5ᵗᵉ diminuée et la 4ᵗᵉ augmentée (TRITON.) sont rejetées, comme intervalles harmoniques; on ne peut les employer que comme notes passagères.

4°. On ne doit se servir à la basse que des accords chiffrés... La quinte de l'accord ne peut jamais se mettre à la basse.

5°. On ne se sert que des notes de passage, et rarement des broderies; les suspensions sont très usitées; on proscrit tout-à-fait les appogiatures, les retards, et la pédale:

6°. On n'y fait jamais marcher deux ou plusieurs parties à l'unisson. On peut traiter cette composition, comme le contre-point que nous avons donné à la page 200.

Voici quelques exemples de PLAIN-CHANT.

Ton Dorien.

Ton Phrygien.

Ton Hypo-lydien.

Ton Hypo-mixo-lydien.

REMARQUE. Ce plain-chant ne doit jamais changer de valeur. On peut le mettre à la basse, ou dans une partie supérieure. Voyez ce que nous avons dit à la page 200.

DE LA RÉPONSE.

DANS LA FUGUE DU TON.

Avant de finir, nous allons encore parler de la réponse en mineur, qu'on fait d'une manière toute particulière, lorsqu'elle se rapporte au plain-chant. Voici deux sujets qui nous ont été transmis par Reicha, et dont la réponse est fausse, si la règle suivante est maintenue dans toute sa rigueur.

RÈGLE.

IL FAUT TOUJOURS REPONDRE À LA GAMME DE LA TONIQUE, PAR LA GAMME DE LA DOMINANTE, ET VICE VERSÂ, À LA GAMME DE LA DOMINANTE PAR CELLE DE LA TONIQUE. d'après ce principe, la réponse suivante est mauvaise; Exemple,

car on répond à la gamme de la tonique (ré mineur) par la même gamme de la tonique (ré mineur),ce qui est évidemment contre la règle; d'ailleurs les demi-tons qui constituent le mode en mineur s'y trouvent déplacés; la véritable réponse serait donc celle-ci; Exemple ,..........................

Ce qui a engagé Reicha à choisir la première réponse, c'est qu'il a voulu se conformer à une autre règle qui prescrit de répondre toujours à la tonique par la dominante, et à la dominante par la tonique, à la fin et au commencement d'une phrase; mais ici on ne finit pas le sujet par la dominante, mais bien par la cinquième note de la tonique; on doit donc finir la réponse par la cinquième note de la dominante; et puisque le sujet reste dans le ton de la tonique, il faut que la réponse reste dans celui de la dominante; cette règle doit être invariable; car si à côté d'un principe nous en établissons un second qui soit contradictoire avec le premier, il nous sera, à jamais impossible de nous accorder sur la véritable solution d'une réponse; et ceux qui ont fréquenté nos écoles doivent savoir que chaque maître a une manière de faire la réponse, et que lorsque le juri en a adopté une à la majorité des voix, l'élève, dans les concours , doit chercher à DEVINER celle qu'on a choisi. Mais je reviens au sujet que j'ai proposé ci-dessus, et je soutiens que la seconde réponse est la seule qui soit régulière. Sans m'appuyer sur les ouvrages des anciens maîtres, j'invoquerai ici une règle qu'on trouve dans le traité de Fétis, et qui est de la plus grande authenticité, c'est que, dans un mode mineur, les demi-tons doivent être aux mêmes places dans la réponse que dans le sujet, parceque ces demi-tons constituent le mode; et qu'il serait impossible de faire correspondre régulièrement les gammes de la tonique et de la dominante en mineur, si on n'observait pas cette règle ; Exemple ,..........................

quant à la note sensible, elle doit toujours occuper la même place dans la réponse que dans le sujet; c'est même par la position de cette note sensible qu'on vérifie la bonté d'une réponse.

Le second sujet de Reicha est le suivant; la réponse y est mauvaise aussi, parceque les demi-tons y sont

déplacés, et qu'alors on ne répond pas à la gamme de la tonique par celle de la dominante; Exemple,

ainsi que nous l'avons dit plus haut, la véritable réponse est la suivante....................

Si j'ai tort, à quoi sert cette règle qui prescrit de placer les demi-tons aux mêmes places dans la réponse que dans le sujet en mineur, et de répondre à la gamme de la tonique par celle de la dominante, et à la gamme de la dominante par celle de la tonique?

Les anciens pourtant préféraient la première réponse, et voici pourquoi: le sujet que nous venons de donner en LA mineur module réellement en MI dans le TON PHRYGIEN, auquel on doit répondre par le TON HYPO-DORIEN; d'après cela, la première réponse serait bonne; mais alors, il faudrait écrire dans l'ancienne tonalité des plains-chants d'église. Je veux aussi, avant de finir, rendre un témoignage public à la mémoire de Reicha, auquel je dois la plus grande reconnaissance, car il m'a fait tout le bien qu'on puisse faire à un élève; et si je l'ai critiqué quelquefois dans ce traité, c'est pour mieux prouver que je veux être toujours vrai, consciencieux, au risque même de paraître ingrat. La critique, lorsqu'elle est juste, est un bienfait pour l'art; et Chérubini, dont j'ai quelquefois blâmé l'entêtement aux vieilles règles, me pardonnera sans doute, puisque je me suis élevé aussi contre Reicha, qui fut mon maître.

Les tons anciens dont nous venons de parler ne sont plus usités aujourd'hui, et l'on peut sans doute, sans leur secours, composer de la musique sacrée. Mais nous n'approuvons pas qu'on introduise à l'église le genre théâtral, qui est, tour-à-tour, bruyant, lascif, et qui ne convient qu'à nos concerts, et à nos théâtres; sans proscrire les instruments, on devrait en faire un choix convenable; ainsi, l'orgue peut suffire pour les petites cérémonies; pour les grandes solennités, on pourrait se servir de quelques instruments, tels que: le Cor anglais, les Flûtes, les Cors, la Harpe, les Altos, les Violoncelles; on devrait se servir encore de l'harmonica, de la viole d'amour, de tous les instruments enfin qui peuvent, par leurs accents, inspirer des sentiments religieux, en élevant l'âme vers la divinité.

Ce n'est que dans quelques situations extraordinaires qu'on pourrait employer les timbales et les trompettes, et lorsque les paroles latines, qu'on met en musique, l'exigent; mais il faudrait bien se garder de les prodiguer.

Dans les temples russes, où l'on suit la religion grecque, on a proscrit tous les instruments, et la musique n'y est exécutée que par des chœurs d'hommes très nombreux: ce genre, le plus noble de tous, doit produire un grand effet, dans un lieu surtout consacré aux rites religieux.

Des chœurs de jeunes filles, en l'honneur de la Vierge, y seraient d'un effet touchant: et, pour obtenir des contrastes, l'on pourrait faire dialoguer les chœurs composés d'hommes et de femmes, et placés à une certaine distance les uns des autres, ainsi qu'il a été dit à la fin de la 2de partie, page 122.

Nous allons donner le tableau suivant, comme une récapitulation de toute l'harmonie.

NOUVEAU TABLEAU DES INTERVALLES, AVEC LA MANIÈRE DE S'EN SERVIR.

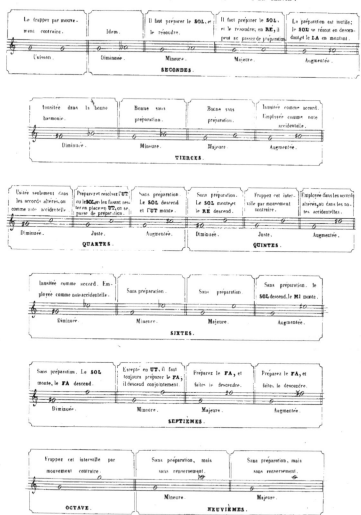

REMARQUE. Que ces intervalles soient frappés à deux, ou plus nombreux, ils restent soumis aux mêmes règles. On pourra, pour s'exercer, transposer ce tableau dans plusieurs tons: les mêmes observations existerons toujours. Ainsi, n'importe le ton et les notes qu'on écrira, ce que nous venons de dire pour ce tableau sera aplicable à tous les autres que l'élève fera.

FIN DE LA MÉTHODE.

TABLE DES MATIERES.

QUATRIEME PARTIE.

INTRODUCTION.

DU CONTRE-POINT LIBRE.

FIN DE LA TABLE.

Imprimé en France
FROC031539230919
22213FR00017B/241/P